U0525671

中国法律丛书

中国
专利行政案例精读

张志成 张鹏 著

商务印书馆
The Commercial Press

2017年·北京

图书在版编目(CIP)数据

中国专利行政案例精读 / 张志成,张鹏著. —北京：商务印书馆,2017
（中国法律丛书）
ISBN 978-7-100-12710-3

Ⅰ.①中… Ⅱ.①张…②张… Ⅲ.①专利权法—案例—中国 Ⅳ.①D923.425

中国版本图书馆 CIP 数据核字(2016)第 269328 号

所有权利保留。
未经许可,不得以任何方式使用。

中国法律丛书
中国专利行政案例精读
张志成　张鹏　著

商 务 印 书 馆 出 版
（北京王府井大街36号　邮政编码100710）
商 务 印 书 馆 发 行
北京市艺辉印刷有限公司印刷
ISBN 978-7-100-12710-3

2017年1月第1版　　开本 787×960　1/16
2017年1月北京第1次印刷　印张 23
定价：55.00元

鸣　谢

（以英文首字母为序）*

董保华　韩君玲　罗伯特·P.默吉斯[①]

罗东川　宋海燕　宋海宁　汪　泽　虞政平

---

* 特此鸣谢《中国法律丛书》专家委员会成员。
① Robert P. Merges

目　　录

中国专利制度概述

一、中国专利制度发展史回瞰　　　　　　　　　　／3
　　（一）中国专利制度的萌芽——清末　　　　　／3
　　（二）中国专利制度的初步发展——民国　　　／10
　　（三）中国当代专利制度的建立　　　　　　　／17
二、中国当代专利制度概况　　　　　　　　　　　／20
　　（一）中国专利制度的理论和实践基础　　　　／20
　　（二）中国专利制度的法律渊源和基本概念　　／24
三、中国专利制度的基本构成　　　　　　　　　　／30
　　（一）发明专利　　　　　　　　　　　　　　／31
　　（二）实用新型专利　　　　　　　　　　　　／41
　　（三）外观设计专利　　　　　　　　　　　　／43
　　（四）国防专利　　　　　　　　　　　　　　／47
　　（五）香港、澳门特别行政区和台湾地区专利　／49
四、中国专利行政授权确权和行政保护制度　　　　／53
　　（一）专利行政部门的法律地位　　　　　　　／53
　　（二）专利申请　　　　　　　　　　　　　　／55
　　（三）专利审查和确权　　　　　　　　　　　／58

目 录

（四）中国特色专利行政管理和专利行政执法制度　　67

发明专利的申请与实质审查

1. 发明专利说明书公开充分判断　　/ 73
    ——田边三菱制药株式会社"新颖化合物"发明专利申请驳回案
2. 发明专利权利要求清楚判断　　/ 87
    ——NCR 公司"用于具有多个类的有价媒介的验证模板"发明专利申请驳回案
3. 发明专利权利要求得到说明书支持判断　　/ 96
    ——大塚制药株式会社"2,3- 二氢 -6- 硝基咪唑并 [2,1-b] 噁唑化合物"发明专利申请驳回案
4. 发明专利权利要求新颖性判断　　/ 107
    ——微软公司"用于范围化分层数据集的用户界面"发明专利申请驳回案
5. 发明专利权利要求创造性判断　　/ 120
    ——苹果公司"通过在解锁图像上执行姿态来解锁设备"发明专利申请驳回案

6. 发明专利权利要求实用性判断　　　　　　　　　　／129
　　——西门子公司"控制胶囊内窥镜运动的方法"发明
　　　专利申请驳回案

发明专利的复审与确权

7. 专利复审程序中依职权审查原则的法律适用　　　　／141
　　——匹兹堡大学"苯并噻唑衍生物化合物、组合物
　　　及用途"发明专利申请复审请求案
8. 专利复审程序中功能性限定权利要求保护范围的解释　／150
　　——通用电气公司"带具有整体型风扇的外部转子的
　　　由微处理机控制的单相电动机"发明专利申请复
　　　审请求案
9. 专利无效宣告程序中权利要求保护范围的解释　　　／174
　　——江苏海源机械有限公司与苏拉有限及两合公司
　　　"用来加热行进中的纤维的装置"发明专利无效
　　　纠纷案

3

目 录

10. 专利无效宣告程序中专利法意义上公开的认定 / 183
——烟台大洋制药有限公司、广东环球制药有限公司
与贵州康纳圣方药业有限公司"六味地黄胶囊的
生产工艺"发明专利无效纠纷案

11. 专利无效宣告程序中创造性辅助审查标准的适用 / 193
——潘华平等与辉瑞爱尔兰药品公司"用于治疗阳痿的
吡唑并嘧啶酮类"发明专利无效纠纷案

12. 专利无效宣告程序中禁止反悔原则的适用与修改超
范围的认定 / 206
——广东佛山凯德利办公用品有限公司、郑亚俐与精工
爱普生株式会社"墨盒"发明专利权纠纷案

实用新型、外观设计专利的确权

13. 实用新型专利权利要求创造性判断 / 223
——汕头市晶华粘胶制品有限公司与福清市友谊胶粘
带制品有限公司"胶带纸包装结构"实用新型专
利无效纠纷案

14. 实用新型专利无效宣告中的证据链认定及新颖性判断 / 229
　　——施耐德电气低压（天津）有限公司与正泰集团股份有限公司"一种小型高分子断路器"实用新型专利无效纠纷案

15. 实用新型专利权利要求保护范围的解释时机确定 / 240
　　——康谊（昆山）塑胶制品有限公司、林添大、广州宝洁有限公司丝宝精细化工（武汉）有限公司与丁要武"乳液泵防进水机构"实用新型专利无效纠纷案

16. 外观设计保护客体判断 / 247
　　——揭阳市榕城区桦泰食品厂与李奕鸿"包装罐（B）"外观设计专利无效纠纷案

17. 外观设计清楚表达判定 / 265
　　——王秀丽与海尔集团公司、青岛海尔股份有限公司"冰箱（三门）"外观设计专利无效纠纷案

18. 外观设计设计空间的认定与应用 / 274
　　——浙江今飞机械集团有限公司与浙江万丰摩轮有限公司"摩托车车轮"外观设计专利无效纠纷案

19. 外观设计专利权与在先权利冲突的判断 / 281
　　——美国扑克牌公司与曾庆松"标贴"外观设计专利无效纠纷案

目 录

专利行政保护

20. 专利假冒的认定与查处 / 297
    ——"九味肝泰"宣传册假冒专利案
21. 专利侵权纠纷行政处理程序及现场勘验的适用 / 303
    ——VMI 荷兰公司（VMI Holland B.V）诉揭东县双骏橡胶机械有限公司"具有翻边装置的轮胎成型鼓"发明专利侵权纠纷案
22. 销售行为的认定及受数值范围参数特征限定的权利要求保护范围的确定 / 313
    ——里特机械公司诉常州市同和纺织机械制造有限公司"在牵伸机构上采用导向器的吸辊的纺纱方法和精纺机"发明专利侵权纠纷案
23. 外观设计专利侵权判断主体的把握及相近似判断 / 320
    ——本田技研工业株式会社诉江苏众星摩托有限公司侵犯"轻型摩托车"外观设计专利侵权纠纷案
24. 现有设计抗辩制度及现有技术抗辩制度的法律适用 / 328
    ——三星电子株式会社诉珠海富腾打印耗材有限公司"硒鼓（一）"外观设计专利侵权纠纷案

附录 中华人民共和国专利法 / 347

中国专利制度概述

一、中国专利制度发展史回瞰

（一）中国专利制度的萌芽——清末

汉语中的"专利"一词字面含义和英语的"patent"具有不同含义，是"专谋私利"的意思。[①]同时，汉语中的"专利"和英语中的"patent"也具有近似含义。汉桓宽《论·复古》："古者名山大泽不以封，为天下之专利也。"《明史·张四维传》："御史郜永春视盐河东，言盐法之坏，由势要横行，大商专利。"这里的"专利"的含义就是"垄断某种生产或流通以掠取厚利"的含义。在中国近代史上，清帝国也曾经授予"专利"，[②]但此"专利"非彼"专利"，其实质是商业经营许可证制度。但是，从中国古代历史（公元1840年以前）上看，还没有发现和现代西方专利制度类似的制度。其中的原因，大概与中国自春秋战国时期萌芽而于汉初定型的"重农抑末（商业）"思想有密切关系。中国古代的思想家们大多认为，农业是社会财富之本，而商业不仅不创造财富，由于商人往往会家财万贯，形成政治势力，还会威胁到皇帝的统治。因此，汉以降，中国各个封建王朝基本都对商业采取敌视的态度，[③]只有宋朝是个比较显著的例外。[④]中国古

[①]《左传·哀公十六年》："若将专利以倾王室，不顾楚国，有死不能。"《史记·周本纪》："夫荣公好专利而不知大难。"

[②] 例如，在1880年，李鸿章上奏"试办织布局"后，依据郑观应提出的"专其利数年"的请求，转奏朝廷"该局以机器织布，事属创举，自应酌定十年以内只准华商附股搭办，不准另行设局"。参见孙毓堂：《中国近代史工业史资料（二）》，文海出版社1966年版，第1051—1052页。

[③] 如汉，"天下已平，高祖乃令贾人不得衣丝乘车，重租税以困辱之。孝惠、高后时，为天下初定，复弛商贾之律，然市井之子孙亦不得仕宦为吏"。《史记》卷三十《平准书第八》。

[④] 宋朝商业十分发达。"许多学者都同意宋代（公元960—1280年）是中国经济的鼎盛时期，经济活动异常活跃，见 Elvin, 1973; Gernet,1982;Hartwell, 1967; Jones, 1988; Shiba, 1970。根据 Maddison 的估计，中国的人均收入水平在公元960年和1850年是相当的，而在宋朝期间则增长了大约三分之一，在1280年后直到1820年的漫长岁月中则几乎没有增长。见 Maddison, 1998, 第25页。"转引自林毅夫："李约瑟之谜、韦伯疑问和中国的奇迹"，载《北京大学学报（哲学社会科学版）》2007年第4期。

代乃至近代商业活动不发达，也就难以形成包括知识产权在内的市场规则。到中国最后一个封建王朝清朝时期，人们仍然认为，"专利一事，中国从古以来所未有。"①

当然，没有和现代专利制度近似的制度，不意味着中国没有保护智力成果的文化传统。《庄子·逍遥游》记载了智者将治疗手掌皲裂的药方卖给吴王军队的故事。可见，至少在庄子生活的年代（约公元前 369—前 286 年），就已经有利用自己掌握的医药秘方来获利的情况。而从制度层面而言，中国至少到宋代，已经有了版权制度的萌芽。②对于现代专利制度所保护的主要客体技术方案而言，中国古代主要采取的是"传媳不传女"等家族式的商业秘密保护方式。③

进入近代以来（1840—1949 年），随着东西方文明的冲突和交融，中国人逐步认识到专利制度对于经济发展和科技进步的重要意义，开始讨论建立现代专利制度的问题。而最早提出建立现代专利制度的，则是 1851—1864 年爆发的"太平天国"运动所建立的政权。被天王洪秀全封为"干王"和"天朝精忠军师"的洪仁玕可谓传播近代专利思想的第一人。④其《资政新篇》一书"兴车马之利"部分提出："倘有能造如外邦火轮车，一日夜能行七八千里者，准自专其利，限

---

① 崔志海："试论中美《通商行船续订条约》"，载《中国社会科学院近代史研究所青年学术论坛（2001 年卷）》，社会科学文献出版社 2001 年版，第 308 页。

② 邓建鹏："宋代的版权问题——兼评郑成思与安守廉之争"，载《环球法律评论》2005 年第 1 期。

③ 实际上，"在古代各国，这类知识产权一方面很少，另一方面也由于缺乏保护的技术，只能通过'祖传秘方'、'传媳妇不传女儿'这样民间的非正式制度来保护，而没有正式法律制度或行政制度的保护。"参见朱苏力："法律与科技问题的法理学重构"，载《中国社会科学》1999 年第 5 期。

④ 徐海燕：《中国近现代专利制度研究（1859—1949）》，知识产权出版社 2010 年版，第 58 页。

满准他人仿做。"在"兴器皿技艺"条文中建议："有能造精奇利便者，准其自售，他人仿造，罪而罚之。""器小者赏五年，大者赏十年，益民多者年数加多，无益之物有责无赏。限满准他人仿做。""若彼愿公于世，亦察准遵行，免生别弊。"①可以看出，这些设想体现出现代专利制度的理念。一是对于创制"新型器物者"——强调创新——允许"专其利"；二是根据创制器物的"大小"——隐含着贡献和保护的比例原则——确定保护期限，其他人可以在期间届满之后仿做；三是如果有人仿造——侵权——则将治罪处罚。但是，这些设想随着"太平天国"运动在1864年被曾国藩镇压而成为尘封的历史，并没有变成现实。

19世纪中叶的清帝国面临着全方位的挑战。1840年的鸦片战争、1851年太平天国运动爆发、1856年英法联军侵略中国，不仅给了清帝国和满族统治集团巨大打击，也使越来越多的中国人对国家民族的未来变得忧心忡忡。19世纪60年代，全社会萌发出了革新思潮。包括洪仁玕《资政新篇》在内，一批知识分子和官僚士大夫纷纷开出了自己的治世"药方"。最终"中学为体、西学为用"②凝聚为朝廷、官僚、知识分子乃至全社会的共识。大清帝国开始了"洋务运动"。洋务运动的核心之一在于"师夷长技以制夷"，实质上，就是学习西方列强所擅长的技术、器物制造来应对西方列强的侵略，同时要维系中国传统的文化以及政治和社会体制。当时的官僚阶层对欧洲和中国差别的认识仍然停留在器物层面。例如，李鸿章说："中国文武制度，事事远出于西人之上，独火器不能及。"③尽管如此，洋务运

---

① 王思锋："洪仁玕与中国专利制度的萌芽"，载《光明日报》2014年1月29日，第14版。
② 夏东元："洋务运动发展论"，载《社会科学战线》1980年第3期。
③ 徐泰来：《中国近代史记（下）》，湖南人民出版社1989年版，第235页。

动还是带动了大清帝国对西方知识的引入。但是，由于保守派的顽固抵抗，大清帝国在政治体制和社会体制乃至观念体系上的变革却踟蹰不前。洋务运动所开办的工厂在体制上仍然是朝廷管理下的一个衙门，其管理体制仍然类似于皇宫里专门为皇帝置办各类器物的"造办处"，无任何经济效益可言。①尽管清帝国被迫开放了对外贸易，但对国内的工商业仍然很大程度上保留了古代的行政特许权制度，例如天津电报局成立时，就获得了清政府批准的经营商用电线和架设电线的专项特权。②工商业仍然很不发达。

但历史的车轮不容阻挡。1894 年，中国在中日甲午战争中战败，这次战争也标志着中国洋务运动的彻底失败。从一败再败于"西人"到败于在清帝国看来属于自身朝贡体系下的藩国、"小国"日本，极大地冲击了中国社会，也强烈刺激了官僚和知识分子，中国全社会救亡图存意识空前高涨。要避免亡国灭种的巨大危机，巩固自己的统治，实现强国梦想，清政府以及社会的有识之士终于认识到，只能借助于商业和现代工业的力量才有可能，而传统的自然经济加政治高度专制的道路已经不能适应所处的时代与国际环境。1895 年 7 月 19 日，清政府颁发上谕："迭据中外臣工条陈时务……如修铁路、铸钞币、造机器、开各矿、折南漕、减兵额、创邮政、练陆军、整海军、立学堂；大约以筹饷练兵为急务；以恤商惠工为本源。此应及时举办。"③自此，中国走上了鼓励工商业发展的现代化道路，同时也开始了对专利制度的探索。

---

① 刘泽华：《中国传统政治思想反思》，生活·读书·新知三联书店 1987 年版，第 30—31 页。

② 武乾："清末经济立法与近代经济制度在中国的奠基"，载《中西法律传统（第二卷）》，中国政法大学出版社 2002 年版，第 287 页。

③ 朱寿朋：《光绪朝东华录》，中华书局 2016 年版，第 3631 页。

1898年6月11日，光绪皇帝决定"变法"，实行了后来被称为"百日维新"的新政。新政的措施之一就是颁布《振兴工艺给奖章程》。这个章程最终并没能实施，因为"变法"的失败而不了了之。但是，章程第一次出现了现代专利制度的内容，可谓中国近代专利制度的历史起点。《章程》1898年7月12日颁布，共12条。其中规定：对有新的创造方法，制造各种造船、械、枪炮等器，超过西方已有水平，或兴办大的工程，有利国计民生者，可以给予优偿，获得专利权50年；凡是中国本土没有的先进器具，而能够仿造外国式样而能成功者，也可以授官职，获得专利权10年。这是"专利权"第一次出现在官方正式文件中。《章程》还规定，上述各种发明创造，都需要经过政府有关部门考核，合格之后，送总理衙门查核办理，然后才能授予官职和专利权。如有弄虚作假，谎报发明创造，一经查出，不仅撤销奖案，还要予以惩罚。①这里面有关创新创造和引进新技术经政府批准获得专利许可的思想脉络清晰可见。

变法的失败使光绪皇帝图强的梦想化为乌有，政治和经济仍然一天天衰败下去，西方列强在中国的势力不断扩大。以义和团起义和八国联军侵略北京以及战后签订的《辛丑条约》为标志，中国的殖民化程度乃至对列强的市场开放程度进一步加深。基于列强对在中国保护其专利的需求，相关双边国际条约也都纳入了专利保护的内容。例如，1903年，根据《辛丑条约》，中美签订了《中美续订通商行船条约》。在条约谈判中，由于美方强烈要求保护其专利，造成其中有关专利谈判"最为艰难"，②出现了尖锐的对立。中方开始坚决拒绝保护专利的条款，认为仿造并无不妥，只要不擅用商标，照

---

① 张尚策："清王朝《振兴工艺给奖章程》产生前后"，载《法学》1984年第3期。
② 崔志海："试论中美《通商行船续订条约》"，载《中国社会科学院近代史研究所青年学术论坛（2001年卷）》，社会科学文献出版社2001年版，第308页。

样仿造完全合理。基于中国缺乏工业制造技术基础的现实，主张"俟中国制造大兴以后再议此款不迟"。但美国以拒绝交回治外法权相胁迫，要求专利保护条款"断不可删"，并且美其名曰"因专利为文明之国所必有之政也"。①谈判中，美方还要求中国"迅速"设立"专利衙门"实行专利保护。最终，中方在条约中被迫写入了专利保护的内容——当然，也包括版权和商标保护的内容。美国可谓向中国主动输出西方专利保护制度以及理念的第一个国家。而在此前的有关商约谈判中，包括英国这样的老牌帝国主义国家，并没有把专利保护当作重点谈判内容，也没有具体体现在双边条约中。1904年，中葡签订《中葡通商条约》，也包括了关于专利保护的规定，即在中国设定专门专利管理机构和制定专利法后要给予外国专利保护，②西方国家的专利制度对中国的影响随着坚船利炮而进入中国，并伴随着民族工业发展而形成尖锐矛盾。在《中美续订通商行船条约》谈判时，督办商务大臣张之洞就坚持要求取消专利保护条款，认为专利保护"自枉中国利源，自蹙国民生计"。③而围绕保护专利到底是利国利民还是"自蹙国民生计"的争议一直延续到现代。

当然，商业的蓬勃发展最终会推动传统制度的根本变革，最终推动社会形成符合商业规律的法律体系。在外国资本侵略和中国本土企业逐渐发育的双重力量推动下，清政府在法律体制上也在逐步

---

① 《中美商约谈判记录》，转引自崔志海："试论中美《通商行船续订条约》"，载《中国社会科学院近代史研究所青年学述论坛（2011年卷）》，社会科学文献出版社2001年版，第308页。

② 冯晓青、刘成军："中国保护发明创造立法和政策文献分析——从《振兴工艺给奖章程》到《中华人民共和国专利法》"，载《南都学刊》2013年第1期。

③ 《外交部收湖广总督张之洞函》，载《中美关系史料》光绪朝五，第3605—3606页。转引自崔志海："试论中美《通商行船续订条约》"，载《中国社会科学院近代史研究所青年学术论坛（2001年卷）》，社会科学文献出版社2001年版，第309页。

转型。商业领域的法律已经成为一个新的、快速发展的领域，传统上排斥商业的制度被鼓励商业的制度所替代。同时，从沉重的历史向现代制度体系转型的中国，对商业和创新行为的奖励也自然难以轻易摆脱自身政治文化传统的特殊影响。这个阶段，清政府鼓励工商业发展还采取了提高商人政治地位、给予勋爵和官职等与专利制度实质相去甚远，但形式相近的传统方式。例如，1906年10月，清政府农工商部颁布的《奖励商勋章程》规定，"凡制造轮船等新式机器者，奖以三等至一等商勋，加四品至二品顶戴；凡能在中国原有工艺基础上翻新花样、精工制造者，奖以五等至四等商勋，加六品至五品顶戴；对有特别发明创造者，更是从优奖励。"[1]当时不少商人因为改进了工艺而受到褒奖，授予商业勋位。这种制度不是市场化的激励制度，但确实有效提高了商人地位，发挥了与专利制度近似的功能。在专利制度发达的今天，仍然不乏意义，是各国奖励商业贡献、鼓励创新创造的有力政策。

　　1902年，清政府启动了商律的制定。1902年3月，清政府发布上谕"矿律、路律、商律等类，皆应妥议专条"。《钦定大清商律》1904年1月奏准颁行，由《商人通例》和《公司律》组成。《破产律》1906年5月奏准颁行。《公司注册试办章程》1904年6月奏准颁行。《商标注册试办章程》和《商标注册试办章程细目》1904年7月奏准颁行。[2]通过这些法律，把商标保护纳入了商事法律之中。到1910年，清政府又颁布了《著作权律》。至此，清政府的知识产权保护的法律框架基本形成。遗憾的是，专利保护制度并没有形成法律，清政府始终没有颁布正式的专利法。只是在1904年1月11日颁布的《商

---

[1] 赵振宇：《奖励的科学与艺术》，科学技术普及出版社1989年版，第11页。
[2] 贾晖：《中国近代财产权法律保护研究》，中国政法大学2008年博士论文，第66页。

会简明章程》第二十六条中规定,"凡商人有能力独出心裁,制造新器,或编辑新书,确系有用,或将中外原有货品,改制精良者,均准报明商会考核后,由总理具禀本部,酌量给予专照年限,以杜作伪仿效,而示鼓励。"[①]这是有关专利保护的规定,但并非正式的专利法规。1911年,清帝国被辛亥革命埋葬在了历史的灰烬里。但是,这些商事法律加上清政府在覆亡前的一些立法活动,逐步在社会上树立了有别于过去"普天之下莫非王土"的封建财产权观念的新型财产权保护观念,鼓励商业创新活动的崭新观念也曾经鼓舞了民族资本家和工商业者,为中国近代专利制度的建立奠定了基础。

另外,值得一提的是,清政府成立商部后,明确了专利执照发放的管理机关。商部设四司一厅,其中保惠司的职责为:"专司商务局、所、学堂、招商一切保护事宜,赏给专利文凭。译书译报,聘请外籍工程师及本部司员升调补缺各项事宜。"1906年,商部改为农工商部,而管理专利的职能也相应地由保惠司变为农工商部商务司,商务司"专司商政,负责商会、商埠、赛会、保险、专利、招商、银行、词讼、各类公司、各类商务学堂等事项"。[②]机构的设立也为清末启动专利申请和报批提供了必要条件,也批准颁行了一些专利,但清末社会动荡,制度实施成效甚微。

(二)中国专利制度的初步发展——民国

1911年10月,辛亥革命爆发,中国建立了亚洲第一个共和国——中华民国。清帝国的覆灭与清政府自身的腐败颟顸有关,更是《辛丑条约》后列强加大对中国的经济掠夺的必然结果。一方面,西方列强和日本的经济侵略已经深入中国腹地和各个领域,"攫取了各

[①] 崔恒晨:"清《商部奏定商会简明章程》中的商会职能及其启示",载《山东社会科学》2007年第5期。

[②] 徐海燕:"中国近代专利制度萌芽的过程",载《科学学研究》2010年第9期。

种投资特权"，①和中国民族工商业者乃至整个中华民族的矛盾进一步尖锐。另一方面，清政府迫于《辛丑条约》巨额战败赔款的压力，不断增加工商企业的负担。"自商部立，而当事诸公，纷纷聚议，不曰开统捐，即曰加关税，不曰劝募绅富慨赠巨金，即曰招徕南洋富商责令报效。""自有商部，而我商人乃转增无数剥肤吸髓之痛。天下名实不相符之事，乃至如此。"②工商业经历了短暂的发展后，陷入困境。与此同时，清政府拒绝开放政治，传统上知识分子有效参与政治的科举制度被废除，而民主制度和选任制官僚体系又没能建立起来，加之政治权力几乎为满洲贵族完全把持，汉族官僚集团的权力基本被剥夺，人民的不满和愤怒当然只能通过革命来体现。

共和国建立伊始，建都于南京的中华民国临时政府于1912年3月8日通过、3月11日颁布实施的《中华民国临时约法》明确规定，"人民有保有财产及营业之自由。"把对私有财产的保护写入宪法，是建立共和国的重要成果。不过，20世纪早期的中国，历史持续动荡。南京政府没能坚持多久，政权即为"北洋军阀"所攫取。北洋政府先后颁布了两个章程来保护专利以及相关的商业活动，以此作为富国强兵的措施，扶持工商业的发展。

1912年12月5日，北洋政府工商部颁布了《奖励工艺品暂行章程》，该章程规定了工艺品的定义、不予奖励的制造品、考验程序（审查授权）、五年专卖权的奖励方式、鼓励制造的政策以及对仿冒他人受奖励之制品、虚伪标示其产品为受奖励之制品的惩罚措施等。③这

---

① 金冲及：《二十世纪中国史纲（第一卷）》，社会科学文献出版社2009年版，第38页。
② 《时报》甲辰十二月初四日中的《论商部与商业之关系》。转引自金冲及：《二十世纪中国史纲（第一卷）》，社会科学文献出版社2009年版，第46页。
③ 姚秀兰："制度构建与社会变迁——近代中国专利立法论"，载《法学论坛》2006年第4期。

个章程已经初步具备了现代专利法的雏形。其中明确了给予专利保护的客体是发明或者改良的制造品，也明确了保护的期限和形式——五年专卖权，排除了不受专利保护的一些技术领域，确定了鼓励发明应用于生产的目标以及对于非法仿冒的惩罚等。同时，还确定了获得专利保护须经过专责机关审查（称之为"考验"）的程序。但其和现代专利制度仍然有比较重大的区别，特别是，对仿冒的法律惩罚措施仍然采用刑法方式，反映了中华法系刑民一体的古老传统。1923年3月31日，北洋政府农商部又颁行了《暂行工艺品奖励章程》和《暂行工艺品奖励章程实行细则》，对《奖励工艺品暂行章程》进行了修订和细化，明确了"首创性"作为可专利性的要件，确定了先申请制度，解决了专利文件使用中国文字等技术性问题。1924年4月，农商部还印发了《发明品奖励办法》，明确了对新发明的国货制品发给奖励金的政策。[①]由于北洋军阀统治时期，各省割据分治，各地实施情况不一。两个章程以及实行细则的推出可以证明，在北洋时期，奖励工商业创新、给予创新工艺和产品以"专利"已经形成社会共识，并初步形成了具备现代专利制度雏形的保护制度。但必须指出的是，北洋政府时期及此前清政府建立的所谓专利制度还不是现代意义上的"专利"制度。一方面，这个制度还带着较为浓厚的中国传统法律文化的色彩，以刑罚代替民事责任，专利仍然不完全是一种典型意义上的民事权利；同时，北洋政府的专利制度在用专卖这种市场方式"奖励"创新之外，仍然坚持政府褒奖的行政手段。这些和西方专利制度不同的传统对以后的中国专利制度都有着重要影响。当然，北洋时期战乱频仍，实际上包括专利制

---

① 《申报》1924年4月6日"本埠新闻"。转引自徐建生：《民国时期经济政策的延续与变异（1912—1937）》，中国社会科学院研究生院2001年博士论文，第54页。

度在内的很多制度并没有得到很好的实施。1914年8月至1916年6月，获得这种专利或者专卖权的企业共计26家。①从1913年5月至1923年，北洋政府依照《奖励工艺品暂行章程》核准专卖5年的专利仅有97项，获得褒奖的专利有144项。②

经历多年战乱，直到1927年，中国国民党才在南京建立了全国性统治。南京国民政府建立之初，实行了有利于民族经济发展的内政和外交政策。在外交上，实行关税自主，与美英法等西方十一国以及后来与日本签订了承认中国关税自主的新约；在内政上，实行裁兵、取消厘金等不合理的税费，带来了中国民族工商业的短暂繁荣发展。③

1927—1928年，上海在专利保护客体中增加了"新颖装潢图样"，与外观设计专利制度近似。军阀控制的北京政府则把"专利"制度改为"专卖"制度，改称《专卖特许条例》，把保护期扩大为5年、10年和15年三种。在程序上，将核发证书与获准专卖机构分开，申请人须先至农工部审查鉴定，俟核给发明或改良证书后，才得至实业部呈请核与专卖之权。④1928年6月，南京国民政府公布了《奖励工业品暂行条例》，废止了北洋政府的《暂行工艺品奖励章程》。这个章程基本延续了北洋政府的有关制度，但与现代专利制度更加接近。一是明确了专利权受侵害的民事赔偿制度以及行政处罚制度。第十三条规定："在专利年限内，如有他人私自仿造、影射，妨害专

---

① 虞和平："民国初年经济法制建设述评"，载《近代史研究》1992年第4期。
② 秦宏济：《专利制度概论》，上海商务印书馆1946年版，第21页。转引自徐海燕："我国近代专利核准情况分析"，载《知识产权》2009年第4期。
③ 金冲及：《二十世纪中国史纲（第一卷）》，社会科学文献出版社2009年版，第275页以下。
④ 郗万富："近代中国社会转型时期专利制度变迁述论"，载《河南大学学报》2006年第6期。

利权，享有专利权者除依民事法规要求赔偿外，得呈请工商部禁止并没收之。"二是确定了专利费用制度，第七条规定要分期缴纳执照费，建立了专利标识制度；第十四条规定获得专利者须在物品上载明专利号数、核准日期以及核准字样。①自此，从法律上讲，专利权在中国基本完成了向民事权利的转变。1929年7月，国民政府颁布《特种工业奖励法》，废止《奖励工业品暂行条例》，以针对特定工业减免国营交通事业运输费和出品税、原料税的方式支持其发展，以专利形式奖励工业的法规暂时中断。②随着经济技术的发展，国民政府日益意识到科技创新是工业发展的根本，必须积极鼓励发明创造的积极性，实业部积极起草制定《奖励工业技术暂行条例》。但是，专利制度对本国民族工业的影响一直是争议焦点。例如，时任工商部部长孔祥熙向国民党三届三中全会提交的《请决定对中国工商业之国际关系采用保护政策，以贯彻总理遗教实行平等互惠案》中，以"发明特许权"为例，认为"如不设法扶植保护，漫以平等互惠相夸，任其自然，将见愈益低下，永无实现平等互惠之可能"。据此，很多人认为若建立专利制度，那么"吾国工业界之仿造事业反受专利特许法之禁制，不能自由"，大大影响工商业发展。③直至1932年9月，国民政府才颁布《奖励工业技术暂行条例》，确立了职务发明归属制

---

① 商务印书馆编译所：《民国政府颁行法令大全》，上海商务印书馆1929年版，第491—504页。转引自徐海燕：《中国近现代专利制度研究（1859—1949）》，知识产权出版社2010年版，第260—262页。

② 《国民政府关于废止奖励工业品暂行条例的训令》，存于中国第二历史档案馆，档案号一（6060），1930。转引自徐海燕：《中国近现代专利制度研究（1859—1949）》，知识产权出版社2010年版，第145页。

③ 中国第二历史档案馆：《中华民国史档案资料汇编（第五辑第一编）·财政经济（五）》，江苏古籍出版社1991年版，第76—81页。

度、复审制度、异议制度并恢复了侵权的刑事责任制度。①此后，该条例历经修改完善，并于1939年9月颁布了相应的实施细则，建构了完整的程序，奖励条例已初步具备了专利法的基本要件，专利法的制定已经水到渠成。

抗日战争时期，战事频仍，生灵涂炭。但是，为了鼓励内迁工商业者的"实业报国"，当时迁都中国西南地区的国民党政府仍然在专利法律制度建设上作出了探索。1940年11月，国民政府经济部设立了工业专利法筹划委员会，历经四年，于1944年5月29日颁行了《中华民国专利法》。

1944年《中华民国专利法》借鉴了欧洲各国的专利法律制度，考虑到对此前中国奖励专利相关制度的继承，是中国第一部完全现代意义上的"专利法"。这部《专利法》共133条，"对申请专利的条件、授予专利的范围、专利审查程序、专利实施及缴纳费用等方面作了较全面的规定"，②具有鲜明的时代特点。法律明确了授予发明专利的要件（首创性、实用性和新颖性）和专利权的范围；确定了发明专利保护期（15年）以及民事责任和刑事责任相结合的保护方式；建立了"先申请主义"和"一发明一申请"原则；在互惠原则下允许外国人申请专利，建立了公告、实质审查、复审和无效（举发）制度以及专利权的标记和年费缴纳等制度。这部法律将发明、新型、新式样合并为一部法律，为现代中国专利法三法合一之滥觞。为了实施专利法，1947年国民党政府又颁布了《专利法实施细则》。

由于国民党政府的日益腐败和贫富分化，中国的社会矛盾日益

---

① 徐海燕：《中国近现代专利制度研究（1859—1949）》，知识产权出版社2010年版，第268—270页。
② 姚秀兰："制度构建与社会变迁——近代中国专利立法论"，载《法学论坛》2006年第4期。

尖锐。1945年抗日战争胜利后不久，中国就爆发了中国共产党领导的解放战争。在短短的20年时间里，中国就经历了抗日战争、解放战争两场大规模战争，《专利法》《奖励工业品暂行条例》等法律法规的颁布实施并没有，也不太可能发挥太大的鼓励工商业发展和促进创新的作用。有学者统计，1928—1930年，南京国民政府工商部依据《奖励工业品暂行条例》受理专利申请案例总计128件，其中准予专利并公告的38件，准予褒奖的31件。1938—1944年，南京政府的经济部共收到专利呈请案1188件，其中经审查委员会审查决定的有950件，准予专利的434件。1945年核准专利79件，1946年核准专利31件，1947年核准专利71件。[1]但是，从1928—1930年和平时期的年均60余件的申请到战时1938—1944年的年均申请100多件，这种数量上的变化还是表明了中国企业专利意识的提高和科技进步的趋势。

同时，对于专利制度的学术研究也开始起步。例如，1946年，上海商务印书馆出版了秦宏济的《专利制度概论》。该书介绍了当时主要国家的专利制度，对于中国专利制度的沿革以及专利制度的主要方面进行了讨论。就专利权的性质而言，秦宏济认为："发明人与其发明，有自然法上之权利，得要求国家予以保护。而国家据人民依法呈请，亦必须予以保护，更可见专利权之设定，为发明人之固有权利，而非国家或王室之一种恩惠也。"[2]尽管是70年前的观点，但在总体上仍基本符合当前专利权主要作为私权而受到各国法律保护的主流观点。

1944年《中华民国专利法》随着国民党政府的倒台而在中国大

---

[1] 徐海燕："中国近代专利核准情况分析"，载《知识产权》2009年第4期。
[2] 康添雄、毛永强："法律移植的第二次降临"，载《法学杂志》2010年第11期。

陆地区变为历史,但这部法律一直在中国台湾地区实施并不断修改完善,在中国台湾地区仍然保持着旺盛的生命力。

(三)中国当代专利制度的建立

1949年10月1日,中华人民共和国政府在北京宣告成立。在此前的1949年2月,中共中央就发出了《关于废除国民党〈六法全书〉与确定解放区司法原则的指示》,废除了南京国民政府颁布的所有法律、法令。[①]国民政府颁布的专利法自此在大陆失去了效力,成为历史。

建立新的专利制度也很快被提上了议事日程。在新中国成立之初的1950年8月,中央人民政府政务院即公布施行了《保障发明权与专利权暂行条例》(以下简称《条例》)。《条例》共二十二条,规定了以下几个方面的内容。一是明确条例的宗旨为"鼓励国民对生产科学之研究,促进国家经济建设之发展"。二是申请人须为中华人民共和国国民和居住在中国的外国人。三是专利保护的客体是"在生产上创造新的生产方法"或"产制新的生产品",并明确了实用性原则,排除了对化学物质的保护。四是确定了专利审查机关为政务院财政经济委员会中央技术管理局以及审查、公告程序。五是明确了发明人姓名权,民事权利,得到奖励的人身、财产权利。六是确定了职务发明的权益关系,职务发明创造仅发给发明证书,而不授予专利权。七是审查机关得根据实际情况授予三至十五年专利权。

《条例》实质上建立的是发明人证书和专利并行的混合制度。按照《条例》规定,发明权人对获得专利证书或发明人证书必须作出选择,同时,享有的权利既包括奖金、奖章、奖状、勋章或荣誉学

[①] 杨光:"《六法全书》的废除",载《中共中央文献研究室个人课题成果集2012年(下)》,中央文献出版社2013年版,第825页。

位这类行政奖励，也包括把发明权许可转让领取报酬、冠以姓名以及作为遗产并领取奖金的民事、行政奖励的复合权利，还包括对剽窃者主张损害赔偿的民事权利。《条例》还对专利和发明提供刑事保护。通观《条例》，其并没有把发明权和专利权当作一种单纯的私权，而是综合运用政府奖励、财政补助、荣誉奖金、财产权益、刑事保护等手段，来实现促进发明创造和鼓励发明创造实施、促进国家经济建设的目的。中国实行这种混合制度与当时苏联和东欧地区有关发明人证书和专利制度并行的模式的影响密不可分。按照公有制的有关理念和制度设计，个人智力成果的主要价值在于推广普及，提高生产技术水平和生产力。因此，发明人证书的制度实际上是国家承认发明人的身份并给予一定奖励，而智力成果则统一由国家来推广普及。

《条例》实施后，1950—1956年期间，共有407项发明权和专利权申请。而截至1957年，实际上只批准了4项专利权和6项发明权。[①]由于中国很快完成了从私有制条件下的市场经济向公有制条件下的计划经济的过渡，到1956年基本实现了"公私合营"，[②]主要的工商企业都实现了国有化，包括科学技术在内的各类资源转变为公有，作为市场经济条件下保护私有财产权制度的专利制度当然也就失去了存在的意义。1963年，《保障发明权与专利权暂行条例》正式废止。而在1954年，政务院颁布了《有关生产的发明、技术改进及合理化建议的奖励暂行条例》，这一奖励制度在后来实际上代替了专利制度。直到1978年中国启动改革开放的进程，包括专利制度在

---

① 杨一凡、陈寒枫主编：《中华人民共和国法制史》，黑龙江人民出版社1996年版，第536页。

② 金冲及：《二十世纪中国史纲（第一卷）》，社会科学文献出版社2009年版，第824页以下。

内的知识产权制度建设才被重新提上议事日程，在这之间的近二十年时间里，对于科技创新的激励主要依靠国家行政部门的各类奖励制度，而各类政府奖励制度也在中国建立知识产权制度之后继续发挥着重要作用。

1973年1月，中国代表团出席了世界知识产权组织领导机构会议。回国后，代表团团长任建新（后任最高人民法院院长）向中央提出建立专利制度的建议。当然，这实质上是对重建专利制度的建议。而在当时，中国的"文化大革命"尚未结束，国家实行高度集中统一的计划经济制度，中国经济相对于国际市场而言仍然是封闭的，并不具备建立专利制度的基本条件。但在那之后，中国的政局逐步稳定，对外经济接触日益频繁，发展科学技术成为基本国策。[①]激励企业和个人创新，引进发达国家先进技术，实现有序的技术转移，建立国际通行的专利制度是一个必然的选择。1980年1月，中国决定建立专利局，1984年3月12日，第六届全国人民代表大会常务委员会第四次会议审议通过了《中华人民共和国专利法》（以下简称《专利法》），并于4月1日颁布。1985年4月1日，《专利法》及其实施细则正式实施。这部专利法是中国第一部在全国范围内得到有效实施的现代专利法。这部专利法经历多次修改，是当代中国专利制度的核心法律。为了实施专利制度，1980年中国建立了专利局，1998年改设国家知识产权局和国家知识产权局专利局。中国专利局在建立初期主要负责《专利法》的起草，在《专利法》正式实施之后，主要负责专利申请的受理、审查工作。这也是中国历史上第一个独

---

① 1978年3月，中共中央、国务院召开了全国科学大会。邓小平指出："科学技术是生产力，这是马克思主义历来的观点"，"四个现代化，关键是科学技术的现代化"。邓小平：《在全国科学大会开幕式上的讲话》，载《邓小平文选（第2卷）》，人民出版社1983年版，第85—100页。

立建制、专司专利管理的中央机构。"从晚清到民国，虽然政权多次更迭，但历届政府基本上都将与专利相关的事务交给工商部门下属的司科兼管，并未设立专门管理专利的独立行政机构。"[①]1985年12月28日，改革开放后首批专利证书在北京人民大会堂颁发。至此，中国专利制度走上了全面实施和开放发展的新阶段。

二、中国当代专利制度概况

（一）中国专利制度的理论和实践基础

专利在中国，可谓"自古以来所未有"。[②]如果把专利权仅仅理解为一种财产权（property rights）的话，从中国先哲的言论中也很难发现除了"有恒产斯有恒心"之外的复杂的财产权理论。总体而言，中国古代对财产权的认识是紧密地和政治理论、伦理思想结合在一起的，土地等财产虽然私有并受到刑民一体的法律保护，但"普天之下莫非王土"，作为最主要财产权客体的耕地，其财产权也并非完整的私人所有。而中华人民共和国成立以来，关于财产权的认识也经历了多次变化。在建国之初的1949—1956年，中国承认基于政治身份的私有财产权。1957—1978年，中国建立了"一大二公"的所有制和高度集中统一的计划经济体制，严格限制私人财产权，公民能够拥有的私人财产的范围极为有限。只是到了1978年以后，随着中国改革开放，完善的私有财产权制度才逐步建立起来。可以看出，中国加入《与贸易有关的知识产权协议》，并承认包括专利权在内的知识产权是私权，实际上是一次思想上的飞跃和巨大转变。

中国专利制度的理论基础是马克思主义以及中国特色社会主义

---

① 1944年颁布的《中华民国专利法》明确规定要设立专利局，但在国民党败退台湾以前，实际上没有真正设立专利局。

② 崔志海："试论中美《通商行船续订条约》"，载《中国社会科学院近代史研究所青年学术论坛（2001年卷）》，社会科学文献出版社2001年版，第308页。

的基本观点。马克思认为,财产是人和人的社会关系。德莱豪斯(Peter Drahos)同样指出:"财产就是一个人和另外一个人之间的权利关系,或者是一个人和其他一些人之间的权利关系。"[1]尽管马克思总体上反对财产私有,但具体而言,马克思所说的私有财产分为作为劳动的私有财产和作为资本的私有财产两类,作为劳动的私有财产符合"按劳分配"的社会主义伦理。因此,作为智力劳动成果的财产权形式,对专利的保护符合社会主义的意识形态。实际上,"在既定的现实生产力条件下,私有财产权的合理性在马克思那里是不证自明的真理。"[2]同时,"马克思强调生产方式的变化(技术变迁)与财产关系的变化(制度变迁)之间存在着某种辩证关系,技术为内核的生产力受制于一定的财产关系,而财产关系则通过特定的可预见的方式影响着人类行为,即预期收益明晰化激励着人们积极从事财富生产。"[3]从经济发展角度而言,建立合理的财产关系也会促进人们创造财富。马克思的这两个重要观点和西方学术界通行的"自然权理论"、"激励论"[4]等在理论和实践上都有相通之处。

任何理论都来源于实践。从缺少专利传统到建立一个生机勃勃的现代专利制度,起因在于发展和国家建设实践上遇到的巨大困难,而理论则伴随着实践不断完善。就20世纪70—80年代建立专利制度的初步探索而言,建立专利制度,可以保护中国发明创造,向国外出售技术,促进国内经济、技术发展;有利于开展科技信息工作,为外贸、技术引进和国内科研工作做好参谋,开展国际贸易和科技

---

[1] Peter Drahos. *A Philosophy of Intellectual Property*.1996,published by Dartmouth Publishing Company Ltd. England, p.4.
[2] 张志成:"论知识产权的合理性问题——一种法理学形式上的分析",载《私法》2003年第2期。
[3] 刘长军:"马克思财产理论体系的构建问题",载《开放导报》2012年第2期。
[4] 范长军:《德国专利法研究》,科学出版社2010年版,第3—4页。

合作，也必须建立专利制度。①另一方面，建立专利制度主要是为了克服当时在科技创新方面存在的严重现实问题。当时科研工作从选题到经费以及最终成果都由国家大包大揽，科研成果、发明创造被定性为全民所有，任何单位均可无偿使用。当时很多科技人员对这种状况表示不满。②解决对科技人员的有效激励，实现技术的国际交流，最终实现技术上的追赶，是建立专利制度的客观原因。

20世纪重建现代专利制度以来，围绕专利的学术研究主要集中在法学范畴。中国学界一般认为，包括专利制度在内的知识产权制度是促进创新、保护创新的制度。"知识产权制度的本质是鼓励创新，不鼓励模仿与复制，反对仿、靠、冒、盗。"③"知识产权制度是科技、经济和法律相结合的产物，它在实质上解决'知识'作为资源的归属问题，是一种激励和调节的利益机制。知识经济发展的动力在于科技创新活动，科技创新离不开产权制度创新。"④2008年中国国务院颁布的《国家知识产权战略纲要》明确指出："知识产权制度通过合理确定人们对于知识及其他信息的权利，调整人们在创造、运用知识和信息过程中产生的利益关系，激励创新，推动经济发展和社会进步。"随着中西文化的交流日益加深，加之《与贸易有关的知识产权协议》的影响，进入21世纪以来，中国对专利（以及知识产权制度）属性的争论集中在专利是"私权"还是一种为了"公共政策"目的而设置的产权制度的焦点上。这实际上反映了中国科技

---

① 孙宏云编著：《当代中国专利制度的创建——国家知识产权局（中国专利局）创建历程》，知识产权出版社印，第89页。

② 同上书，第7页。

③ 郑成思："信息、知识产权与中国知识产权战略若干问题"，载《环球法律评论》2006年第3期。

④ 吴汉东："科技、经济、法律协调机制中的知识产权法"，载《法学研究》2001年第6期。

经济发展的现实。由于中国是一个发展中国家,在技术创新方面仍然处于相对落后的状态,加之目前经济全球化进程中越来越严格的国际知识产权制度约束,因此,保护专利必然意味着保护一些技术领先的外国公司的市场优势,从而对于自身产业的发展造成某种程度的不利影响,认为专利制度必须实现公共政策目标具有相当的合理性。同时,随着中国经济科技进步,企业越来越多地依赖于技术创新来实现发展,专利权的重要性日益凸显,建构起以"私权"为核心、公共政策为补充的理论框架,反映了创新者的需要。而实际上,这种观点从历史上看就是存在的。例如,美国宪法起草者之一托马斯·杰斐逊就拒绝承认发明人对其发明有自然的财产权利。他说:"发明并不必然是财产(权)的客体。社会可以给予从发明中获得的利益以专有权利,原因是激励人们求索那些可以造出有益的东西创意,但是不是这样做则要取决于社会的意愿和利益,任何人都没有什么可抱怨的,也没有理由提出对权利的主张。"[①]而从现行《专利法》的有关规定看,中国专利理论的实用色彩更加明显。《专利法》第一条规定:"为了保护专利权人的合法权益,鼓励发明创造,推动发明创造的应用,提高创新能力,促进科学技术进步和经济社会发展,制定本法。"专利权人合法权益(也就是私权)的保护与促进科学技术进步和经济社会发展被摆在了同等重要的位置。

[①] Walter Hamilton. Investigation of Concerntration of Economic Power:Patents & Free Enterprise21(TNEC Monograph NO.31, GPO,1941, quoting Thomas Jefferson). 原文是: Inventions then cannot, in nature, be a subject of property. Society may give an exclusive right to the profits to men to pursue ideas, which may produce utilities, but this may or may not be done according to the will and convenience of society, without claim of complaint from anybody.

（二）中国专利制度的法律渊源和基本概念

1. 宪法和法律渊源

和世界上多数国家一样,《中华人民共和国宪法》(以下简称《宪法》)也并没有专门对专利权乃至知识产权保护做出明确规定,专利以及其他知识产权保护更多的是作为财产权保护的一部分体现在宪法相关条款中。[①]中国《宪法》第六条规定:"坚持公有制为主体、多种所有制经济共同发展的基本经济制度,坚持按劳分配为主体、多种分配方式并存的分配制度。"《宪法》这一条款明确了中国的产权制度,那就是以公有制为主体,同时也承认包括私有制等多种所有制并存的基本产权制度。《宪法》第十三条明确规定:"公民的合法的私有财产不受侵犯。"《宪法》第十一条又规定:"国家保护个体经济、私营经济等非公有制经济的合法的权利和利益。"这就为私人拥有知识产权提供了宪法上的依据。

中国《宪法》与保护专利关联性较强的条款包括如下几项规定。《宪法》第十四条规定:"国家通过提高劳动者的积极性和技术水平,推广先进的科学技术……以不断提高劳动生产率和经济效益,发展社会生产力。"《宪法》第二十条规定:"国家发展自然科学和社会科学事业,普及科学和技术知识,奖励科学研究成果和技术发明创造。"《宪法》第四十七条规定:"中华人民共和国公民有进行科学研究、文学艺术创作和其他文化活动的自由。国家对于从事教育、科学、技术、文学、艺术和其他文化事业的公民的有益于人民的创造性工作,给以鼓励和帮助。"这些规定尽管没有明确说明知识产权或专利

[①] 美国宪法(第一条第八款第八项)、加拿大权利法案、俄罗斯联邦宪法(第四十四条)等对知识产权和专利的保护作了专门规定,而像德国、法国、英国、日本、韩国等国宪法都无专门知识产权保护的规定。参见邹波:《知识产权的宪法保护研究》,武汉大学2011年博士论文,第38页以下。

保护的问题,但却明确了国家通过奖励科学研究、文学艺术创作行为,鼓励科学技术的传播利用的制度安排。这也为保护专利提供了宪法依据。

中国是成文法国家,专利权的保护基于《民法通则》《专利法》等相关法律。《民法通则》第五章"民事权利"第三节专门就知识产权做了规定。其中,第九十五条明确:"公民、法人依法取得的专利权受法律保护。"同时,在第九十七条还规定:"公民对自己的发现享有发现权。发现人有权申请领取发现证书、奖金或者其他奖励。"中国最高人民法院就第九十五条规定做了进一步的司法解释,明确:"公民、法人通过申请专利取得的专利权,或者通过继承、受赠、受让等方式取得的专利权,应当予以保护。"同时,也就专利权的转移规定:"转让专利权应当由国家专利局登记并公告,专利权自国家专利局公告之日起转移。"这两条司法解释明确了中国专利必须依申请取得,并明确了专利权转移的登记公示制度。

2. 中国参加的国际条约

知识产权制度国际化程度很高。[1] 从目前的态势看,知识产权的保护越来越依赖于内国法和国际法律的组合。[2] 中国最早对专利的保护起源于和西方列强的不平等条约。而自改革开放以来,中国加入了 30 多个知识产权国际公约,其中与专利有关的公约主要包括:《建立世界知识产权组织公约》(1980 年加入),《保护工业产权巴黎公约》(1985 年加入),《集成电路知识产权条约》(1989 年加入),

---

[1] 吴汉东、郭寿康主编:《知识产权制度国际化问题研究》,北京大学出版社 2010 年版,第 1 页。

[2] 〔美〕费雷德雷克·M.阿伯特、〔瑞士〕托马斯·科蒂尔、〔澳〕弗朗西斯·高锐:《世界经济一体化进程中的国际知识产权法》,王清译,商务印书馆 2014 年版,第 18 页。

《专利合作条约》（1994年加入），《国际承认用于专利程序的微生物保存条约》（简称《布达佩斯条约》，1995年加入），《工业品外观设计国际分类协定》（简称《洛迦诺协定》，1996年加入），《专利国际分类协定》（IPC，1997年加入），《保护植物新品种国际公约》（1999年加入），《与贸易有关的知识产权协议》（2001年加入）等。中国并没有确立条约高于国内法的一般原则，但中国政府的外交声明明确指出，在国际上对中国生效的条约具有国内法律效力。[①]同时，《中华人民共和国民法通则》第一百四十二条第二款规定，"中华人民共和国缔结或者参加的国际条约同中华人民共和国的民事法律有不同规定的，适用国际条约的规定，但中华人民共和国声明保留的条款除外。"《中华人民共和国民事诉讼法》第二百六十条规定，"中华人民共和国缔结或者参加的国际条约同本法有不同规定的，适用该国际条约的规定，但中华人民共和国声明保留的条款除外。"因此，可以认为，这些公约、条约也是中国保护专利的重要法律渊源。

3. 其他相关法律规定

中国法律法规中还有与专利类似的科技成果概念。在1996年通过的《中华人民共和国促进科技成果转化法》（以下简称《促进科技成果转化法》）中，对于技术转移的各方以及技术转移方内部科技成果创造者的"技术权益"做了规定。2015年对这部法律的修订中，对科技成果给出了定义："本法所称科技成果，是指通过科学研究与技术开发所产生的具有实用价值的成果。"这种界定虽然不够清晰，但由于其"科学研究、技术开发"和"具有实用价值"的双重界定，可以认为"科技成果"包括了可以构成技术秘密、可以形成专利等

[①] 陈寒枫、周卫国、蒋豪："国际条约与国内法的关系及中国的实践"，载《政法论坛》2000年第2期。

知识产权的技术创新成果。《促进科技成果转化法》的主要功能是按照《宪法》第十四条和四十七条的规定，规范国有企业和事业机构所形成的包括专利在内的科学技术成果的推广应用。该法规定："科技成果转化活动应当尊重市场规律，发挥企业的主体作用，遵循自愿、互利、公平、诚实信用的原则，依照法律法规规定和合同约定，享有权益，承担风险。科技成果转化活动中的知识产权受法律保护。"从《民法通则》有关科技成果权的立法初衷看，"科技成果权主要是指非专利技术。这种技术用什么保护？主要用债权形式保护。"[①]但实际上，据学者研究，在中国，知识产权（主要指专利）与科技成果之间是包含、重叠和交叉关系。"科技成果是产生知识产权的前提，但并非当然形成权利而受到法律保护，同时亦非自然取得科技成果权。科技成果权强调的主要是人身权或精神权利，与知识产权具有本质区别。科技成果要想获得法律保护，只有形成知识产权（才能得到法律保护），同时应具备一定条件。"[②]

4. 中国专利的基本概念

现行中国《专利法》是 1984 年由第六届全国人民代表大会常务委员会第四次会议通过的，并在 1992 年、2000 年和 2008 年分别进行了三次修订。

中国专利保护的客体是"发明创造"[③]。现行《专利法》第一条规定："为了保护专利权人的合法权益，鼓励发明创造，推动发明创造的应用，提高创新能力，促进科学技术进步和经济社会发展，制定本法。"明确把专利法的目标限定在发明创造领域。当然，这一定

---

① 顾昂然等：《中华人民共和国民法通则讲座》，中国法制出版社 2000 年版，第 202 页。
② 姚兵兵："科技成果权法律保护之检讨"，载《科学学研究》2002 年第 5 期。
③ 尹新天：《专利权的保护》，知识产权出版社 2005 年版，第 4 页。

义也有可以扩大解释的空间。例如"创新能力"主要是一个经济学上的概念，可以包括商业方法、商业模式等领域的创新以及把技术等创新融入经济过程的内容。在《专利法》第一次提交国务院和全国人民代表大会常务委员会审议时，对专利保护的"发明"给出了定义。草案第十四稿规定，发明是"运用自然法则、科学理论改造自然所提出的新的技术解决方案，包括新产品、新方法、产品的新用途或由此所作出的改进"。同时，中国《专利法》把发明、实用新型和外观设计一体纳入专利保护范围。其中，发明是指"对产品、方法或者其改进所提出的新的技术方案"。实用新型是指"对产品的形状、构造或者其结合所提出的适于实用的新的技术方案"。而外观设计则指"对产品的形状、图案或者其结合以及色彩与形状、图案的结合做出的富有美感并适于工业应用的新设计"。发明专利保护期限为20年，实用新型专利和外观设计专利保护期限为10年。而以上三者在1985年4月1日生效的《专利法》中一概被称为"发明创造"。

  从法律规定看，和各主要国家和地区的专利法近似，中国《专利法》中发明专利保护限于技术领域的产品和方法，实用新型专利保护限于技术领域的产品。但是，并非所有技术领域的产品和方法从一开始就得到《专利法》的保护。例如，科学发现，智力活动的规则和方法，疾病的诊断和治疗方法，食品、饮料和调味品，药品和用化学方法获得的物质，动物和植物品种，用原子核变换方法获得的物质在最早的《专利法》中一概不予以保护。此后，一方面，《专利法》逐步扩大了保护客体的范围，另一方面也限缩了对部分产品、方法和设计的保护。目前，食品、药品和化合物已经纳入专利保护，植物新品种则由专门的条例进行保护，但排除了"对平面印刷品的图案、色彩或者二者的结合作出的主要起标识作用的设计"的外观设计专利保护。同时,中国《专利法》坚持民法"公序良俗"原则,"对违反法律、社会公德或者妨害公共利益的发明创造,不授予专利权。"为此,《专利法》还对违反法律、行政法规的规定获取或者利用遗传资源,并依赖该遗传资源完成的发明创造作出了不授予专利权的专门规定。从未来发展看,专利法还可能纳入新的保护客体。但总体而言,中国专利法和各国专利法一样,①承担的功能是保护技术领域以及与技术密切相关的艺术、科学和商业领域的创新,而科学(发现)、艺术、商业领域的创新则主要分别由著作权法、商标法和反不正当竞争法等来保护。

在中国,专利权是一种排他权。根据《专利法》,排他权意味着权利人"享有制止任何人未经其同意而为生产经营目的制造、使用、许诺销售、销售、进口其专利产品,或者使用其专利方法以及使用、许诺销售、销售、进口依照该专利方法直接获得的产品的权利"。专利所保护的是"发明创造",而绝大多数发明创造实质上是建立在过去的发明创造基础上的,而专利所保护的只能权利人所贡献的那部分新的、有创造性的方案,专利权的行使往往离不开过往的"发明创造"。就绝大多数实践情况而言,"拥有专利权只是拥有了排除他人实施其专利技术的权利,并不必然意味着可以独占该专利技术;实施自己的专利技术的同时也可能侵犯他人的权利。拥有专利和发生侵权可能同时存在。这就是两者之间的辩证统一关系。"②

---

① 例如,欧洲专利制度的目的是鼓励科学和工程领域的创新,而不包括艺术领域。在科学领域之内,科学知识本身也不能授予专利权。《欧洲专利公约修订案》规定:"所有技术领域的发明都可以授予欧洲专利。"而各种技术发明是不限于技术领域的。参见〔英〕理查德·哈康、〔德〕约亨·帕根贝格编:《简明欧洲专利法》,何怀文、刘国伟译,商务印书馆2015年版,第40—41页。

② 田力普:"关于专利保护与专利侵权中若干基本问题的研究",载《专利法研究(1995)》,知识产权出版社1995年版,第77页。

而就发明专利而言，获得这种排他权的前提是权利人作出的"发明创造"符合《专利法》关于权利要求书、说明书的有关规定，同时权利要求具有新颖性、创造性和实用性，并经过法定的审查程序。

三、中国专利制度的基本构成

根据中国《专利法》，共有三类发明创造可以获得专利权保护。分别是发明专利、实用新型专利和外观设计专利。关于三种专利的关系以及在一部专利法中同时保护三种专利的必要性，原中国专利局在1983年11月22日提交给全国人大常委会的《对几个主要意见的解释》中做了说明："其中实用新型实际是发明的一部分，即水平较低的小发明。把大发明和小发明合在一起保护的做法有一个很大的缺点，即小发明适用大发明的审批程序，保护期限也相同，没有必要。对小发明，适用简易的审批程序，保护期比较短，收费也比较低。这样做，比较适合中国的情况。因中国目前技术水平比较低，中小企业比较多，水平较低的发明也会比较多，如果不搞实用新型，就是将小发明合并到大发明中一起保护，所有专利申请都必须适用同样复杂的审批程序。这样，对于尚无经验的专利局就不是减轻而是大大加重工作负担了。中国过去对外观设计没有保护，不能鼓励设计人员和设计单位的设计积极性，所以，产品的式样呆板陈旧，不能满足人民生活和生产日益增长的需要，在国际市场上也缺乏竞争力。"[①] 保护三种专利的制度设计实际上是立足于当时的两个现实情况：一是水平高的发明不多，二是专利局的能力不足。这种制度设计也继承了民国旧专利法"将发明、新型、新式样合并为一部法律"的传统。专利制度建立以来的实践证明当初的估计是准确的。当然，

[①] 初稿标题为《关于专利法的五个问题的解释》（1983-005-Y-0029）。参见赵元果：《中国专利法的孕育与诞生》，知识产权出版社2003年版，第253—257页。

目前中国专利审查机构的审查能力已经取得了突飞猛进的发展，但水平高的发明占比仍然不高。目前，按照通常理解，发明专利代表了中国技术创新的高水平成果，但实用新型专利和外观设计专利一直占据着中国专利申请的主体。

（一）**发明专利**

现行中国《专利法》第二条规定，发明是指"对产品、方法或者其改进所提出的新的技术方案"。这一条把专利权保护的客体界定为"产品"、"方法"以及对"产品"、"方法"的改进所提出的"新的技术方案"。与各国专利法比较来看，中国专利法中"技术方案"的表述更为宽泛，也比较抽象，但实际保护客体范围和欧美国家相比，却相对狭窄。

例如，美国《专利法》第一百零一条把受专利法保护的客体涉及产品的部分表述为"机器、产品、物质合成"，这种具体化、列举式的表述实际上并没有涵盖其专利法保护的所有客体，并且"互有重叠"。[1]事实上，根据判例分析，美国专利法保护的客体是"阳光下人所创造出来的一切事物"，像软件、商业方法等显然并非机器、产品（有形）和物质合成的客体也受美国专利法保护。《欧洲专利公约》则用排除法规定了何谓"发明"。其中，发现、科学理论和数学方法，美学创造，进行智力活动、游戏或者商业经营的方案、规则和方法以及计算机程序本身，信息的表述等被排除在"发明"之外。这种限定看似严格，但实际上，根据有关学者的研究，欧洲专利中所谓发明并不限于技术领域，而只是把艺术领域的创新和科学领域之内的科学知识排除于专利保护之外，其他"各种"技术发明——

---

[1] 李明德：《美国知识产权法》，法律出版社2003年版，第32页。

不限于技术领域的发明——都可以获得专利保护。[①]

按照中国国家知识产权局颁布的《专利审查指南》[②]的规定，中国《专利法》中的"技术方案是对要解决的技术问题所采取的利用了自然规律的技术手段的集合"。"技术方案通常通过技术特征来体现。未采用技术手段解决技术问题，以获得符合自然规律的效果的方案，不属于专利法第二条第二款规定的客体。"[③]这其中对发明专利保护的客体做了三方面的限定。一是必须解决的是技术问题，而不是其他问题；二是必须用技术手段来解决；三是技术手段必须是利用了自然规律的技术手段。实际上，中国专利法所保护的客体取决于三个维度：技术问题、利用了自然规律的技术手段、符合自然规律的技术效果。如果技术方案解决的并非技术问题，而是经济、商业或者政治问题，则不能受到保护。例如商业模式，虽然可能利用了技术手段，但解决的不是技术问题，而是商业问题，就可能无法得到《专利法》的保护。如果解决的问题是技术问题，而用的手段并非技术手段，也不能受到专利法保护。而智力活动的规则和方法包括管理制度、规则、算法、分类法、语法、乐谱、游戏规则等都由于并非利用自然规律，也没有解决技术问题，故不构成专利法所保护的客体。

除了对客体本身的限制外，中国《专利法》第五条还排除了对一些虽然是利用了自然规律的技术手段所集成的技术方案解决技术问题的发明创造的专利保护。一是根据公序良俗原则，排除了违反

[①] 〔英〕理查德·哈康、〔德〕约亨·帕根贝格编：《简明欧洲专利法》，何怀文、刘国伟译，商务印书馆2015年版，第41页。

[②] 如无特殊说明，本书的《专利审查指南》均指2010年版《专利审查指南》。

[③] 《专利审查指南（2010）》第二部分第一章第二节，知识产权出版社2010年版，第119页。

法律和社会公德的发明创造。如用于赌博、吸毒的器具等违法的发明创造，克隆人等违反伦理的技术方法，实施后会导致环境严重污染、造成宗教或民族问题的发明创造等。依据违反法律法规规定获得的遗传资源而作出的发明创造也不能得到专利保护。同时，《专利审查指南》认为，出于人道主义的考虑，应赋予医生在诊断和治疗过程中选择各种方法的自由，①从而排除了对医疗诊断方法的专利保护。当然，用于治疗的仪器装置、物质材料等都可受专利保护。二是根据国家重大利益优先的原则，排除了原子核变换方法和用该方法获得物质。但为实现原子核变化而增加粒子能量的粒子加速方法以及所获得的同位素的用途和所使用的仪器设备可以授予专利权。②

从历史上看，中国发明专利保护的客体发生过较大的变化。1992年《专利法》经历第一次修改，化学物质、药品、食品、饮料和调味品被纳入到发明专利的保护客体之中，③而此前，这些客体不能在中国获得专利保护。随着中国经济科技的发展，专利乃至知识产权的保护客体可能还会进一步扩大。例如，2015年3月公布的《中共中央国务院关于深化体制机制改革加快实施创新驱动发展战略的若干意见》提出，"研究商业模式等新形态创新成果的知识产权保护办法。"实际上已经把商业模式的专利保护提上了议事日程。

根据中国专利法，获得专利保护的发明应当具备新颖性、创造性和实用性。

所谓新颖性，是指"该发明或者实用新型不属于现有技术；也没有任何单位或者个人就同样的发明或者实用新型在申请日以前向

---

① 《专利审查指南（2010）》第二部分第一章第二节，知识产权出版社2010年版，第124页。

② 同上书，第129页。

③ 罗东川主编：《中国专利案例精读》，商务印书馆2013年版，第6页。

专利局提出过申请,并记载在申请日以后(含申请日)公布的专利申请文件或者公告的专利文件中。"[①]也就是说,想要获得专利,首先其申请保护的不能是现有技术。已经进入公有领域的知识不能再被专有化,这是知识产权制度"贡献—保护"原则的具体体现,也是民法公平原则的体现,更是专利法"鼓励发明创造"的基本宗旨的体现。这一原则也和各国现代专利法的基本原则一致。

衡量新颖性的关键在于申请专利的发明创造和"现有技术"的对比。简而言之,只有和现有技术不同的发明创造才会具备专利法意义上的"新颖性"。按照中国专利法,"现有技术,是指申请日以前在国内外为公众所知的技术。"现有技术,就是在申请日前、由普通公众可以公开获知的技术性知识。何谓"公众"?公众是指"特定人"之外的人,而"特定人",根据专利复审委员会第2号专利复审请求审查决定,指的是具有那些因为对发明创造内容负有某种义务而从社会人群中特定出来的社会成员。[②]这种义务一般是指明示或默示的对发明创造承担保密义务的人。现有技术必须是这些特定人之外的其他所有人都可以通过合法渠道获得的技术信息。专利申请日是划定"现有技术"的时间界限。中国专利法实行"先申请"制度,在专利申请文件寄出之日(不包括申请日当天公开的)之前的技术,都属于确定该专利申请是否具有新颖性的"现有技术"。同时,中国实行"绝对新颖性"标准,也就是说,专利申请日(以及优先权日)之前的、在世界各地能够为公众所知的技术都是"现有技术",没有地域、语言或知识表达形式的限制。《专利审查指南》规定,现

---

① 《专利审查指南(2010)》第二部分第一章第二节,知识产权出版社2010年版,第153页。

② 曲晓阳:"特定人的义务起源和特定人的认定",载《专利法研究(1997)》,知识产权出版社1997年版,第129页。

有技术的公开方式包括出版物公开、使用公开和以其他方式公开三种。除了印有"内部资料""内部发行"字样、在特定范围内保密发行的出版物以外，其他各类形式的、记载有技术或设计内容的载体，均视为出版物公开。公众通过制造、使用、销售、进口、交换、馈赠、演示、展出等方式可以得知技术方案视为使用。①构成专利法意义上的公开，需要判断是否处于任何人想得知即可得知的状态。上述状态的判断主要依据公众是否具有获知技术方案的途径以及是否存在保密义务。②例如，由于化学品的成分一般并不能通过展示就为公众所知，所以，尽管公众可以通过演示、展出等而获知某种化学品的存在，但如果这种化学品的内在成分并没有因为演示、展出而为公众获知，也不会构成专利法意义上的"公开"。另外，《专利法》第二十四条规定："以下情况公开的现有技术不会导致专利申请丧失新颖性：申请专利的发明创造在申请日以前六个月内，有下列情形之一的，不丧失新颖性：（一）在中国政府主办或者承认的国际展览会上首次展出的；（二）在规定的学术会议或者技术会议上首次发表的；（三）他人未经申请人同意而泄露其内容的。"

中国在审查专利新颖性、判断申请专利的发明创造和"现有技术"之间是否相同时适用单独比对原则，即"应当将发明或者实用新型专利申请的各项权利要求分别与每一项现有技术或申请在先公布或公告在后的发明或实用新型的相关技术内容单独进行比较，不得将其余几项现有技术或申请在先公布或公告在后的发明或者实用新型内容的组合，或者与一份对比文件中的多项技术方案的组合进行对

---

① 《专利审查指南（2010）》第二部分第一章第二节，知识产权出版社2010年版，第154页。

② 张鹏：《专利授权确权制度原理与实务》，知识产权出版社2012年版，第144—147页。

比"。①这和德国专利法上的比对原则一致,②类似于美国判断新颖性所使用的"单一来源"原则,即"缺乏新颖性……只能以一件现有技术为参考而确立,即该单一的现有技术披露了要求保护的发明的每一项技术要素。"③在单独比对的前提下,内容相同的发明或实用新型不具备新颖性。而"相同",应理解为"要求保护的发明或者实用新型与对比文件公开的技术内容完全相同"或者"仅仅是简单的文字变换",且"相同的内容应该理解为包括可以从对比文件中直接地、毫无疑义地确定的技术内容。"④同时,如果虽然形式上不"相同",但要求保护的发明或者实用新型采用的是上位概念,而已经公开的对比文件采用的是具体的下位概念,也会导致新颖性的丧失。其他诸如惯用手段的直接置换也会破坏新颖性。北京第一中级人民法院法官认为,判断新颖性,"要……与现有技术公开的内容进行对比,如果两者的技术方案实质上相同,而且适用于相同的技术领域,解决相同的技术问题,具有相同的技术效果,则(发明或实用新型)……不具有新颖性。"⑤

当然,仅仅和现有技术"不同",并不等于一项专利申请就可以被授予专利权。对于发明专利而言,申请专利的技术与现有技术相比,要"有突出的实质性特点和显著的进步",才有被授予专利的可

---

① 《专利审查指南(2010)》第二部分第一章第二节,知识产权出版社 2010 年版,第 157 页。

② 范长军:《德国专利法研究》,科学出版社 2010 年版,第 37 页。

③ Structural Rubber Pruducts Co.v.Park Rubber Co.,749F.707,223 U.S.P.Q.1264(Fed. Cir.,1984). 转引自李明德:《美国知识产权法》,法律出版社 2003 年版,第 35 页。

④ 《专利审查指南(2010)》第二部分第一章第二节,知识产权出版社 2010 年版,第 158 页。参见〔英〕理查德·哈康、〔德〕约亨·帕根贝格编:《简明欧洲专利法》,何怀文、刘国伟译,商务印书馆 2015 年版,第 54 页。

⑤ 罗东川主编:《中国专利案例精读》,商务印书馆 2013 年版,第 113 页。

能,这种"实质性特点"和"显著的进步"就是专利法上的"创造性"。创造性判断建立在一个假设的"所属技术领域的技术人员"的标准基础上。所谓"所属技术领域的技术人员",是指设想有这样一个人,他通晓专利提交之日(申请日或优先权日)之前特定发明创造所属技术领域所有的普通技术知识(也被称为"公知常识"),而且能够获知该技术领域所有的现有技术,拥有申请日之前的所有常规实验手段,以及相关技术领域的相关现有技术、普通技术知识和实验手段,但他不具备任何创造能力。[1]这样一个人在现实中并不会存在,实际上只是专利审查机构判断一项专利申请是否具有创造性的共同标准。

  中国专利审查机关对判断创造性的步骤分三步,和欧洲以及日韩等重要专利局普遍采用的方法一致。首先确定和专利申请要求保护的发明最接近的技术,然后确定要求保护的发明和最接近技术的区别特征、根据该区别特征所能达到的技术效果来判断要求保护的发明实际解决的问题,最后判断要求保护的发明对本领域的技术人员来说是否显而易见。其中,对显而易见性的判断是判断创造性的核心。"而是否具有显而易见性的焦点往往集中在技术启示的判断。如果现有技术中存在启示,促使本领域技术人员将该发明或实用新型相对于最接近的现有技术的区别技术特征应用到该最接近的现有技术,以解决该发明或实用新型所欲解决的技术问题,则应当认定该发明或实用新型对本领域技术人员来说是显而易见的,从而认定该发明或实用新型不具备创造性。"[2]而技术启示是现有技术的启示,它体现了发明创造与现有技术的关联性。实际上,也就是说,如果申请保护的发明是本领域技术人员基于现有技术而能够"自然而然"

---

[1] 《专利审查指南(2010)》第二部分第一章第二节,知识产权出版社2010年版,第170—171页。

[2] 刘晓军:"专利创造性评判中的技术启示",载《知识产权》2012年第5期。

联想到的解决方案,而不是,或者主要不是通过自己的创造性的智力劳动(inventive step)而获得的,那么一项专利申请就是不具备创造性的。这些标准基本和各国判断专利申请是否具有创造性的标准一致。按照 TRIPS 协议,创造性和一些成员使用的"非显而易见性"系同义词。但是,中国专利法有关创造性的规定中,还有"显著的进步"标准。这一标准在国际上是比较有特点的,有学者认为是"独树一帜"的。①根据中国专利审查机构的观点,设立这一标准的目的在于"防止那些虽然在技术特征上有其所长,但就其技术实质而论却是倒退的,或者对科学技术无意义的发明(例如变劣发明或者改劣发明等),使得具有技术进步的发明专利成为主流"。②一般而言,在判断创造性时,要把"突出的实质性特点"和"显著的进步"这两个方面的标准综合起来,而不仅仅是着眼于一个方面。"如果现有技术的结合越是接近'显而易见',则'显著的进步'的标准要求越高。"③仅仅是因为技术效果相对于现有技术而言落后,并不等于一定缺乏创造性。

需要指出的是,无论是中国还是世界上其他国家,创造性判断往往都具有较强的主观性,是各国专利制度中最复杂的环节之一,其标准的高低往往也牵涉到专利公共政策的方向。例如,创造性标准降低,往往会增加授权专利的数量,增强技术的竞争性,创造性标准提高,则会降低授权专利数量,增强技术的垄断性。从目前中

---

① 尹新天:《中国专利法详解》,知识产权出版社 2011 年版,第 262 页。
② 吴伯明:"发明的创造性",载《专利与商标的申请和保护——中国国际工业产权讨论会文集》,中国展望出版社 1986 年版,第 65 页。转引自孙平、韩冰:"对创造性判断中显著的进步的思考",载《专利法研究(2012)》,知识产权出版社 2013 年版,第 135 页。
③ 孙平、韩冰:"对创造性判断中显著的进步的思考",载《专利法研究(2012)》,知识产权出版社 2013 年版,第 141 页。

国实施的相关政策来看，要"严格执行专利审查标准"[①]，实际上保持了较高的创造性标准。

根据《与贸易有关的知识产权协议》第二十七条之一的规定，"专利应该授予所有技术领域的任何发明，不论它是产品还是方法，只要它具有新颖性、创造性并可付诸工业应用即可。"该条注释指出，"可付诸工业应用性"与某些缔约方使用的"有用性"是同义词。对工业应用、有用性在中国专利法中称为"实用性"。中国专利法进一步规定，实用性是指发明或者实用新型申请的主题必须能够在产业上制造或者使用，并且能产生积极效果。专利申请的实用性在专利审查中居于优先地位，也就是说，如果专利申请不具备实用性，则不必再审查其是否具有新颖性和创造性就可以判断其不具备可专利性。

按照《专利审查指南》的解释，"如果申请的是一种产品，那么该产品必须在产业中能够制造，并且能解决技术问题；如果申请的是一种方法，那么这种方法必须在产业中能够使用，并且能够解决技术问题。"[②]这一限定表明，如果专利申请的发明创造只能为个人需要而在私人领域内而非产业领域应用或只能用于试验目的，或者仅仅与特定的人的技艺相联系，是不能被认为可付诸产业应用的，该发明创造因此也就不具备实用性。[③]另外，中国《专利审查指南》还把实用性界定为"解决技术问题"，排除了解决商业问题、社会问题的产品和方法等领域发明创造的可专利性。而"能够使用"、"能够

[①] 参见《国家知识产权局关于进一步提升专利申请质量的若干意见》，国家知识产权局 2013 年 12 月 18 日印发。
[②] 《专利审查指南（2010）》第二部分第一章第二节，知识产权出版社 2010 年版，第 185 页。
[③] 张勇、朱雪忠："专利实用性的国际协调研究"，载《政法论丛》2005 年第 4 期。

制造"则排除了违背自然规律（例如永动机）的"发明创造"的可专利性，因为这些所谓的发明创造不能被制造或使用，无法在技术上再现。[1]中国《专利审查指南》同时把"产业"通过列举法限定为"工业、农业、林业、水产业、畜牧业、交通运输业以及文化体育、生活用品和医疗器械等行业"，排除了在商业、金融业使用的发明创造（例如商业模式的创新）的可专利性等。比较而言，《欧洲专利审查指南》第 C 部分第四章第 5.1 节则使用排除法规定："产业应该做广义解释，包括具有技术特征的实在的活动——也即是说，任何有别于审美记忆的有用或实用的技术。"学者认为，欧洲专利法意义上的实用性"包括商业应用和金融应用"，[2]美国等也类似。欧美可专利性的"实用性"适用范围较之中国专利法要宽。

和其他国家相比，中国专利制度中有关实用性的规定有一个重要特点，就是具有实用性必须具备"积极的效果"。指南指出，所谓产生"积极效果"，指"专利申请在提出申请之日，其产生的经济、技术和社会效果是所属领域技术人员可以预料到的。这些效果应当是积极的和有益的。"[3]对这一条有着不同的理解。有学者认为，这意味着"明显无益、脱离社会需要、严重污染环境、严重浪费能源或者资源、损害人体健康的发明或者实用新型专利申请的技术方案不具备实用性。"而这一规定和专利法"对违反国家法律、社会公德或者妨害公共利益的发明创造，不授予专利权"的规定是重复的。而要求专利审查人员判断一项专利申请是否具有经济上的收益并不恰

---

[1] 《专利审查指南（2010）》第二部分第一章第二节，知识产权出版社 2010 年版，186 页。

[2] 〔英〕理查德·哈康、〔德〕约亨·帕根贝格编：《简明欧洲专利法》，何怀文、刘国伟译，商务印书馆 2015 年版，第 79 页。

[3] 张勇、朱雪忠："专利实用性的国际协调研究"，载《政法论丛》2005 年第 4 期。

当。①实际上，专利申请在提出之日就应当具有"积极的和有益的效果"，指的是申请人必须在申请之日就确定申请的产品和方法具体的应用途径，这是确保知识不被垄断的重要规定。在国外法律实践中也有类似的规定，例如，美国最高法院认为，在化学领域，"如果某一方法在没有达到具体应用的地步时就获得专利，将会造成对知识的垄断，并阻碍科学的发展。"②而美国《实用性审查指南》也规定，实用性指受专利法保护的发明必须具有具体的、实在的、可信的和公认的实用性要求。实际上，中国专利法上对实用性的要求在一定程度上融合了欧洲和美国的实用性标准。学者认为，欧洲的工业应用性只要求发明能在工业上被制造（对于产品发明）或者使用（对于方法发明），并没有特别要求产品或方法的有用，而美国的实用性要求的则包括产品（包括机械、制品、物质成分）或方法要具有实际的用途，③而中国专利的实用性要求则既要求产品和方法在工业上能够被制造或使用，还要求在申请之日起该产品和方法就要有具体而实际的用途，同时附加了申请专利的发明创造必须是解决技术问题的技术方案的限制。

（二）实用新型专利

实用新型专利制度和发明专利制度的区别主要有四个方面。一是专利审查程序不同。发明专利除须经初步审查之外，还需要经过实质审查，也就是对发明专利申请是否具有实用性、新颖性和创造性进行审查，并根据实质审查的结论作出是否授予专利权的决定。而实用新型的审查限于初步审查，专利局根据初步审查的结论作出是否授予专利权的决定。当然，这不等于不具备实用性、新颖性和

---

① 张勇、朱雪忠："专利实用性的国际协调研究"，载《政法论丛》2005年第4期。
② 李明德：《美国知识产权法》，法律出版社2003年版，第45页。
③ 张勇、朱雪忠："专利实用性的国际协调研究"，载《政法论丛》2005年第4期。

创造性的发明创造可以获得实用新型专利权,而是为了使程序更为简便,把对多为"小发明"的、申请实用新型的发明创造的专利权的确定程序后置,通过授权前异议①以及授权后的专利无效宣告程序等后续程序来最终确定一项发明创造是否可以获得实用新型专利权。这种程序设计既符合中国科技发展水平的现状,也有利于降低专利审批的行政成本。在制定《专利法》时,中国专利局提交全国人大常委会的《对几个主要意见的解释》中指出,"实用新型实际是发明的一部分,即水平较低的小发明。……对小发明,适用简易的审批程序,保护期比较短,收费也比较低。这样做,比较适合中国的情况。因我国目前技术水平比较低,中小企业比较多,水平较低的发明也会比较多,如果不搞实用新型,就是将小发明合并到大发明中一起保护,所有专利申请都必须使用同样的审批程序。这样,对于尚无经验的专利局就不是减轻而是大大加重工作负担了。"二是保护客体范围不同。实用新型专利所保护的发明创造仅限于对产品的形状、构造或者其组合所作出的适于实用的技术方案,不包括有关方法的发明创造以及化合物等产品的发明创造。三是创造性标准不同。对于实用新型专利而言,创造性限于与现有技术相比,具有实质性特点和进步,而非"突出的实质性特点和显著的进步",标准较之于发明为低。四是保护期不同。根据专利法规定,实用新型专利保护期限为十年,是发明专利的一半。

从以上特点也可以看出,发明专利保护的客体和标准实际上全面覆盖了实用新型专利。从保护客体而言,产品的形状、构造或者其组合也可以获得发明专利保护,从创造性标准而言,"如果一项发明创造能够获得发明专利保护,则仅就创造性这一点而言,该发明

---

① 现行专利法已经取消授权前异议制度。

创造也必然能够获得实用新型专利保护；如果一项发明创造不能够获得实用新型专利保护，则仅就创造性这一点而言，该发明创造也必然不能够获得发明专利保护。"[1]同时，又由于实用新型专利申请手续更为简便、费用相对低廉、审批更加快捷，因此有不少申请人往往同时申请发明专利和实用新型专利。根据《专利法》第九条第一款，同样的发明创造只能授予一项专利权。申请人如果就同一发明创造既申请了实用新型专利又申请了发明专利的，要想获得发明专利授权，必须放弃实用新型专利权，否则就不能获得发明专利权。

根据《专利法》第三条和第四十条的规定，专利局受理和审查实用新型专利申请，经初步审查没有发现驳回理由的，作出授予实用新型专利权的决定，发给相应专利证书，同时予以登记和公告。而所谓初步审查，主要限于申请文件的形式审查、申请文件的明显实质性缺陷审查、其他文件的形式审查以及有关费用的审查。明显实质性缺陷指《专利法》第五条规定的"违反法律、社会公德或者妨碍公共利益的发明创造"以及第二十五条所规定的不属于专利保护范围的"科学发现、智力活动规则"等，以及不属于实用新型专利保护范围的发明创造等情形。需要指出的是，申请文件的明显实质性缺陷审查不包括创造性的审查。

实用新型专利制度对保护发明创造具有重要意义。中国专利制度建立以来，实用新型专利申请量和授权量都呈快速增长的趋势。2014年，中国实用新型专利申请占总申请的比例达到了36.8%。

（三）外观设计专利

外观设计专利是完全不同于发明专利和实用新型专利的一种专利。从保护的客体看，根据《专利法》第二条第四款的规定，外观

---

[1] 王澄："浅论实用新型专利创造性的判断标准"，载《知识产权》2001年第4期。

设计专利保护的是对产品的形状、图案或者其结合以及色彩与形状、图案的几何所作出的富有美感并适用于工业应用的新设计。根据《专利审查指南》的界定，所谓形状，是指对产品造型的设计，也就是产品的外部轮廓。所谓图案，是指由任何线条、文字、符号、色块的排列或组合而在产品表面构成的图形。所谓色彩，是指用于产品上的颜色或者颜色的组合。而材料的本色（例如木质材料的天然颜色）不属于外观设计意义上的色彩。所谓适用于工业应用，是指外观设计能用于产业上并形成批量生产。[1]同时，以下的客体不能被授予外观设计专利权：一是取决于特定地理条件而不能重复再现的建筑物；二是形状、图案、色彩不固定的产品；三是不能分割或者单独出售且不能单独使用的局部设计；四是多个不同特定形状或图案的构件所组成的产品的不能单独出售和单独使用的构件；五是人的视觉或肉眼难以确定形状、图案和色彩的物品；六是非常规形态的产品；七是自然物既有的形状、图案、色彩为主体的设计；八是美术、书法、摄影作品；九是通常的几何形状和图案构成的外观设计；十是外观设计不保护文字和数字的字音字义；[2]十一是游戏界面以及与人机交互无关或者与实现产品功能无关的产品显示装置所显示的图案。[3]

中国《专利法》授予外观设计专利的标准经历了一个逐步提高的过程。在 2008 年《专利法》第三次修改之前，对于授予外观设计专利，仅仅要求"应当同申请日以前在国内外出版物上公开发表过或者国内公开使用过的外观设计不相同和不相近似，并不得与他人

---

[1] 《专利审查指南（2010）》第一部分第三章，知识产权出版社 2010 年版，第 82 页。
[2] 同上书，第 83 页。
[3] 《国家知识产权局关于修改〈专利审查指南〉的决定》，国家知识产权局令第六十八号，2014 年 3 月 12 日。

在先取得的合法权利相冲突",大体相当于"新颖性"标准。而现行《专利法》则规定,"授予专利权的外观设计,应当不属于现有设计;授予专利权的外观设计与现有设计或者现有设计特征的组合相比,应当具有明显区别。"大体相当于"创造性"标准。[①]但是,外观设计专利和实用新型专利的审查方式相同,只进行初步审查。也就是除了审查规定的文件和其他必要的文件是否符合规定外,主要针对外观设计专利申请是否违反法律、社会公德或者妨碍公共利益以及是否属于"平面印刷的图案、色彩或者二者的结合作出的主要起标识作用的设计"等进行审查。经初步审查没有发现驳回理由的,专利局就会授予外观设计专利权。由于外观设计专利涉及的商品的特殊性,《专利法实施细则》第三十五条第二款规定,用于同一类别并且成套出售或者使用的产品并且具有相同设计构思的两项以上外观设计,可以作为一件申请提出。例如咖啡杯和咖啡壶[②]就可以视为成套产品。

由于外观设计和著作权都涉及"实用艺术作品与工业品平面和立体设计",因此,在各国知识产权法中,外观设计保护和著作权大都存在着一定的交叉重叠,中国也不例外。2014年6月6日,中国国务院法制办公室公布的《中华人民共和国著作权法(修订草案送审稿)》(以下简称《著作权法(修订草案送审稿)》)明确了对"实用艺术作品"的著作权保护,并规定其保护期为发表之日起25年。《著作权法(修订草案送审稿)》把实用艺术作品界定为:"指玩具、家具、饰品等具有实用功能并有审美意义的平面或者立体的造型艺术作品。"玩具、家具、饰品等完全落入外观设计专利的保

[①] 张晓都:"论完善中国外观设计专利授权条件判断主体",载《科技与法律》2011年第2期。

[②] 《专利审查指南(2010)》第一部分第三章,知识产权出版社2010年版,第85页。

护客体范围。而根据国务院《关于新形势下加快知识产权强国建设的若干意见》的要求,要研究完善实用艺术品外观设计专利保护制度。因此,未来中国是否实行与"法国一样实现对同一客体(实用艺术作品或平面和立体设计)的重叠保护"[1]还有待观察。在司法实践中,北京市高级人民法院"英特莱格公司诉可高玩具公司著作权纠纷案"的判决,被称为中国给予实用艺术作品双重保护的初次尝试。[2]但学者一般认为,未来中国不应该建立重叠保护的机制,以避免法律资源的浪费和权利保护的过度竞合冲突。未来,外观设计专利应该立足于保护实用功能和形状结构的有"工业实用性"的创造,而不应该保护纯粹属于著作权客体的、对于实用艺术品的"装饰性"创造。[3]

同时,从保护创新的立足点出发,无论是单纯的外观设计保护还是实用艺术品保护都存在着无法覆盖对所有创新的保护。例如,外观设计往往以"整体视觉效果相同或近似"来判断是否侵权,局部的设计内容往往被忽略。而过于简洁的设计则无法满足版权法上的"独创性"要求,难以被视为"实用艺术品"而得到版权法的保护。[4]2015年12月2日,国务院法制办公室公布了《中华人民共和国专利法(修订草案送审稿)》(以下简称《专利法(修订草案送审稿)》),其中对外观设计的定义做了修改,明确外观设计"是指对产品的整体或者局部的形状、图案或者其结合以及色彩与形状、图

---

[1] 张伟君:"实用艺术作品著作权法保护与外观设计专利法保护的协调",载《知识产权》2013年第9期。

[2] 徐晓雁、张鹏:"外观设计专利权的扩张与线索——以外观设计专利权与其他知识产权的边界为视角",载《科技与法律》2014年第4期。

[3] 张鹏、徐晓雁:《外观设计专利制度原理与实务》,知识产权出版社2015年版,第28页。

[4] 崔国斌:《知识产权前沿问题研究》,法律出版社2015年版,第29页。

案的结合所作出的富有美感并适于工业应用的新设计"。把"局部的形状、图案或者其结合以及色彩与形状、图案的结合"纳入了保护范围。

(四)国防专利

为了"保护有关国防的发明专利权,确保国家秘密",根据《专利法》,中国1990年颁布了《国防专利条例》,建立了国防专利制度。目前,保护国防专利的主要法律依据是2004年9月17日国务院、中央军事委员会令第418号公布的《国防专利条例》。根据《专利法》第四条,"申请专利的发明创造涉及国家安全或者重大利益需要保密的,按照国家有关规定处理。"同时,《专利法》还规定,"任何单位或者个人将在中国完成的发明或者实用新型向外国申请专利的,应当事先报经国务院专利行政部门进行保密审查。保密审查的程序、期限等按照国务院的规定执行。"国防专利实际上构成了中国保密专利制度的主要方面。专利制度的核心理念是以公开换授权,但同时,基于国家安全利益考虑,确有部分技术不宜于即时公开,因此,各国大都有相应的例外制度设计,以确保在实施专利制度的同时,不外泄一些涉及国家利益的重要发明创造。例如,美国《专利法》规定:"对于政府享有财产上利益的发明,有利害关系的政府机构首长认为,申请的公布或者对该发明授予专利而将发明予以公布或披露可能危害国家安全的,专利负责人接到有关通知后,应命令将该发明予以保密,并按照下面规定的条件对该申请不予公布或者对该发明不授予专利。"同时,还规定:"如果原子能委员会、国防部长或者上述被指定的其他部门或机构的主要官员认为,发明因申请的公布或者因被授予专利而被公布或者披露,可能损害国家安全的,原子能委员会、国防部长或者此类其他主要官员应通知专利长官。专利长官应立即命令将该发明予以保密,对该申请不予以公布或者对该发明不授予专利，其期间视国家利益的需要而定，并通知申请人。"①

中国国防专利只涉及发明专利。《国防专利条例》规定，"国防专利是指涉及国防利益以及对国防建设具有潜在作用需要保密的发明专利。"国防专利实行分别审查、统一授权制度。也就是说，国防专利由专门设立的国家国防专利机构负责受理和审查，但国防专利的授权则统一由国务院专利行政部门（即国家知识产权局）统一授予。在有关发明专利的实用性、新颖性和创造性要求上，国防专利总体和普通专利保持一致，只是在新颖性界定上增加了有关不丧失新颖性的特殊情况。《国防专利条例》第十三条规定："在国务院有关主管部门和中国人民解放军有关主管部门举办的内部展览会上首次展出以及内部学术或技术会议上首次发表六个月内，国防专利申请不丧失新颖性。"

国防专利的来源分为两种途径。一是由申请人直接申请国防专利，由国家国防专利机构直接受理申请、审查，由国务院专利行政部门授予国防专利权。二是由普通专利转为国防专利。一方面，国务院专利行政部门认为受理的专利申请涉及国防利益的，通知国防专利机构审定后转为国防专利申请；另一方面，国防专利机构经过审查发现普通专利申请涉及国防利益需要保密的，经国务院专利行政部门同意后，将普通专利申请转为国防专利申请。②《专利法》规定，"任何单位或者个人将在中国完成的发明或者实用新型向外国申请专利的，应当事先报经国务院专利行政部门进行保密审查。"《国

---

① 国家知识产权局条法司组织翻译：《外国专利法选译（下）》，知识产权出版社 2015 年版，第 1627 页。

② 李泽红、陈云良："中美国防专利制度之比较"，载《电子知识产权》2006 年第 6 期。

防专利条例》第二十二、二十四条规定，实施国防专利的只能是国务院有关主管部门或者中国人民解放军有关主管部门指定的单位，如果许可国外的单位和个人实施，则必须由国务院国防科技工业主管部门和中国人民解放军有关主管部门审批，并确保国家秘密不被泄露。

（五）香港、澳门特别行政区和台湾地区专利

中国是一个单一制国家，但从法律角度而言，却具有"一国四法域"的突出特点。就专利领域而言，除了中国内地专利法之外，香港和澳门作为中国的特别行政区，在《香港特别行政区基本法》和《澳门特别行政区基本法》的规制下，实施的是不同于中国内地的专利法律制度。台湾地区和大陆"同属一个中国"，但中国台湾地区目前实施的专利制度与大陆并不相同。香港、澳门、台湾地区的专利制度实际自成体系，均在特定的法域范围内具有特定效力。因此，就中国作为一个国际法实体而言，专利法的"地域性"具有特殊的含义。即，要想在中国获得包括香港、澳门特别行政区以及台湾地区在内的全覆盖的专利保护，除根据《专利法》申请专利外，还必须履行在香港、澳门特别行政区以及台湾地区的专利申请或登记程序。

香港特别行政区专利制度的主要法律依据是《香港专利条例》和《香港专利一般规则》。现行香港专利法实行两类专利并行的"双轨制"专利制度，即标准专利制度（Standard Patent）和短期专利制度（Short-term Patent）。申请人不能直接在香港提出专利申请，只能首先在三个香港特区政府认可的专利审查机构，也就是中国国家知识产权局、英国知识产权局和欧洲专利局申请并取得专利授权后，经过特定程序将相应专利生效区域延伸至香港。香港知识产权署并不对标准专利进行实质审查，实际上只是对特区政府认可的三个专利机构授权的专利进行"再注册"。①同时,由于特殊的历史原因和"一国两制"的制度安排,香港特别行政区实行的是英国式判例法。因此,尽管专利授权适用三个专利审查机构所在法域的标准,但"在专利取得授权之后,相关专利的权属争议、有效性判断或者侵权赔偿等专利司法领域则主要依据香港本地的判例法"。②实际上,要想在香港获颁标准专利,最简便的方式乃是向中国国家知识产权局申请专利,并在专利授权后,根据香港特区政府规定在特区政府知识产权署进行"再注册"。

澳门特区的专利保护主要基于2000年6月7日正式生效的《工业产权法律制度》。和中国内地的专利制度近似,澳门的专利分为发明专利和实用专利两类,同时对设计及新型予以法律保护。对于发明专利而言,澳门《工业产权法律制度》明确:"任何科技领域内有关产品或有关产品、物质或结构成分之产生方法之发明,即使属涉及由生物组成或含有生物之某产品之发明,又或属涉及可生产、处理或使用生物之某种方法之发明"均可获得专利授权,获得保护的发明前提则是"新颖性、包含发明活动和工业实用性"。澳门《工业产权法律制度》中有关新颖性的规定为:"一项发明未被现有技术所包括时,则具新颖性。"而对现有技术的定义为:"现有技术系指在专利申请日前,在本地区或本地区以外,透过说明、使用或其他途径为公众所知之一切技术。"同时,"在专利申请日前提出以便在本地区产生效力但尚未公布之各专利申请之内容,亦视为被现有技术所包括",采绝对新颖性标准。而所谓"包含发明活动"是指"对有

---

① 陈一孚:"香港标准专利制度评价及其改革的可行性",载《法学杂志》2015年第10期。

② 同上。

关领域专业人士而言非以明显方式从现有技术所得的发明"。[①]其实质和创造性要求或非显而易见性要求一致。但是，发现、科学原理及数学方法、自然界已存在的材料或物质以及原子核材料、美学创作、游戏或经济活动领域中进行智力活动的方案、原则及方法、植物品种或动物种类以及产生植物或动物的基本上属生物学的方法，以及单纯的电脑程序和资讯的提供不能被授予专利权。同时，对于违反法律及公共秩序、损害公众健康或侵犯善良风俗的商业经营对象的发明，以及人体或动物体的外科治理方法或治疗方法和诊断方法也不能获得专利保护。澳门特别行政区实用专利的保护对象是：能赋予物品某一形状、构造、机制或配置，从而增加该物品的实用性或改善该物品利用的发明。实用专利保护期为六年，可以续展两次，每次续展两年，但保护期不能超过自申请日起的第十年。设计和新型保护的客体则是"以某一产品本身所具备及／或其装饰所使用的线条、轮廓、色彩、形状、质地及／或材料将该产品的全部或部分外观体现出来的符合规定的创作"。设计和新型获得保护的条件是新颖性和独特性。所谓新颖性，是指"在注册申请之前或要求优先权之前未有任何相同的设计或新型在本地区或本地区以外被公开"。而所谓独特性，是指"使用者对某项设计或新型的整体印象不同于在申请日前或要求优先权日前公开的任何设计或新型的整体印象"。设计和新型注册的存续期限为五年，自申请日起计算，对注册可以相同期间续展，直至二十五年的存续期限届满。需要指出的是，由于历史上中国澳门与欧洲，特别是葡萄牙的密切联系，澳门在制定《工业产权法律制度》时，明确了欧洲专利在澳门特别行政区的延伸生效。

[①] 杨红菊："澳门特别行政区的《工业产权法律制度》"，载《专利法研究（2000）》，知识产权出版社 2000 年版，第 249 页。

只要是按照《欧洲专利公约》提出的欧洲专利申请及获得的欧洲专利都可以要求延伸至澳门。延伸至澳门的欧洲专利，履行一定程序后，自欧洲专利局授予专利日起产生与在澳门授予的专利的法律效力相同的效力。①

中国台湾地区实施的专利制度源自于原国民政府于 1944 年 5 月 29 日颁布实施的《专利法》，目前生效的专利法规是 2013 年修定的版本。台湾地区专利也分为发明专利、新型专利和设计专利三种。其中发明是"指利用自然法则之技术思想之创作"。台湾地区专利法规规定，对于发明专利，动植物及生产动植物之主要生物学方法（不包括微生物生产方法），人类或动物之诊断、治疗或外科手术方法以及妨害公共秩序或善良风俗的发明不授予发明专利。判断发明是否具有可专利性，基于其"是否具有技术性"，"不具有技术性者，例如单纯之发现、科学原理、单纯之资讯揭示、单纯之美术创作等"，都不属于发明专利的保护范围。不过，判断技术性时，应考察发明内容而"非申请专利范围的记载形式"，也就是说，要考察"申请专利之发明中所揭露解决问题的手段"，"若该手段具有技术性"，申请就符合发明的概念。台湾地区新型专利保护的客体是"利用自然法则之技术思想，对物品之形状、构造或组合之创作"。设计专利保护的客体包括，"物品之全部或部分之形状、花纹、色彩或其结合，透过视觉要求之创作"以及"应用于物品之计算机图像及图形用户界面"。根据相关解释，台湾地区所称的设计和 TRIPS 协议第二十五条规定的"工业品外观设计"（industrial design）同义。②

---

① 杨红菊："澳门特别行政区的《工业产权法律制度》"，载《专利法研究（2000）》，知识产权出版社 2000 年版，第 255—257 页。

② 曾陈明汝：《两岸暨欧美专利法》，中国人民大学出版社 2007 年版，第 53—54 页。

台湾地区授予发明专利的条件同样是实用性、新颖性和创造性，分别称为"产业利用性、新颖性和进步性"。产业利用性也就是发明能够在产业上制造和使用。台湾地区专利制度以列举的方式规定丧失新颖性的情形。台湾地区发明专利授权也采用绝对新颖性原则，亦即申请之前已经在全球范围内公开出版、公开实施、为公众所知悉的"创作"不能获得授权。同时发明应具有"非显而易见"的特点，根据规定，发明如果"为其所属技术领域中具有通常知识者依申请前之先前技术所能轻易完成时"，申请人"仍不得取得发明专利"。判断进步性通常基于四个维度：一是判断主体是"所属技术领域中具有通常知识者"；二是判断基础是所谓"先前技术"，也就是"在先技术"，包括申请前已经为公众所知悉的或可以获得世界上任何地方、任何形式的技术信息；三是判断标准为是否由"本领域具有通常知识者"依据先前技术和本领域公知常识通过组合、修饰、置换或转用等方式完成申请专利的发明，如果是，则可以认定为"显而易知"；四是判断方式为整体判断，要将发明所欲解决的问题、解决问题的技术手段以及对照先前技术的功效作为整体予以考虑。①

四、中国专利行政授权确权和行政保护制度

（一）专利行政部门的法律地位

中国《专利法》明确规定，国务院专利行政部门负责管理全国的专利工作；统一受理和审查专利申请，依法授予专利权。按照目前中国政府机构设置，国务院专利行政部门是1998年机构改革时设立的中华人民共和国国家知识产权局。根据国务院办公厅印发的《国

---

① 曾陈明汝：《两岸暨欧美专利法》，中国人民大学出版社2007年版，第39—40页。

家知识产权局主要职责内设机构和人员编制规定》（国办发［2008］94号）的规定，国家知识产权局属国务院直属机构，国家知识产权局承担的职责之一是，制订专利和集成电路布图设计专有权确权判断标准，指定管理确权的机构，制订专利和集成电路布图设计专有权侵权判断标准。目前，国家知识产权局指定的确权机构是1998年机构改革时设立的国家知识产权局专利局（简称专利局）和国家知识产权局专利复审委员会（简称专利复审委员会）。专利局以及专利复审委员会实际上负责专利的受理、审查和确权。同时，近年来，为了应对专利申请大量增加的现实需求，专利局还在北京、天津、郑州、武汉、苏州、广州、成都等地设有七个专利审查协作中心，这些专利审查协作中心受专利局委托，也承担部分专利申请的审查工作。专利局设有初审及流程管理部以及按照技术领域划分的多个审查部，还设有实用新型审查部和外观设计审查部。初审及流程管理部主要负责专利申请的受理、初步审查、费用管理、流程控制和授权程序等，按技术领域划分的审查部主要负责发明专利的实质审查，实用新型审查部和外观设计审查部则分别负责实用新型专利和外观设计专利的审查和授权。专利复审委员会则负责审查针对专利申请驳回决定的复审请求和针对已经授权专利的无效宣告请求。

专利审查授权属于行政确认行为。学界主流观点大多认为，"在颁发专利证书、商标专用证书中确认专利权、商标权等"为行政确认。[1]根据《最高人民法院关于北京、上海、广州知识产权法院案件管辖的规定》第五条第一款的规定，"不服国务院部门作出的有关专利、商标、植物新品种、集成电路布图设计等知识产权的授权确权

---

[1] 罗豪才、湛中乐主编：《行政法学》，北京大学出版社2012年版，第217页。

裁定或者决定的",以及第五条第三款的规定,"不服国务院部门作出的涉及知识产权授权确权的其他行政行为的",对国家知识产权局专利复审委员会的决定不服的,由北京知识产权法院专属管辖。而就专利确权侵权纠纷解决机制而言,中国实行明确的职权分离主义,由专利局和专利复审委员会负责专利性审查,人民法院负责侵权审查。①对专利局和专利复审委员会行政确认及其他行政行为提起的诉讼,法院只能做出撤销或维持专利局决定的裁判,而不能直接做出专利权是否有效的裁判。但是,《专利法》同时规定:"在专利侵权纠纷中,被控侵权人有证据证明其实施的技术或者设计属于现有技术或者现有设计的,不构成侵犯专利权",把特定条件下的专利性问题的审查权赋予人民法院。在司法实践中,部分法院已经逐步将"现有技术抗辩"扩大到创造性范围,导致创造了独立于专利局以及北京市高级人民法院之外的专利性标准。②这需要在《专利法》的进一步修改完善中加以解决。

（二）专利申请

根据《专利法》的规定,申请专利的权利分别归属于两种不同的主体,一是单位,二是发明人或设计人。从科研实际看,发明创造的完成者一定是具体的个人或者个人组成的团队;理论上讲,专利的申请权以及由此而形成的专利权应归属于个人或者团队。但是,由于劳动合同关系和职务关系（在中国的事业单位中是任命或者聘任）的存在,对于技术创新成果专利申请权的归属问题,各个国家的法律规定并不相同。例如,德国《专利法》第六条明确规定:"专

---

① 杜颖、王国立:"知识产权行政授权及确权行为的性质解析",载《法学》2011年第8期。
② 张志成:"专利法第四次修改草案要点解析",载《法律适用》2015年第11期。

利权属于发明人或者其合法继受者。"①美国《专利法》第一百一十五条规定,专利申请人应当是"深信自己是某一方法、机器、制造品或组合物或者其改进的原始而最早的发明人"。②而中国法采用了比较灵活的处理方式。一方面,承认基于职务而完成的、由发明人或设计人承担所在单位确定的工作任务以及主要利用了单位物质技术条件的发明创造,申请专利的权利归属于单位,规定"职务发明创造申请专利的权利属于该单位;申请被批准后,该单位为专利权人",实际上运用了"劳动成果归属于企业"③的原则。另一方面,又承认约定优先原则,《专利法》第六条规定:"单位与发明人或者设计人订有合同,对申请专利的权利和专利权的归属作出约定的,从其约定。"由于在雇佣关系中,一般的发明人很难处于优势地位,因此,这种处理方式实际上更突出企业等单位的重要地位。结合在专利制度建立后较长时期内国内申请人多为国有单位和国有企业的事实,以及《促进科技成果转化法》第十八条有关国家设立的研究开发机构、高等院校对其持有的科技成果授权的规定,实际上这种规定隐含了把专利权这种财产权视为公共财产、必须按照国有资产进行管理的观点。当然,经历了时代变迁,这种规定在当代恰与发明创造主要是由企业组织的团队完成的规律相符合。从实际情况看,现代"发

---

① 国家知识产权局条法司组织翻译:《外国专利法选译(中)》,知识产权出版社2015年版,第867页。

② 国家知识产权局条法司组织翻译:《外国专利法选译(下)》,知识产权出版社2015年版,第1597—1599页。

③ 范长军:《德国专利法研究》,科学出版社2010年版,第60页。

达国家职务发明所占比例高达90％以上"。①中国目前已经启动了《职务发明条例》的制定工作，未来可能会在进一步强调保护发明人权益的同时，不断完善公司和单位为主导的职务发明制度。

申请专利最好得到经过国家知识产权局批准的专利代理机构以及拥有法定资质的专利代理人的帮助。对于外国人而言，通常情况下，则必须通过经批准设立的代理机构申请专利。中国《专利法》第十九条规定："在中国没有经常居所或者营业所的外国人、外国企业或者外国其他组织在中国申请专利和办理其他专利事务的，应当委托依法设立的专利代理机构办理。"向中国国家知识产权局提交专利申请应当采用书面形式或者专利行政部门规定的其他形式。目前所谓"其他形式"主要是依专利行政部门指定的途径提交电子申请文本的形式。专利申请文件要使用中文。在文件用词上，国家有统一规定的科学术语的，应当采用规范词。对于根据法律规定提交的各种外文证件和证明文件，专利行政部门可以要求当事人在指定的期限内附送中文译文。申请专利应当提交的文件包括：请求书、说明书及其附图、权利要求书，以及必要的时候提交就发明设计的新的生物材料的保藏证明和存活证明。申请书需要提供的信息包括：发明、实用新型或者外观设计的名称，申请人的基本信息，发明人或者设计人的姓名，代理机构信息，第一次提出专利申请的申请日、申请号和原受理机构的名称，文件清单等。说明书要提供的信息包括：要求保护的技术方案所属的技术领域、背景技术、发明内容、附图说明，以及申请人认为实现发明或者实用新型的优选方式等具体实

---

① 国务院法制办就国家知识产权局、科技部报请国务院审议的《职务发明条例草案（送审稿）》公开征求社会各界意见:《关于〈职务发明条例草案（送审稿）〉的说明》，www.sipo.gov.cn/ztzl/ywzt/zwfmtlzl/tlcayj/201504/P020150413381965565662.pdf，第3页，最后访问时间：2016年1月27日。

施方式。权利要求书应当记载发明或者实用新型的技术特征，应当有独立权利要求，也可以有从属权利要求，其中独立权利要求的格式应当包括前序部分和特征部分，前序部分要写明要求保护的技术方案的主题名称以及和发明或者实用新型主题最接近的现有技术共有的必要技术特征；特征部分要写明发明或者实用新型区别于最接近的现有技术的技术特征，和前序部分共同限定专利保护的范围。从属权利要求应当包括引用部分和限定部分，其中引用部分要写明引用的权利要求，限定部分则要写明附加的技术特征。说明书摘要应当写明专利申请所公开内容的概要。

另外，申请专利还必须根据规定的期限和标准缴纳相应的费用。一般而言，费用也是启动各项程序的必要条件。

（三）**专利审查和确权**

对于发明专利而言，和世界主要国家一样，中国实行的是实质审查制度，具体来讲，是提前公开、延迟审查制度。而对于实用新型和外观设计专利制度而言，中国实行的是初步审查制度。

1. **专利申请的审查原则**

在发明专利申请的初步审查阶段，专利局按照以下原则开展工作。一是保密原则，专利局及其审查员对于尚未公布、公告的专利申请文件及其相关内容负有保密责任。二是书面审查原则，审查工作要以申请人提交的书面文件为基础进行审查，并以书面形式将审查意见和结果通知申请人。三是听证原则，专利局作出驳回决定前，应当将驳回所依据的事实、理由和证据通知申请人，并至少给予申请人一次陈述意见和／或修改申请文件的机会。驳回决定所依据的事实、理由和证据应当是已经通知过申请人的，不能是新的事实、理由和／或证据。四是程序节约原则，审查过程要尽可能缩短，对于可以补正的缺陷，应当尽可能在一次补正通知书中要求申请人进行修改。审查员可以依职权修改明显的文字和符号错误。①

在发明专利申请的实质审查阶段，专利局遵循请求原则、听证原则和程序节约原则。请求原则，也就是原则上，实质审查程序只有在申请人提出实质审查请求的前提下才能启动。听证原则和程序节约原则和初步审查阶段的原则一致。②

在复审请求和无效宣告请求的审查阶段，要遵循的原则主要包括：一是合法原则，复审请求和无效宣告的审查程序和决定必须符合法律法规和部门规章；二是公正执法原则，复审请求和无效宣告的审查秉持以事实为依据、以法律为准绳的要求，由复审委员会独立履行审查职责；三是请求原则，复审程序和无效宣告程序都应当基于当事人的请求方能启动；四是依职权审查原则，在实体方面，专利复审委员会对其所审查的案件依职权审查，不受当事人请求的范围和提出的理由、证据的约束；五是听证原则，复审委员会在作出审查决定前，应当给予可能得到不利决定的一方当事人陈述意见的机会；六是公开原则，除了根据法律法规应当保密的案件以外，其他案件的口头审理应当公开举行，审查决定应当对社会公开。③

2. 申请日的确定及其意义

中国实行的是先申请制度，申请日的确定以专利局收到申请文件之日为准。通过邮寄的，则以寄出的邮戳日为申请日。申请日也是三种专利确定保护期限的起点。发明专利保护期限二十年、实用新型和外观设计保护期限为十年，均自申请日起算。同时，中国基

---

① 《专利审查指南（2010）》第一部分第一章，知识产权出版社2010年版，第12—13页。

② 《专利审查指南（2010）》第二部分第八章，知识产权出版社2010年版，第220—221页。

③ 《专利审查指南（2010）》第四部分第一章，知识产权出版社2010年版，第359—360页。

于参与的国际条约，给予申请人优先权，但需要申请人提交经过原受理机构证明的在先专利申请的副本。针对申请人同日申请同样专利的，应由申请人自行协商确定申请人。中国法律允许就同样的发明同时申请发明专利和实用新型专利，但基于《专利法》第九条"同样的发明只能授予一项专利权"的原则规定，就同样的发明创造同时申请发明专利和实用新型专利的，应当在申请时向国家知识产权局做出说明，如果最终两个申请都符合专利法规定，都可以被授权，申请人应当放弃实用新型专利权，或者由国家知识产权局驳回发明专利申请。

申请日的确定具有重要法律意义。一方面，申请日的确定划定了在先技术的范围，专利审查员必须依据申请日前的在先技术对专利申请的新颖性、创造性进行审查，这往往会决定申请是否能够获得授权。另一方面，申请日意味着专利申请到达专利局，成为专利保护期限和专利审查程序的起点。同时，从权利保护角度看，专利权人是以申请日为界限来划定和其他利益相关人的权益界限的。例如，申请日就划定了专利权和"先用权"的时间界限。另外，在中国，专利申请日一旦确定，专利的保护期也就已经明确。"在中国，专利权人是没有这样的（拖延审查）能力的。专利权人只能够在他们还是申请人的时候决定在什么时间提交专利申请，如果专利申请最终得到授权，则其专利权的期限（指权利的届满日）在其提交申请的时候便已经确定了。"[1]这种制度设计避免了申请人通过审查程序不断延迟专利授权过程所导致的权利不确定性，也更有效地促进了申请人早日向专利局提交申请。从专利申请程序看，专利局和申请人在专利审查和复审无效等程序中的权力责任、权利和义务，都受申

---

[1] 陈广吉：《专利契约论新解》，华东政法大学2011年博士论文，第121页。

请日的约束。

3. 初步审查程序

专利局对专利申请的审查主要分为初步审查、实质审查、复审和无效请求审查。其中，对于实用新型审查而言，只有初步审查、复审和无效审查这两种程序，没有实质审查程序。对于发明专利申请而言，中国实行的是提前公开、延迟审查制度。也就是说，启动实质审查程序之前，专利申请已经对社会公布。申请人提交专利申请后满十八个月，专利申请即对社会公布，申请人也可以主动请求专利局提前公开专利申请。这种延迟审查制度乃是为了减轻专利局的负担，因为"经验表明，提出申请的发明仅仅有大约10％有经济意义，其余的大部分要么不符合授予专利的实质条件而不能获得专利，要么获得专利之后因为未能产生经济效益而被放弃"。[①]因此，专利制度给予申请人一定的时间考虑其申请是否有必要提起实质审查请求。由于提起实质审查请求还需要交纳专门的费用，对经济回报的预测往往决定了申请人是否提起实质审查请求。当然，这种制度的设计必然会给经济实力薄弱的个人或者小微企业造成时间、人力和财务上的负担，因此，在中国，专利费用制度比较灵活，财务有困难的申请人可以得到费用减缓减免的优惠。[②]

[①] 范长军：《德国专利法研究》，科学出版社2010年版，第76—77页。
[②] 申请人或者专利权人缴纳专利费用确有困难的，可以请求减缓。可以减缓的费用包括五种：申请费（其中印刷费、附加费不予减缓）、发明专利申请审查费、复审费、发明专利申请维持费、自授予专利权当年起三年的年费。其他费用不予减缓。请求减缓专利费用的，应当提交费用减缓请求书，如实填写经济收入状况，必要时还应附具有关证明文件。见国家知识产权局网站"专利缴费指南"，http://www.sipo.gov.cn/zlsqzn/sqq/zlfy/200804/t20080422_390241.html，最后访问时间：2016年2月2日。2016年7月27日，财政部、发改委印发了《专利收费减缴办法》，改革了有关收费减缴标准，进一步减轻了小微企业和个人专利费用负担。

对于发明专利申请的初步审查分为对申请文件的形式审查和明显实质性缺陷的审查。形式审查主要是审查申请人提交的申请文件是否包含了《专利法》所要求的必要的申请文件以及文件的格式是否符合《专利法》以及《专利法实施细则》的规定，提交文件的期限是否符合法律规定以及是否及时足额缴纳了有关费用等。而对明显实质性缺陷的审查主要是审查申请文件是否属于完整的技术方案，是否属于违反法律、社会公德或者妨害公共利益的发明创造，是否属于违反法律法规依赖非法获取的遗传资源完成的发明创造，是否属于应该经过保密审查的专利申请，以及是否属于专利法规定的科学发现等不应当授予专利的发明创造等。专利审查员可以就发现的缺陷发出审查意见通知书，并通知申请人修改。申请人可以在不超出原说明书和权利要求书记载范围的限度内对申请文件的缺陷进行修改或者补正。

实用新型通过专利局的初步审查如果没发现驳回的理由，应当作出授予实用新型专利权的决定，通知授予专利权。需要指出的是，在此前的规定中，通常情况下，审查员在对实用新型的初步审查中，不需要也不应当通过检索来找到对比文献，从而判断实用新型专利申请是否具有新颖性。但由于一些企业出于市场竞争的需要，利用实用新型专利不进行实质审查的程序，申请一些不具备新颖性、创造性的专利，在一定程度上造成了市场秩序的混乱，[1]因此，国家知识产权局对实用新型和外观设计的初步审查规则进行了调整。根据新的审查指南，初步审查中，审查员对于实用新型专利申请是否明显不具备新颖性进行审查。审查员可以根据其获得的有关现有技术

---

[1] 参见程晓枫："浅谈垃圾专利及其治理"，载《中国高新技术企业》2011年第33期。

或者抵触申请的信息，审查实用新型专利申请是否明显不具备新颖性。而实用新型可能涉及非正常申请的，例如明显抄袭现有技术或者重复提交内容明显实质相同的专利申请，审查员应当根据检索获得的对比文件或者其他途径获得的信息，审查实用新型专利申请是否明显不具备新颖性。①这种调整实际上意味着实用新型的初步审查具备了部分实质审查的特点，承担了部分实质审查任务。即，虽然初步审查不会全面审查实用新型专利申请的新颖性、创造性和实用性，但会对其是否明显不具备新颖性进行审查，并且可能通过检索获得现有技术进行对比的方式。同时，对于特定涉嫌"非正常"的专利申请，②则要对其是否具有新颖性得出结论，而这实际上是一定程度上的实质审查。

外观设计专利申请经过初步审查未发现驳回理由的，也应该授予专利权。在初步审查阶段，一方面要审查申请文件的完整性，给予申请人补正的机会，对于存在实质性缺陷的申请，应当发出审查意见，给予申请人陈述意见的机会。根据审查指南，在外观设计申请中，对于产品的名称不得含有人名、地名、国名、单位名称、商标、代号、型号等，也不能使用过于抽象的名称和描述技术效果、内部构造的名称，不能附有产品的规格、数量单位等，也要避免使用外国文字和无确定含义的中文文字。申请文件所提供的图片应当按照国家标准绘制，图片和照片应当清晰，符合技术规范。同时，外观

---

① 《国家知识产权局关于修改〈专利审查指南〉的决定》（第67号）。
② 《关于规范专利申请行为的若干规定》（国家知识产权局令第45号）第三条："本规定所称非正常申请专利的行为是指：（一）同一单位或者个人提交多件内容明显相同的专利申请，或者指使他人提交多件内容明显相同的专利申请；（二）同一单位或者个人提交多件明显抄袭现有技术或者现有设计的专利申请，或者指使他人提交多件明显抄袭现有技术或者现有设计的专利申请；（三）专利代理机构代理提交本条第（一）项或者第（二）项所述类型的专利申请。"

设计的初步审查制度和实用新型初步审查制度进行了同步的调整。"审查员可以根据其获得的有关现有设计或抵触申请的信息，审查外观设计专利申请是否明显不符合《专利法》第二十三条第一款的规定。外观设计可能涉及非正常申请的，例如明显抄袭现有设计或者重复提交内容明显实质相同的专利申请，审查员应当根据检索获得的对比文件或者其他途径获得的信息，审查外观设计专利申请是否明显不符合《专利法》第二十三条第一款的规定。"[①]

4. 实质审查程序

发明专利的实质审查是专利局的核心行政行为，也是专利局核心职责。原则上，实质审查是依请求启动的，但根据《专利法》第三十五条第二款的规定，在特定条件下，国务院专利行政部门认为必要的时候，也可以自行对发明专利申请进行实质审查。实质审查要建立在审查员全面准确理解发明的基础上。审查员要理解申请所要解决的技术问题、解决技术问题的技术方案、全部必要技术特征以及技术效果。在此基础上，审查员首先要判断专利申请是否属于《专利法》规定的不应授予专利的发明创造，或者违反法律、社会公德或者妨害公共利益的发明创造，然后需要进行检索。

根据《专利审查指南》，检索是发明专利实质审查程序的必要环节和关键步骤。通过检索找出与申请的主题密切相关或者相关的现有技术的对比文件，或者找出抵触申请文件、防止重复授权的文件，以确定申请是否具有新颖性和创造性。检索结果必须记载在审查检索报告中。无论审查员在检索前还是检索后发现专利申请缺乏单一性——也就是申请的技术方案不"属于一个总的发明构思"，违反《专利法》第三十五条"一件发明或者实用新型专利申请应当限于一项

[①] 《国家知识产权局关于修改〈专利审查指南〉的决定》（第 67 号）。

发明或者实用新型"的法律规定时,审查员应要求申请人删除或者修改缺乏单一性的其他权利要求,克服单一性缺陷后,审查程序才可以继续进行。实质审查程序的核心任务是发现专利申请的权利要求是否具备新颖性和创造性。在审查过程中,审查员应当首先审查独立权利要求是否具备新颖性、创造性,然后审查从属权利要求是否具备新颖性、创造性。根据法律规定,任何人都可以向专利局就发明专利申请是否符合法律规定提出意见,这些意见只要是在审查员发出专利授权通知之前提交的,审查员都应当在实质审查时予以考虑。

5. 复审请求和无效宣告请求的审查程序

从行政确权程序的角度而言,大部分专利申请在经过实质审查程序后就会获得确定的结论,被授权的专利申请将向社会公告。但也有部分专利会进入复审和无效宣告程序。所谓复审,就是专利申请人不服专利局在初步审查和实质审查程序中作出的驳回专利申请的决定而请求专利复审委员会再次对专利申请进行审查的程序。所谓无效宣告,也就是在专利局公告授予专利权后,认为该专利权的授予不符合专利法规定的人请求专利复审委员宣告该专利权无效的程序。无效宣告程序通常是双方当事人参加的程序,其中一方为专利权人,另一方为提起无效宣告请求的民事主体。专利复审委员会负责对不服国家知识产权局驳回专利申请决定(通过其设立的专利局)提出的复审请求进行审查、对宣告专利权无效的请求进行审理。① 无效宣告和复审程序是审查程序的行政救济程序,其实质是行政复

---

① 中央编办复字[2003]156号《关于国家知识产权局专利局部分内设机构调整的批复》。

议行为。①但从实际来看，无效宣告和复审程序又具有多重法律属性，是特殊的行政救济程序，有学者认为，"经过由技术、法律专家以接近于司法程序作出的复审、异议和无效决定，应当认为具有准司法的性质"，②将之归纳为"准司法程序"。而在德国等国家，则直接设立专利法院，以司法程序对专利审查行政程序予以救济。③

复审和无效宣告程序的特殊性主要体现在以下几个方面。一是由初步审查和实质审查程序的独任制审查转变为三到五人组成的合议组审查（针对简单的案件，仍然可以由一人独任审查）。二是复审程序既是救济程序，同时又是专利审批程序的延续。复审程序一般仅针对初步审查和实质审查驳回决定所依据的理由和证据进行审查，但也可以依职权对驳回决定中未提及的明显实质性缺陷进行审查，同时要以前置审查程序为基础。三是对于无效程序而言，既按照"当事人处置原则"进行审查，主要依据当事人提供的事实和请求作出行政裁决，又要按照"依职权审查原则"，在特定情形下主动对专利权的效力作出判断。也就是说，专利复审委员会一般不对提交无效宣告的专利进行有效性的全面审查，仅针对当事人提出的无效宣告请求的范围、理由和提交的证据进行审查，以确定专利权的有效性。在这个过程中，当事人既可以放弃全部或部分无效宣告请求的范围、理由和证据，也可以自行和解，专利权人可以主动缩小专利权保护范围。只有在几种特定的条件下专利复审委员会才会依职权进行审

---

① 针对专利审查的行政行为，中国除了无效宣告和复审程序之外，还有专门的行政复议程序。专门的行政复议程序针对的是"驳回专利申请"、"撤销专利权"、"维持专利权"、"授予专利权"之外的外部行政行为的复议。参考韩晓春："专利行政复议的地位和作用"，载《专利法研究（1994）》，专利文献出版社1994年版，第48页。

② 韩晓春："中日专利申诉及专利行政诉讼制度的比较和借鉴"，载《专利法研究（2003）》，知识产权出版社2003年版，第135页。

③ 范长军：《德国专利法研究》，科学出版社2010年版，第84—85页。

查。本书中的案例将主要讨论专利无效宣告案件和复审请求案件。

（四）中国特色专利行政管理和专利行政执法制度

中国在专利管理和保护制度上的一个重要特点是，根据《专利法》第六十条的规定，侵犯专利权引起纠纷的，专利权人或者利害关系人既可以向人民法院起诉，也可以选择请求管理专利工作的部门处理。这里的所谓"管理专利工作的部门"并非指国家知识产权局，也不是指受国家知识产权局委托审查专利申请的专利局、专利审查协作机构和专利复审委员会，而是省级行政区域以下、设区的市级行政区域以上人民政府设立的负责管理专利工作的部门，一般为省、自治区、直辖市以及市知识产权局，这些机构有时专设，有时则和其他机构合署。就专利侵权纠纷、查处假冒专利、调解专利纠纷等职责而言，国家知识产权局和地方各级知识产权局之间的关系属于指导性关系。即地方各级知识产权局作为地方各级人民政府的组成部门或者所设立的机构，受本级政府领导，同时也要接受上级知识产权局的指导。[1]比较而言，大多数国家专利保护的行政执法往往由并不受国家专利部门约束的专门机构以及海关、警察等机构负责。例如，在美国，国际贸易委员会可以通过"排除令"的方式制止专利侵权行为，但美国既没有设立地方专利商标局，美国专利商标局本身也不负责执法。不过，目前英国、墨西哥等国的国家专利管理部门也开始通过各种方式介入专利权保护。

根据《专利法》及相关法律法规规定，管理专利工作的部门处理专利侵权纠纷时，有权力认定侵权行为是否成立；在认定侵权行为成立的前提下，可以责令侵权人停止侵权。同时，管理专利工作

---

[1] 谢庆奎："中国政府的府际关系研究"，载《北京大学学报（哲学社会科学版）》2000年第1期。

的部门应当事人请求,可以就侵犯专利权的赔偿数额进行调解。同时,在专利侵权纠纷处理过程中,当事人因客观原因不能自行收集部分证据的,可以书面请求管理专利工作的部门调查取证。管理专利工作的部门根据情况决定是否调查收集有关证据。管理专利工作的部门调查收集证据可以查阅、复制与案件有关的合同、账册等文件;询问当事人和证人;采用测量、拍照、摄像等方式进行现场勘验。涉嫌侵犯制造方法专利权的,管理专利工作的部门可以要求被调查人进行现场演示。[1]由于行政执法程序相对于司法程序具有更简洁的特点,这种制度设计可以有效发挥行政机关对于处理专利纠纷的"便捷、(成本)低廉的优势"[2]。另外,中国《专利法》把假冒专利的行为也纳入专利权的保护范畴。假冒专利行为包括把非专利产品或者方法冒充为专利产品或方法的扰乱市场秩序的行为,也包括假冒他人专利、侵犯专利权人民事权益的行为。[3]管理专利工作的部门可以对有假冒专利行为的当事人予以行政处罚。这些行政处罚包括责令改正、公告、没收违法所得、罚款等。管理专利工作的部门对于侵犯专利权的行政执法行为受《中华人民共和国行政诉讼法》(以下简称《行政诉讼法》)规制,对行政执法行为不服的当事人均可以向人民法院起诉。但如果在《行政诉讼法》规定的期限内没有起诉而且不停止侵权行为的,管理专利工作的部门可以申请人民法院强制执行行政处罚。

关于专利行政执法,在学界有不少争论。一方面,有论者以为,

---

[1]《专利行政执法办法》(2010年12月29日国家知识产权局令第60号发布,根据2015年5月29日发布的国家知识产权局令第71号《国家知识产权局关于修改〈专利行政执法办法〉的决定》修正)第三十七、三十八条。

[2] 罗东川主编:《中国专利案例精读》,商务印书馆2013年版,第11页。

[3] 国家知识产权局条法司:"关于假冒专利方面的修改",载《电子知识产权》2010年第4期。

"由专利局授予的专利权仅仅是一种推定有效的权利。"因此,如果赋予专利行政部门主动查处涉嫌侵犯专利权的行为,很有可能产生难以预料的后果。①另一方面,一些学者把专利权的"私权"属性和行政执法的公权属性对立起来,认为属于私权保护的范畴,不应该由公权力介入。实际上,专利权尽管在法院最终裁决之前处于事实上不稳定的状态,是推定有效的,但从司法实践看,经过专利无效等行政程序所确定的专利权的有效性最终被法院认可的比例超过了98.4%,②充分证明了被行政机关赋予的专利权的有效性是可信的。同时,专利权由行政机关按照法律授权的程序和标准授予并向社会公开,不是单纯的私人行为,也是国家公权力行为,必然赋予政府保护的义务和市场参与者特定的注意义务,这种注意义务不能因为专利权仅为推定有效而免除。因此,行政执法具有显而易见的合理性和正当性。另外,在中国,还存在群体性侵权和重复侵权现象,专利权人如果选择司法途径,仅仅起诉其中一两家并不能有效制止侵权;如果一一起诉,则不堪诉累。③给予专利权人更多的保护渠道的选择具有历史发展阶段上的合理性。

从历史发展看,最初设立专利行政执法制度的目的是解决"薄弱的专利司法审判力量"④不足以应对专利侵权纠纷的问题,但即便在专利司法审判水平和能力不断提升的今天,实践中,"对事实清楚、

---

① 李明德:"中国《专利法》近期修订案评述",载《中德法学论坛(第11辑)》,法律出版社2014年版,第47页。

② 同上书,第51页。

③ 杜荣霞、刘冰:"从群体性侵权透视知识产权文化意识的培植",载《河北法学》2010年第6期。

④ 罗东川主编:《中国专利案例精读》,商务印书馆2013年版,第10页。

法律关系简单、争议不大"[①]的专利侵权纠纷，行政执法仍然发挥着重要的作用。特别是最近几年来，随着中国专利数量的大幅增加和企业在市场竞争中更偏重于依靠知识产权，专利纠纷的行政执法案件量也大幅增加。2015年，中国各级管理专利工作的部门处理的专利侵权纠纷案件达14202件，比上年的7640件增长近一倍。根据国务院的部署，未来将继续"推动知识产权保护法治化，发挥司法保护的主导作用，完善行政执法和司法保护两条途径优势互补、有机衔接的知识产权保护模式"。本书也将选择典型专利行政执法案件进行分析。

[①] 罗东川主编：《中国专利案例精读》，商务印书馆2013年版，第11页。

发明专利的申请与实质审查

1. 发明专利说明书公开充分判断

——田边三菱制药株式会社"新颖化合物"发明专利申请驳回案

案件索引：国家知识产权局针对200480022007.8号发明专利申请的驳回决定

基本案情

2004年7月30日，田边三菱制药株式会社（原申请人为田边制药株式会社，在申请过程中变更为田边三菱制药株式会社）向中国国家知识产权局提出发明名称为"新颖化合物"的PCT发明专利申请①，该发明专利申请的优先权日为2003年8月1日，于2006年5月18日进入中国国家阶段，在中国的公开日为2006年9月6日。专利申请人在进入中国国家阶段时向国家知识产权局提交了原始国际申请文件的中文译文以及按照国际初步审查报告附件修改部分的中文译文。2007年1月8日，专利申请人对申请文件作出主动修改，提交了权利要求书全文替换页。根据说明书的记载，本申请的目的

---

① PCT发明专利申请是指按照专利合作条约（即Patent Cooperation Treaty，简称PCT）要求提出国际申请，指明希望获得中国的发明专利或者实用新型专利保护，在完成国际阶段的程序后，根据《专利法实施细则》第一百零三条、第一百零四条的规定，进入中国国家阶段，由国家知识产权局进行实质审查的专利申请。

是提供具有钠依赖型葡萄糖转运体（SGLT）抑制活性的化合物，所述 SGLT 抑制剂通过降低糖尿病患者的血糖水平而预防糖尿病及糖尿病并发症，如糖尿病视网膜病变、糖尿病神经病变、糖尿病肾病以及延迟性伤口愈合的发病与进程。

2007 年 10 月 19 日，国家知识产权局专利实质审查部门发出第一次审查意见通知书，指出本申请的说明书公开不充分，不符合《专利法》第二十六条第三款的规定。2008 年 5 月 4 日，专利申请人提交了意见陈述书，其对专利申请文件并未修改，结合两篇专利文献（GB2359544A 和 WO2004/080990A1）指出本申请说明书公开充分。2008 年 12 月 26 日，国家知识产权局专利实质审查部门发出第二次审查意见通知书，继续评述本专利申请说明书公开不充分。2009 年 5 月 8 日，专利申请人提交了意见陈述书以及参考资料 1—4，其中参考资料 1 是现有技术中关于 SGLT 抑制剂的文献及化合物结构的列表，参考 2、3 分别是 WO01/27128A1 号和 WO01/74834A1 号 PCT 发明专利，参考资料 4 是补充实验数据。2009 年 9 月 25 日，本案专利审查员与专利代理人进行了会晤，专利审查员解释了本申请说明书公开不充分的理由以及中国《专利法》对药物化合物充分公开、证明说明书公开充分的实验数据以及对申请日后补充提交实验数据的要求。

2009 年 10 月 30 日，国家知识产权局专利实质审查部门针对 200480022007.8 号发明专利申请作出驳回决定，以本申请说明书公开不充分、不符合《专利法》第二十六条为由驳回了该专利申请。

决定与理由

国家知识产权局专利实质审查部门经审查认为，本申请涉及一种式（I）化合物及其医药上可接受的盐或其前药用于制备治疗或延缓糖尿病、糖尿病视网膜病变、糖尿病神经病变、糖尿病肾病等病症的药物的用途。对比文件1（CN1407990A号中国发明专利申请，WO01/27128A1PCT国际发明专利的同族专利）公开了式（I）化合物作为SGLT2抑制剂，对预防或治疗糖尿病有效，虽然该式（I）化合物与本申请要求保护的式（I）的化合物具有相同的结构片断，但是本申请的式（I）的化合物的环B为被取代的苯环或杂环取代的噻吩环，而现有技术的式（I）化合物上对应的环取代的是苯环，在该结构片断上具有较大差异。由于化学是一门试验科学，对于构效关系密切的化合物来说，结构的微小变化往往会带来性质上较大的差异。

对比文件2（GB2359544A号英国发明专利申请）在通式定义中定义了其环A1为噻吩的化合物。但是，首先，对比文件2中环A1是通过亚丙酰基或者亚丙烯酰基与苯环相连的，而本申请的式（I）化合物中环B是通过基团Y（亚甲基或亚乙基）与环A相连的；其次，对比文件2中仅具体实施了唯一的一个环A1为噻吩的化合物11，而该化合物中噻吩环未被取代，而本申请中的环B被取代基R4a所取代，且R4a为被取代的苯基或取代的杂环基；最后，对比文件2中未披露任何所述化合物11的活性数据。即本申请化合物的SGLT抑制活性以及医药用途根据现有技术中的对比文件1和对比文件2是无法预测的。

另外，本申请说明书对于要求保护的式（I）化合物，仅在发明内容部分断言式（I）化合物显示对哺乳动物的小肠及肾脏中钠依赖性葡萄糖运转体（SGLT）的抑制活性，且可用于治疗糖尿病或糖尿病并发症，如糖尿病视网膜病变、糖尿病神经病变、糖尿病肾病以及延迟性伤口愈合，未给出任何实验室试验（包括动物试验）或者临床试验的定性或者定量数据证明本申请化合物的生物活性以及医药用途。因此本申请说明书不能达到充分公开的要求，不符合《专利法》第二十六条第三款的规定。

针对专利申请人所指出的"根据参考资料1—4可以认定本申请满足公开充分的要求"的理由，国家知识产权局专利实质审查部门提出如下意见。就参考资料1—3而言，参考资料1所列举的文献中，具有SGLT抑制活性的化合物结构与本申请式（I）化合物最为接近的是对比文件1（CN1407990A号中国发明专利申请，WO01/27128A1PCT国际发明专利的同族专利）、对比文件2（GB2359544A号英国发明专利申请）和对比文件3（WO01/74834A1号PCT发明专利）。如前所述，根据对比文件1和对比文件2无法预测的本申请要求保护化合物SGLT的抑制活性以及医药用途。对比文件3与本申请结构最接近的化合物68与本申请在环A与糖苷的连接处不同，并且对比文件3虽然给出测定化合物对SGLT2抑制活性的方法，但是并未给出任何具体化合物对SGLT2的抑制活性数据，根据对比文件3无法预测本申请要求保护化合物的SGLT抑制活性以及医药用途。就参考资料4而言，国家知识产权局专利实质审查部门认为，专利申请日之后为了克服说明书公开不充分缺陷而提交的实验数据是不予接受的。

评 析

中国《专利法》第二十六条第三款规定："说明书应当对发明或者实用新型作出清楚、完整的说明，以所属技术领域的技术人员能够实现为准；必要的时候，应当有附图。摘要应当简要说明发明或者实用新型的技术要点。"该条款是对专利说明书的要求,通常将上述要求称为说明书公开充分。专利说明书是申请人公开其发明的重要文件,其具有三个方面的作用:为社会公众提供新的有用技术信息、为专利实质审查和判断是否可以授予专利权提供基础、用于解释权利要求书以更为正确地确定专利权的保护范围。其中第一方面的作用最为重要,因此公开充分也就成为对专利说明书最为重要的要求。[①]专利制度的基本目的之一就是要通过给予专利权人一定的垄断权以换取权利人对社会充分公开其技术,充分公开可以使公众能够及时地了解该项技术,从中获取新的技术启示,同时在专利权保护期满后,专利技术能够为公众加以自由运用。同时,说明书公开充分的要求还可以限制专利权人过早提出专利申请,或者提出过宽的权利要求,大大限制了发明人谋求过分宽泛的保护范围的可能性。[②]可以说,要求专利说明书充分公开技术信息,使得本领域技术人员不需要付出创造性劳动即可实现,这是专利制度本质的要求,也是世界主要立法例的通行要求。

(一)不同国家和地区说明书公开充分判断的基本思路

不同国家和地区在说明书公开充分判断的法律实践把握上存在一定差别。美国《专利法》第一百一十二条第一款规定:"说明书应该对发明、制作与使用该项发明物的方式和工艺过程,用完整、清楚、简要而确切的词句加以叙述,使任何熟悉该项发明所属或该项发明密切相关的技艺的人都能制作及使用该项发明。说明书还应该提出发明人所拟定的实施其发明的最好方式。"也就是说,美国专利法对专利说明书的要求可以概括为"完整、清楚、简要和确切",以

[①] 尹新天:《中国专利法详解》,知识产权出版社2011年版,第357—360页。
[②] 崔国斌:《专利法:原理与案例》,北京大学出版社2012年版,第307页。

使得本领域技术人员能够再现本发明。按照美国专利法对充分公开的解释，能够实现要求的终极目的是将公众放于"拥有"发明的位置，通过给所属技术的普通技术人员详细描述怎样制造使用发明。一旦专利权期满，这些普通技术人员应当处于不必经过"过度试验"便可制造和使用发明的位置。因此，美国《专利审查指南》规定从过度实验、可预测的或不可预测的发明和实施例三个角度探讨如何判断。[1]

首先是过度试验。所属技术领域的技术人员为制造和使用发明可能会不得不进行一些试验，这不是问题的关键；只有当试验的程度变得过分，专利申请才不满足能够实现的要求。所需试验的复杂并不意味着过度，只要本领域通常进行这样的试验。能够实施的试验并不要确定试验是否必要，而是要确定必要的试验是否是过度的。当确定是否不符合能够实施的公开要求和必需的试验是否是"过度"的时候，需要考虑多方面的因素，这些因素包括但不限于：权利要求的宽窄，发明的性质，现有技术状况，所属技术领域的技术人员的水平，所属领域的可预测性，发明人提供的教导的数量，实施例的多少，根据公开的内容制造和使用发明所需要进行的试验的数量。仅仅分析上述某一个因素而忽略其他一个或多个因素就得出公开不能满足能够实施要求的结论是不正确的，对"过度试验"的判断不是一个单一的简单的事实认定，而是在考虑所有上述事实因素基础上经过权衡的结论。

其次是可预测的或不可预测的发明。"可预测的或不可预测的"是指本领域技术人员能够从公开的或已知的结果推及整个要求保护

---

[1] Robert P. Merges. *Pentent Law and Policy: Cases and Materials*(Third Edition), Lexis Nexis 2002, pp. 261–263.

发明的能力。如果本领域技术人员很容易就能够预测从所述主题向要求保护发明进行变化后的效果,那么所述领域有可预测性。要求公开的能够实施的范围与所述领域有可预测性成反比,但是即使在可预测性低的技术领域,也不需要公开每一个可实施方案,当考虑到可预测性因素时,一个具体的实施方案可能足以说明宽范围的能够实施性,例如机械和电学领域。通常而言,机械和电学领域的发明被认为是可预测的。基于通常公知的物理学、动力学定律和其他基本科学原理,如果发明的一个实施方案被充分描述,则人们可以相当容易地预测属于发明范围内的其他实施方案可以制造和使用。但是对结果不可预料的技术领域如化学或生物领域,单一实施例的公开通常不足以支持概括的权利要求,在存在不可预测性因素的领域如多数化学反应和生理活性,可能需要更多信息。这是因为根据公开的种类推断其他种类是否能够实施不是显而易见的。在化学和生物领域中,至少某些方面通常认为是不可预测的,分子或化合物物理结构的一个小的变化,可以导致性能和概念的大的改变。为能够实现,涉及这些发明类型的申请就必须提供相应更多的怎样制造和怎样使用的信息。

最后是实施例。实施例通常包括在专利申请中是为帮助满足能够实现的要求,不是法律所必须要求的。专利中出现的实施例只是怎样制造和/或使用发明的具体化、举例说明性的方式,在相对简单的发明中可以不出现。"只要不需要过分的试验使所属技术领域的技术人员能够实施发明,说明书可以不包括实施例。""但是,在发明所属技术领域不可预料和处于发展中时实施例的缺乏成为特别需要考虑的因素。但是只需要达到'能够实施'的公开,不需要公开所有技术方案。"当其他考虑因素都指向"能够实施"时,没有实施例这一点本身并不能导致发明不能实施。

在阿目金诉丘盖专利侵权纠纷案[1]中，美国联邦巡回上诉法院明确了如何在实践中使用上述条款。该案件涉及有关红血球生长激素（EPO）与化合物纯化的方法，以及发明人在专利中公开的逆向高解析液态色层分析仪（RP-HPLC）技术。EPO 是 165 个氨基酸所构成的蛋白质，可以刺激红血球细胞的生长。EPO 生产的过程，通常是由含有高度 EPO 之健康生物体的尿液集中与纯化而产生。重组 DNA 技术是一种新的生产技术，利用基因工程所制造含有 EPO 基因的带菌生物，再制造 EPO。联邦巡回上诉法院认为：该专利中，有关每单位至少有 160000IU/AU（国际单位）特定活性的 EPO 之权利要求是不可实施的。在该专利中，专利权人并未对该项权利要求提出活体实验的结果证据，而该权利要求所要求保护的 EPO，是发明人利用专利说明书中所披露的 RP-HPLC 技术，将已经部分纯化物质进一步精炼制造出来。该权利要求中限制条件是，在发明人能够使用生物分析方法推论出此一定数量信息前，就已经从理论上计算所得。根据实际的资料指出，在发明人递交的 FDA 活体生物分析报告中，从尿液中萃取的尿 uEPO（urinary EPO）的特性活性每吸收单位只有 109000IU/AU（国际单位），此数值与其他研究人员使用 RP-HPLC 纯化 uEPO 所得的结果相符。根据上述事实，联邦巡回上诉法院认为，要制造出所请求高纯度 EPO 是不可实施的，因为在实际操作中所得或得知纯度仅有权利要求所宣称的 65%，该专利说明书不符合美国《专利法》第一百一十二条第一款的规定，其不具有可实施性。[2]

---

[1] Amgen,Inc.v.Chugai Pharmaceutical Co.,Ltd., 927 F.2d 1200 59 U.S.P.Q.2d 1016.
[2] 参见国家知识产权局专利复审委员会编著：《专利行政诉讼概论与案例精解》，知识产权出版社 2011 年版，第 193—194 页。

欧盟、日本立法例及判定实践。《欧洲专利公约》第八十三条规定，欧洲专利申请必须以充分清楚和完整的方式公开发明以使所属技术领域的技术人员能够实现该发明。由此可见，欧洲专利公约对专利信息披露的要求与中国基本相同，要求专利说明书必须"充分、清楚和完整"地公开，以本领域技术人员能够再现本发明。公开是否充分，需要根据专利申请整体（包括说明书及附图和权利要求书），而不只是权利要求书，专利申请必须足够具体地公开发明实施的全部必要技术特征，以使发明对本领域技术人员显而易见，足以将发明付诸实施。[1]在百健艾迪（Biogen）案判决中，[2]英国上议院认为：披露应涵盖权利要求主张的整个范围，而不是权利要求中的个别范例。只充分描述了专利申请中的部分范例也属于披露不完全。日本《专利法》第三十六条第（4）项规定，"发明的详细说明，必须符合以下各项的规定。第一，必须依经济产业省令之规定、说明明确且充分使具有该发明所属技术领域的一般知识者能够实施；第二，如果发明是文献公开的发明，欲获得专利者必须说明其在专利申请之时已经知晓的文献公开发明所刊登的刊物名称以及其他与文献公开发明有关的信息的出处。"[3]日本专利局审查指南进一步细化规定为，"当发明是产品时意味着可以制造和使用该产品，当发明是方法时意味着可以应用该方法，当发明是一种产品的制造方法时也意味着可以利用这种方法制造产品。"对于产品专利而言，产品的充分公开应当可以使得所属技术领域的技术人员制造和使用该产品。要求产品

---

[1] 〔美〕理查德·哈康、〔美〕约亨·帕根贝格编：《简明欧洲专利法》，何怀文、刘国伟译，商务印书馆2015年版，第124—125页。

[2] 《关于欧洲专利的常见问题》，http://www.walkermorris.cn，最后访问时间：2016年1月11日。

[3] 杜颖译、易继明校：《日本专利法》，经济科学出版社2009年版，第12—13页。

发明得到清楚描述,并且"可被制造"和"可以使用"。①

(二)中国说明书公开充分判断的基本思路

中国与美国、欧盟和日本在说明书公开充分上的总体要求基本相同。亦即,说明书对发明或者实用新型作出的清楚、完整的说明,应当达到所属技术领域的技术人员能够实现的程度。也就是说,说明书应当满足充分公开发明或者实用新型的要求。所属技术领域的技术人员能够实现,是指所属技术领域的技术人员按照说明书记载的内容,就能够实现该发明或者实用新型的技术方案,解决其技术问题,并且产生预期的技术效果。说明书应当清楚地记载发明或者实用新型的技术方案,详细地描述实现发明或者实用新型的具体实施方式,完整地公开对于理解和实现发明或者实用新型必不可少的技术内容,达到所属技术领域的技术人员能够实现该发明或者实用新型的程度。审查员如果有合理的理由质疑发明或者实用新型没有达到充分公开的要求,则应当要求申请人予以澄清。

在中国法律实践中,说明书公开不充分的典型情形包括:(1)说明书中只给出任务和/或设想,或者只表明一种愿望和/或结果,而未给出任何使所属技术领域的技术人员能够实施的技术手段;(2)说明书中给出了技术手段,但对所属技术领域的技术人员来说,该手段是含糊不清的,根据说明书记载的内容无法具体实施;(3)说明书中给出了技术手段,但所属技术领域的技术人员采用该手段并不能解决发明或者实用新型所要解决的技术问题;(4)申请的主题为由多个技术手段构成的技术方案,对于其中一个技术手段,所属技术领域的技术人员按照说明书记载的内容并不能实现;(5)说明书

---

① Hiroya Kawaguchi, *The Essentials of Japanese Patent Law: Cases and Practice*. Kluwer Law International 2007, pp.23–24.

中给出了具体的技术方案,但未给出实验证据,而该方案又必须依赖实验结果加以证实才能成立。例如,对于已知化合物的新用途发明,通常情况下,需要在说明书中给出实验证据来证实其所述的用途以及效果,否则将无法达到能够实现的要求。

(三)中国说明书公开充分的具体适用

中国与美国、欧盟和日本在说明书公开充分的具体适用方面存在不同。在中国法律实践中,说明书公开充分与现有技术的关系如下:除了开拓性发明之外,发明创造是在现有技术方案的基础上作出改进后得到的,而即使开拓性发明本身,属于技术史上未曾有过先例的全新的技术方案,亦需要借鉴现有技术中的其他技术领域的技术思路。①因此,在审查实践和司法实践中经常需要讨论说明书公开充分与现有技术之间的关系。也就是说,对于属于现有技术的技术方案,只存在是否全部需要在本专利说明书中加以引述或者需要在本专利说明书中多大程度上加以引述。

说明书公开充分的判断与现有技术之间的关系,需要立足所属技术领域的技术人员的含义加以解读。所属技术领域的技术人员,是一种假设的"人",假定他知晓申请日或者优先权日之前发明所属技术领域所有的普通技术知识,能够获知该领域中所有的现有技术,并且具有应用该日期之前常规实验手段的能力,但他不具有创造能力。如果所要解决的技术问题能够促使本领域的技术人员在其他技术领域寻找技术手段,他也应具有从该其他技术领域中获知该申请日或优先权日之前的相关现有技术、普通技术知识和常规实验手段的能力。显然,所属技术领域的技术人员对于本领域的普通技术知识(即公知常

---

① 张鹏:《专利授权确权制度原理与实务》,知识产权出版社2012年版,第183—185页。

识）和现有技术的了解程度是不同的：所属技术领域的技术人员知晓申请日或者优先权日之前发明所属技术领域所有的普通技术知识，本领域技术人员能够获知该领域中所有的现有技术。"能够获知"与"知晓"之间也存在不同：能够获知是指在一定的启示下可以知晓，而知晓则是客观地了解。由此可见，说明书公开充分，不需要在说明书中记载该技术方案所使用到的本领域普通技术知识，但是对于需要借助例如在先公开专利的其他现有技术的情况，说明书中应当给出获取上述其他现有技术的引导。亦即，对于需要借助例如在先公开专利的其他现有技术的情况，需要在说明书中通过给出在先公开专利的专利号等方式使得所属技术领域的技术人员能够获知上述现有技术。

（四）中国医药化学领域说明书公开充分判断的法律实践

发明专利说明书公开充分的案件很多集中在医药化学领域，中国法律实践中对化学产品发明、化学方法发明和化学用途发明的说明书公开充分具有专门的要求，尤其是涉及实验数据的要求。[①]其中，化学产品发明包括化合物、组合物以及用结构和/或组成不能够清楚描述的化学产品发明，要求保护的发明为化学产品本身的，说明书中应当记载化学产品的确认、化学产品的制备以及化学产品的用途。化学方法发明，无论是物质的制备方法还是其他方法，均应当记载方法所用的原料物质、工艺步骤和工艺条件，必要时还应当记载方法对目的物质性能的影响，使所属技术领域的技术人员按照说明书中记载的方法去实施时能够解决该发明要解决的技术问题。化

---

① 根据国家知识产权局专利复审委员会以审查决定结案的复审请求案件数量统计，化学领域涉及实验数据相关的说明书公开充分和权利要求得到说明书支持的案件，在2006年占46%，在2007年占42%，在2008年占34%。参见李越："与充分公开有关的实验数据问题的探讨"，载《专利法研究（2010）》，知识产权出版社2011年版，第301页。

学产品用途发明，在说明书中应当记载所使用的化学产品、使用方法及所取得的效果，使得本领域技术人员能够实施该用途发明。

就实验数据而言，针对类似本案中的化学产品用途发明，如果所属技术领域的技术人员无法根据现有技术预测发明能够实现所述用途和／或使用效果，则说明书中还应当记载对于本领域技术人员来说，足以证明发明的技术方案可以实现所述用途和／或达到预期效果的定性或者定量实验数据。对于新的药物化合物或者药物组合物，应当记载其具体医药用途或者药理作用，同时还应当记载其有效量及使用方法。如果本领域技术人员无法根据现有技术预测发明能够实现所述医药用途、药理作用，则应当记载对于本领域技术人员来说，足以证明发明的技术方案可以解决预期要解决的技术问题或者达到预期的技术效果的实验室试验（包括动物试验）或者临床试验的定性或者定量数据。说明书对有效量和使用方法或者制剂方法等应当记载至所属技术领域的技术人员能够实施的程度。具体到本案，其主要涉及一种药物化合物、含有该药物化合物的医药组合物以及药物化合物中用于制备医药的用途。针对其中的用途发明，所属技术领域的技术人员无法根据现有技术预测发明能够实现所述用途和／或使用效果，对比文件1、对比文件2与涉案专利申请在该结构片断上具有较大差异，然而结构的微小变化往往会带来性质上较大的差异，因此专利申请人有必要给出实验（包括动物试验或者临床试验）的定性或者定量数据证明本申请化合物的生物活性以及医药用途。

在中国法律实践中，说明书公开充分的重要证据是实验数据。实验数据的形成时间对判断是否构成说明书公开充分非常重要。亦即，判断说明书是否充分公开，以原说明书和权利要求书记载的内容为准，申请日之后补交的实施例和实验数据不予考虑。对于说明书公开充分判断中如何分配证明责任的问题，需要立足证据法基本原理加以分析。"消极事实无法证明"是证据法领域的一个基本理念。应用到说明书公开充分的判断中,说明书公开不充分通常是难以证明的。因此,通常而言,说明书公开不充分的判断,需要给出说明书存在公开不充分情形的合理怀疑。典型的合理怀疑如"说明书公开不充分的典型情形"部分所述。此后,证明责任转移给专利申请人或者专利权人,由其证明实现发明目的必不可少的技术手段在说明书中得以公开,或者属于所属技术领域的技术人员知晓或能够获知的内容。具体到本案而言,参考资料1—3所列举的文献与涉案专利申请在该结构片断上具有较大差异,无法预测本申请要求保护化合物的SGLT抑制活性以及医药用途;参考资料4是专利申请日之后为了克服说明书公开不充分缺陷而提交的实验数据不予接受。建议进一步明确规定实验数据的不同类型,根据其在特定发明中的作用对形成时间和公开时间作出不同要求,同时加强补充提交实验数据的公开,例如参考欧洲专利局的做法在授权公告时"在相应的内容后注明提交的意见,并在封面上注明其中有在申请日之后补交的资料"[①]。

在法律实践中尤其需要注意的是,由于《专利法》第三十三条要求对发明专利申请文件的修改不得超出原说明书和权利要求书记载的范围,因此专利申请人在提交发明专利申请时就应当确保其说明书符合《专利法》第二十六条第三款规定的要求。一旦提交了专利申请并且确定了专利申请日,那么无论是专利申请人自己发现存在说明书公开不充分的问题,抑或是专利审查员经过审查发现了说明书公开不充分的问题,均无法克服,从而使得已经提交的专利申请进入无法弥补、无法挽救的境地。

---

① 张清奎:"可否在审查程序中补充实施例及相关数据",载《中国专利与商标》1999年第4期。

2. 发明专利权利要求清楚判断

——NCR 公司"用于具有多个类的有价媒介的验证模板"发明专利申请驳回案

案件索引：国家知识产权局针对 200710305753.3 号发明专利申请的驳回决定

基本案情

2007 年 12 月 28 日，NCR 公司向中国国家知识产权局提出发明名称为"用于具有多个类的有价媒介的验证模板"的发明专利申请，该发明专利申请的优先权日为 2006 年 12 月 29 日，公开日为 2008 年 7 月 23 日。

2009 年 7 月 17 日，国家知识产权局专利实质审查部门发出第一次审查意见通知书，认为权利要求 1—21 不具备新颖性。2009 年 11 月 30 日，专利申请人提交了意见陈述书和权利要求书修改文本，对权利要求 1、11、13、14、15 进行了修改，并陈述了权利要求具备创造性的理由。修改后的权利要求 1 为，"一种用于媒介物品的自动验证的方法，所述方法包括：访问包括多个单类分类器的模板，所述模板适用于多个类，每个单类分类器分别与所述媒介物品可能所属的所述多个类中不同的一类相对应；将每个单类分类器应用于所述媒介物品的图像,从而生成用于多个类中的每个类的结果集;以及对多个类中的每个类,分析结果集并评定该媒介物品是否属于该类。"2011年4月29日,国家知识产权局专利实质审查部门发出第二次审查意见通知书,认为权利要求1、11、13、14、15并未具体说明何为"单类分类器"以及何为"包含单类分类器的模板",所属技术领域的技术人员不能明确单类分类器和包含单类分类器的模板的确切定义,该问题导致权利要求没有清楚地限定其保护范围,不符合《专利法》第二十六条第四款的规定。2011年7月14日,专利申请人提交了意见陈述书和修改后的权利要求,对权利要求11、13、14、15进行了修改,陈述了权利要求1保护范围清楚的主要理由。专利申请人认为,本申请说明书和权利要求13对"单类分类器"以及"包含单类分类器的模板"的创建过程作出了描述,不需要在该权利要求中对它们再作限定。

2012年2月1日,国家知识产权局专利实质审查部门针对200710305753.3号发明专利申请作出驳回决定,以权利要求1不清楚为由驳回了该专利申请。

决定与理由

国家知识产权局专利实质审查部门经审查认为,权利要求1限定的方法包括访问包括多个单类分类器的模板,但未具体说明何为单类分类器、何为包括多个单类分类器的模板,所属技术领域的技术人员不能明确单类分类器以及包括多个单类分类器的模板的确切含义,导致权利要求1保护范围不清楚。《专利审查指南》第二部分第二章第3.2.2节规定,如果说明书中指明了某词具有特定的含义,并且使用了该词的权利要求保护范围由于说明书中对该词的说明而被限定得足够清楚,这种情况也是允许的。本申请说明书没有给出单类分类器的明确定义,只是在说明书的不同段落中零散地给出了有关单类分类器和单类分类器模板的创建和对应关系的相关说明,所属技术领域的技术人员只能根据这些说明书不同段落中的相关说明来理解单类分类器和单类分类器模板的含义,并借助对于单类分类器和单类分类器模板含义的理解来理解本申请的整个技术方案,也就是说,本申请说明书中仅在不同段落中零散给出有关单类分类器和单类分离模板的创建和对应关系的相关说明,而未明确指明单类分类器的特定含义,权利要求1不符合《专利法》第二十六条第四款的规定。

2012年3月31日,专利申请人不服上述驳回决定,向国家知识产权局专利复审委员会提出复审请求。2013年7月25日,国家知识产权局专利复审委员会作出复审决定。国家知识产权局专利复审委员会认为,根据复审请求人提交的附件1—4来看,附件1第2节第3—4行、附件2第1节第12—16行的记载分别表明单类分类器的概念最早于1993年提出,在1999年的文献中已存在有单类分类的概念,在本申请的申请日之前公开的附件4也述及单类分类器。另外,在实质审查程序的第一次审查意见通知书中引用的专利文献EP1484719A2中也使用了单类分类器进行货币验证,并且在该通知书中用该文献作为评述新颖性的对比文件。这表明,"单类分类器"为现有技术中已有的概念,其含义为本领域技术人员已知。实际上,关于单类分类器的很多文章、资料等存在于本申请的申请日之前,单类分类器在模式识别、人工智能、网络安全等多个领域都有应用,具有本领域通常的含义。因此,本申请权利要求中的单类分类器的含义为本领域技术人员所知道。由此,权利要求不需要对单类分类器的含义加以另外的限定，只需按照本领域通常具有的含义来理解单类分类器，由此确定的权利要求的保护范围也是清楚的。同理，模板的概念也是现有的，包括多个单类分类器的模板其含义对本领域技术人员而言也是清楚的，不会造成权利要求保护范围不清楚。因此，权利要求1仅记载单类分类器、包括多个单类分类器的模板不会导致该权利要求不清楚，该权利要求1所表达的含义及保护范围清楚，符合《专利法》第二十六条第四款的规定。[①]

评　析

中国《专利法》第二十六条第四款规定，权利要求书应当以说明书为依据，清楚、简要地限定要求专利保护的范围。通常将上述"清楚、简要地限定要求专利保护的范围"的要求称为权利要求保护范围清楚。众所周知，1624年英国垄断法以降，美国于1790年、法国于1791年、俄于1814年、荷兰于1817年、西班牙于1820年、德国于1877年、日本于1885年先后颁布专利法，然而这些早期专利法均未将权利要求书作为专利申请文件和专利文件的组成部分，在专利申请时只需要提交发明的详细介绍，法院在专利侵权判定时确定什么是该专利所保护的技术方案。[②] 上述做法产生了专利保护范围不确定性较高等问题，影响了公开换取垄断的专利制度运行。在英国、德国等国家专利制度发展历程中，专利申请人首先自愿开始在专利文件中写入权利要求书，美国率先在其专利法中要求提交

[①] 参见国家知识产权局专利复审委员会第56125号复审请求审查决定。
[②] 赵元果：《中国专利制度的孕育与诞生》，知识产权出版社2003年版，第2页。

权利要求书，随后逐渐为各国所采纳。①权利要求保护范围清楚的理论基础在于，客体的非物质性是包括专利权在内的知识产权的根本属性，知识产品是非物质形态的特殊财产，对其无法凭借传统民法上的占有方法加以控制，其保护范围无法通过其本身加以确定，而需要相关法律给予特别规定。②可以说，要求专利权利要求保护范围清楚，是为了有效实现专利确权和专利权保护的基础，是专利实质审查的重要内容，也是世界主要立法例的通行要求。

（一）不同国家和地区权利要求清楚判断的基本思路

不同国家和地区在说明书公开充分之判断的法律实践把握上存在一定差别。美国《专利审查指南》规定，在权利要求中使用的术语可以在说明书中给出一个特殊的含义，但不允许给术语一个和常规含义不同的含义。当在权利要求中出现相对程度术语时，应首先判断说明书是否提供了某些测量该程度的标准。如果没有，则应进一步判断根据现有技术能否合理地告知所属技术领域的技术人员所要求保护的范围。③欧洲专利局《专利审查指南》第三章第4.2节规定，读解权利要求时，其用词的含义和范围应当认定为相关领域通常具有的，除非说明书以清楚的定义或其他方式对该用词赋予了特殊含义。而且，若这种特殊含义适用，审查员应尽可能要求修改权利要求，使得权利要求单独看去含义即清楚。

日本《专利审查指南》不仅规定了专利申请中对术语的定义应与所属技术领域该术语的通常含义相一致，而且特别强调了权利要

---

① 尹新天：《中国专利法详解》，知识产权出版社2011年版，第362—363页。
② 吴汉东：《知识产权总论（第三版）》，中国人民大学出版社2013年版，第86—87页。
③ F.Scott Kieff, Pauline Newman, Herbert F. Schwartz, Henry E. Smith. *Principles of Patent Law* (Fifth Edition),Thomson Reuters/Foundation Press,2011.

求中的术语与其说明书对该术语定义的一致性。其中规定，权利要求自身的陈述可视为清楚时，审查员应审查权利要求所用的术语在说明书（包括权利要求）和附图中是否有定义或解释，再评判该定义或解释（若有的话）是否导致权利要求的陈述不清楚。例如，如果在发明的详细描述中存在对权利要求所用术语的清楚定义，该术语严重违背或不同于其常规含义，这种定义会使得发明不清楚。因为尽管确认发明主要基于权利要求的陈述，结合考虑说明书、附图和相应于申请日时的公知常识后，在对要求保护的发明进行确认时，这样的定义会在解释该术语时产生混乱。

（二）中国权利要求清楚判断的基本思路

就中国法律实践而言，权利要求清楚的基本含义是，权利要求类型清楚，权利要求确定的保护范围清楚。权利要求清楚主要包括两方面内容：每一项权利要求应当清楚，构成权利要求书的所有权利要求作为一个整体也应当清楚。

首先，每项权利要求的类型应当清楚。权利要求的主题名称应当能够清楚地表明该权利要求的类型是产品权利要求还是方法权利要求。不允许采用模糊不清的主题名称，权利要求的主题名称还应当与权利要求的技术内容相适应。产品权利要求适用于产品发明或者实用新型，通常应当用产品的结构特征来描述。特殊情况下，当产品权利要求中的一个或多个技术特征无法用结构特征予以清楚地表征时，允许借助物理或化学参数表征；当无法用结构特征并且也不能用参数特征予以清楚地表征时，允许借助于方法特征表征。使用参数表征时，所使用的参数必须是所属技术领域的技术人员根据说明书的教导或通过所属技术领域的惯用手段可以清楚而可靠地加以确定的。方法权利要求适用于方法发明，通常应当用工艺过程、操作条件、步骤或者流程等技术特征来描述。用途权利要求属于方法权利要求。但应当注意从权利要求的撰写措辞上区分用途权利要求和产品权利要求。区分权利要求类型的重要法律意义在于：可以用于判断实用新型专利的保护客体；便于确定证明责任。根据《专利法》的规定，专利侵权纠纷涉及新产品制造方法的发明专利的，制造同样产品的单位或者个人应当提供其产品制造方法不同于专利方法的证明。

其次，每项权利要求所确定的保护范围应当清楚。权利要求的保护范围应当根据其所用词语的含义来理解。一般情况下，权利要求中的用词应当理解为相关技术领域通常具有的含义。在特定情况下，如果说明书中指明了某词具有特定的含义，并且使用了该词的权利要求的保护范围由于说明书中对该词的说明而被限定得足够清楚，这种情况也是允许的。但此时也应要求申请人尽可能修改权利要求，使得根据权利要求的表述即可明确其含义。

（三）中国权利要求清楚判断的法律实践

在中国法律实践中尤其需要关注的是，当权利要求中术语含义需要确定的时候，是应当认定为权利要求不清楚，还是应当使用说明书对权利要求的保护范围加以解释。权利要求保护范围的解释应当是积极和主动的，但是，不能使用说明书对于权利要求书的保护范围加以限制。在权利要求的术语存在特定含义，或者权利要求的术语存在多种含义，或者说明书明确放弃某些技术方案等情况下，应当借助说明书对于权利要求加以解释。亦即，在权利要求的术语存在特定含义或者权利要求的术语存在多种含义的情况下，通常需要结合说明书对于权利要求中的术语加以解释。在其他情形下，如果权利要求中部分术语含义不明确，那么应当认定为权利要求保护范围不清楚。当权利要求保护范围不清楚的时候，往往难以判定权利要求的新颖性与创造性。例如，在"含有高比例烟末的烟草材料的处理"专利申请驳回及复审案中,该案涉及一种含有高比例烟末的烟草材料的处理,权利要求 1 请求保护一种用于在准备用于生产吸烟制品的烟草的过程中将烟末处理为不连续成型的烟草材料的方法,其中使含有烟末和烟草材料的待处理材料在挤出机中经受增加的机械压力,以将烟末持久地附着到烟草材料上,其中一烟草材料的烟草部分大于所述烟末;一没有向所述待加工材料添加额外的或者外部黏合剂以将烟末结合到烟草材料,一使待处理材料达到预定的、增加的水分含量,一使待处理材料经受温度升高,和一处理结束时,通过压力的降低和导致的闪蒸而膨胀待处理材料其中处理待处理的材料使用下列参数的一个或多个进行:温度 80℃—180℃,优选 140℃—160℃;入口处的水分含量 18%—35%,优选 26%—30%;出口处的水分含量 11%—19%,优选 15%—17%;机械压力 80—250 巴,优选 80—110 巴。北京市高级人民法院认为,权利要求 1 温度参数的限定对象不明确、水分含量如何实现不清楚、烟草材料除了"烟草部分"还有什么成分没有限定、各项参数与待处理材料的"膨胀"和"闪蒸"有无关系不清楚、待处理材料的"膨胀"与"闪蒸"及"压力的降低"有无关系不清楚,权利要求 1 文字表述上存在诸多不清楚之处,本领域技术人员无法确定权利要求 1 请求保护的技术方案,对其进行创造性评述缺乏事实基础。[①]

具体到本案而言,权利要求的保护范围应当根据其所用词语的含义来理解,一般情况下,权利要求中的用词应当理解为相关技术领域通常具有的含义。也就是说,权利要求是否清楚的判断必须站

[①] 参见国家知识产权局专利实质审查部门针对 200680004228.1 号 PCT 发明专利申请的驳回决定,国家知识产权局专利复审委员会 56702 号复审请求审查决定,北京市第一中级人民法院(2014)一中知行初字第 574 号行政判决书,以及北京市高级人民法院(2014)高行终字第 1468 号行政判决书。

在所属技术领域的技术人员的角度。如果所要解决的技术问题能够促使本领域的技术人员在其他技术领域寻找技术手段，他也应具有从该其他技术领域中获知该申请日或优先权日之前的相关现有技术、普通技术知识和常规实验手段的能力。"所属技术领域的技术人员"对普通技术知识和现有技术的获知要求是不一样的，所属技术领域的技术人员对普通技术知识是"知晓"的程度，对现有技术则是根据线索"能够获知"的程度。复审请求人提交的附件1—4，能够形成关于单类分类器、包括多个单类分类器的模板的认知，在认定其为现有技术中已有概念并且其含义为本领域技术人员已知的前提下，对其未作出界定和说明并不构成权利要求不清楚。

3. 发明专利权利要求得到说明书支持判断

—— 大塚制药株式会社"2,3-二氢-6-硝基咪唑并[2,1-b]噁唑化合物"发明专利申请驳回案

案件索引：国家知识产权局针对200710004037.1号发明专利申请的驳回决定

基本案情

2007年1月23日，大塚制药株式会社向中国国家知识产权局提出发明名称为"2,3-二氢-6-硝基咪唑并［2,1-b］噁唑化合物"的发明专利分案申请，本分案申请的原案申请号为200380101750.8，申请日为2003年10月10日，优先权日为2002年10月11日。2008年5月26日，根据2002年12月28日修改后的《专利法实施细则》第四十四条的规定，专利申请人提交了新的权利要求1—15项替换原权利要求第1—14项。

2010年3月11日，国家知识产权局专利实质审查部门发出第一次审查意见通知书，指出权利要求1—12请求保护的技术方案涉及通式1化合物的旋光体得不到说明书的支持，不符合《专利法》第二十六条第四款的规定。主要理由是本领域技术人员根据说明书公开的内容无法制备得到通式1化合物的旋光体，在本申请的说明

书中没有记载任何旋光体的药效数据的基础上，本领域技术人员难于预见化合物的旋光异构体是否具有与化合物相同的药效活性。2010年9月26日，专利申请人提交了新的权利要求书，修改了原权利要求1和2中通式化合物，删除了原权利要求3—4。同时，专利申请人提交了意见陈述书，指出修改后的权利要求能够得到说明书的支持，并提供了多个实施例化合物的药理学数据。2010年11月10日，国家知识产权局专利实质审查部门发出第二次审查意见通知书，指出权利要求1—10和12—13得不到说明书的支持等意见。2011年3月25日，专利申请人提交了新的权利要求书，并在意见陈述书中指出权利要求能够得到说明书支持。2011年5月11日，国家知识产权局专利实质审查部门发出第三次审查意见通知书，指出权利要求1—18得不到说明书的支持。2011年7月26日专利申请人提交了意见陈述书，认为权利要求1—18能够得到说明书的支持，主要理由是，根据实施例397化合物的结构可以概括得出含饱和氮杂环基的化合物具有和实施例397化合物相似的性质，而且申请人提交的另外的药理学数据也支持这一点，因此权利要求1—18能够得到说明书的支持。

2011年8月25日，国家知识产权局专利实质审查部门针对200710004037.1号发明专利申请发出驳回决定，以权利要求1—18得不到说明书的支持、不符合《专利法》第二十六条第四款的规定为由驳回了该专利申请。

决定与理由

国家知识产权局专利实质审查部门认定，权利要求1—18得不到说明书的支持，不符合《专利法》第二十六条第四款的规定。驳回决定所依据的文本为 2011 年 3 月 25 日提交的权利要求第 1—18 项，分案申请递交日 2007 年 1 月 23 日提交的说明书第 1—784 页（即说明书第 1—6716 段）和说明书摘要。

驳回决定指出，首先，权利要求 1 请求保护式 1 化合物，其中对各取代基定义了多种类型的基团，定义中还使用了宽范围的上位概念，包含了大量不同结构、不同性质的基团，从而导致权利要求 1 包括了大量与说明书中充分公开的化合物结构相差很大的化合物；其次，本申请要解决的技术问题是提供对结核分枝杆菌和多药耐受性结核分枝杆菌具有优异杀菌作用的化合物。然而，说明书中仅提供了制备实例 397 中的化合物的药效实验数据，该化合物的取代基仅仅是权利要求 1 的宽范围内的有限选择，其 R1 为甲基，n＝1，R2 为 4（4-三氟甲氧基苯基）哌嗪 -1- 基，上述取代基显然与权利要求 1 中限定的其他取代基在结构和性质上具有较大差异，而本领域技术人员所熟知的是，化学是一门实验科学，可预测水平较低，尤其是药物化学领域，化合物结构和药用作用具有严格的构效关系，化合物结构上的微小变化可能就会导致其药理活性产生很大差异。因而，在说明书中仅公开了 1 个化合物的药效试验数据的基础上，本领域技术人员根据说明书尤其实施例充分公开的内容和现有技术，难以预测权利要求 1 中包含的化合物都能解决本发明的技术问题，并达到相同的技术效果，即权利要求 1 的概括包含了申请人推测的内容，其效果难以预先确定和评价。因此，权利要求 1 得不到说明书的支持，不符合《专利法》第二十六条第四款的规定。

同时，权利要求 2—12 中对权利要求 1 中的取代基作了进一步的限定，但仅仅是对权利要求 1 中的一个或几个取代基进行了限定，因此其权利要求作为整体仍概括了较宽的保护范围。基于上述相同的理由，权利要求 2—12 也得不到说明书的支持，不符合《专利法》第二十六条第四款的规定。

另外，权利要求 13 请求保护一系列具体化合物，但说明书中未公开除制备实施例 397 化合物外的其他化合物的药效试验数据，由于这部分化合物未充分公开，导致权利要求 13 得不到说明书的支持，不符合《专利法》第二十六条第四款的规定。权利要求 14—16 分别请求保护包含权利要求 1、2 或 13 中化合物的药物组合物，因此，在权利要求 1 得不到说明书的支持的基础上，权利要求 14—16 也得不到说明书的支持，不符合《专利法》第二十六条第四款的规定。权利要求 17—18 请求保护权利要求 1 中定义的化合物的制备方法。因此，在权利要求 1 得不到说明书的支持的基础上，权利要求 17—18 也得不到说明书的支持，不符合《专利法》第二十六条第四款的规定。

驳回决定对专利申请人的主要意见进行了评述。专利申请人认为根据实施例 397 化合物的结构可以概括得出含饱和氮杂环基的化合物具有和实施例 397 化合物相似的性质，而且申请人提交的另外的药理学数据也支持这一点，因此，权利要求 1—18 能够得到说明书的支持。驳回决定指出，对本领域技术人员来说，化学是一门实验科学，可预测水平较低，尤其是药物化学领域，化合物的活性必须依赖实验结果加以证实才能成立。实施例 397 化合物中的 R_2 为 4（4- 三氟甲氧基苯基）哌嗪 -1- 基，而饱和氮杂环基还包括众多结构和性质与哌嗪基相差很大的基团，如权利要求 1 中的式（Fc）所示的基团，所述饱和氮杂环基的取代基的定义中也包括了和三氟甲氧基苯基结构相差较大的基团，由于化合物是否能够作为对结核分枝杆菌和多药耐受性结核分枝杆菌具有杀菌作用受多种因素的影响，例如：化合物结构、取代基团的空间效应和电子效应、亲水或疏水的性能等，因此本领域技术人员难以预测权利要求1中包含的化合物是否都能解决本发明的技术问题，并达到相同的技术效果。由于结构的不同，本领域技术人员也难以预测权利要求9中除实施例397化合物外的其他化合物具有和实例397化合物相似的用途和/或效果。申请人在意见答复中提供的其他化合物的药效试验数据，既没有记载在原说明书和权利要求书中，也无法由原说明书和权利要求书直接的、毫无疑义的确定，因此不能用于证明权利要求能够得到说明书的支持，专利申请人的意见陈述不具有说服力。

评　析

中国《专利法》第二十六条第四款规定，权利要求书应当以说明书为依据，清楚、简要地限定要求专利保护的范围。通常将上述"权利要求书应当以说明书为依据"的要求称为权利要求得到说明书支持。说明书是对发明所公开的技术方案的详细介绍，权利要求用于在说明书记载的技术方案的基础上界定专利权的保护范围，二者存在内在联系，这一联系被称为"权利要求书应当以说明书为依据"，亦即"权利要求得到说明书支持"。所谓"权利要求得到说明书支持"，基本含义是每一项权利要求所要求保护的技术方案在说明书中都应当有清楚充分的记载，使得所属领域的技术人员能够从说明书公开的内容中得出或者概括得出该技术方案。[①]一般而言，权利要求，尤其是独立权利要求，是对于说明书公开的一个或者多个具体实施方式的概况，不是照抄说明书中披露的具体实施方式，但是权利要

---

① 尹新天：《中国专利法详解》，知识产权出版社2011年版，第366—367页。

求保护范围不应当过宽，以致与专利申请人所作出的技术贡献不相称。尤其是，权利要求保护范围中不应当包含猜测性和推测性的内容。可以说，要求专利权利要求得到说明书支持，是为了实现公开换取垄断的激励机制、实现专利权人和社会公众利益平衡的重要载体。

（一）不同国家和地区说明书支持判断的基本思路

相对于发明专利说明书公开充分和权利要求清楚的要求而言，各国关于发明专利权利要求得到说明书支持的基本规定与法律适用存在显著不同。美国专利法没有权利要求以说明书为依据的专门条款，因此美国《专利审查指南》中没有专门的章节讨论以说明书为依据的内容。"权利要求的范围与能够实施的关系，唯一关系在于：根据说明书公开本领域技术人员能够实施的范围是否与权利要求要求保护的范围相对应。在依据权利要求的范围相对于公开能够实施范围作出合适的驳回决定时，应当实行两步法：1）确定权利要求的范围相对于公开能够实施范围的关系—考虑整个权利要求；2）确定本领域技术人员是否不需要'过度试验'就可以实施要求保护范围内的所有发明。"[①] 美国亦意识到说明书支持审查过于宽松产生的不良影响，于2011年2月9日发布了《涉及美国专利法第112条的补充审查指南》，其中强化了关于说明书支持的审查要求。

欧洲专利局明确给出了权利要求得到说明书支持的判断规则。欧洲《专利审查指南》规定，权利要求应当得到说明书的支持。这是指在说明书中对每一权利要求的主题内容应当有依据，且权利要求的范围不应当比说明书和附图给出的合理程度以及比对已有技术的贡献更宽。也就是说，主要判断标准是，权利要求中用于定义发

---

① See Mineral Separation v. Hyde, 242 U.S. 261(270)(1916).

明的那些必要技术特征必须与在说明书中所述的本发明的必要技术特征的含义相同。① 多数权利要求是由一个或多个具体实施例概括而成。对每一申请，审查员应当结合相关已有技术来判断概括程度可否被允许。一项全新技术领域的开拓性发明比起已知技术领域的改进发明，允许有更宽的概括范围。一项概括恰当的权利要求既不应宽到超出发明本身，也不应窄到损害申请人公开其发明而应获得的正当权益。应当允许申请人覆盖其所述说明书公开内容的所有明显等同变换。特别是，如果可以合理预测被权利要求覆盖的所有变型具备申请人在说明书中赋予的性能或用途，应当允许这样概括权利要求。

　　日本《专利审查指南》中在涉及说明书充分公开时，讨论了权利要求与说明书公开的关系。对要求保护的发明应当公开至少一种实施方式，并非要求保护的发明中所有的方案如何实施均必须在说明书中有描述。但是，如果本领域普通技术人员有充分理由确信，从说明书公开的具体实施方案无法扩展到要求保护发明的整个范围时，审查员可以判断发明没有清楚、完整公开发明使得所属技术领域的技术人员能够实现。例如，要求保护上位概念，说明书公开具体下位概念，如果所属技术领域的技术人员有具体理由确信，依据说明书公开的具体实施方式并不能获得所述上位概念涵盖的另一个具体下位概念，审查员可以判断发明没有清楚、完整公开发明使得所属技术领域的技术人员能够实现。日本《专利审查指南》列举的权利要求不能得到说明书支持的情况：（1）权利要求要求保护上位概念，说明书仅仅公开具体下位概念可以实施，如果所属技术领域

---

① 欧洲专利局申诉委员会决定 T939/92 号和 T409/91 号，http://www.epo.org/patents/appeals/serach-decisions.html，最后访问时间：2016年2月9日。

的技术人员有具体理由确信,即使考虑公知技术,依据说明书公开的具体实施方式并不能获得所述上位概念涵盖的另一个具体下位概念;(2)权利要求采用马库什通式①采用可选技术方案的形式进行定义,但是在说明书只公开了某些技术方案可以实施,如果所属技术领域的技术人员有具体理由认为,即使参考公知常识,也不能由某些特定的方案扩展到所有要求保护的方案,审查员可以判断发明没有清楚、完整公开发明使得所属技术领域的技术人员能够实现;(3)说明书公开的实施方式能够实现,但是,在要求保护的发明的范围内,某一特定的实施方式是特殊的,因此所属技术领域的技术人员有充分理由认为,即使参考公知常识,也不能由某些优选方案扩展到所有其他要求保护的方案,审查员可以判断发明没有清楚、完整公开发明使得所属技术领域的技术人员能够实现;(4)如果权利要求包括用所要达到的效果进行限定的产品,说明书中只公开了具体实施方式,因此所属技术领域的技术人员有充分理由认为,即使参考公知常识,也不能由某一特定的方案扩展到所有要求保护的方案。

(二)中国说明书支持判断的基本思路

在中国,判断发明专利权利要求是否得到说明书支持的要求是,权利要求通常由说明书记载的一个或者多个实施方式或实施例概括而成,权利要求的概括应当不超出说明书公开的范围;如果所属技

---

① 根据《专利审查指南》第二部分第十章的规定,如果一项专利申请在一个权利要求中限定多个并列的可选要素,则构成"马库什"权利要求。马库什权利要求同样应当符合《专利法》第三十一条第一款及《专利法实施细则》第三十五条关于单一性的规定。如果一项马库什权利要求中的可选要素具有相类似的性质,则应当认为这些可选要素在技术上相互关联,具有相同或相应的特定技术特征,该权利要求可被认为符合单一性的要求。这种可选要素称为马库什要素。

术领域的技术人员可以合理预测说明书给出的实施方式的所有等同替代方式或明显变型方式都具备相同的性能或用途，则应当允许申请人将权利要求的保护范围概括至覆盖其所有的等同替代或明显变型的方式。

对于权利要求概括得是否恰当，审查员应当参照与之相关的现有技术进行判断。需要指出的是，此处"等同替代"的含义等同侵权中的"等同"含义应当是相同的。等同侵权中的"等同"，是指以基本相同的手段、实现基本相同的功能、产生基本相同的效果，本领域技术人员无须付出创造性劳动就能够联想到的技术特征。就权利要求得到说明书支持的角度而言，开拓性发明可以比改进性发明有更宽的概括范围。同理，在开拓性发明适用等同侵权的时候，相对于改进性发明而言可以适当放宽，获得更大的保护范围。

（三）中国说明书支持判断的法律实践

在审查实践和司法实践中，经常遇到这样的情形：说明书对于技术方案的描述和权利要求对于技术方案的概括不一致甚至是矛盾，例如说明书中记载部件A位于部件B的侧下方，权利要求中记载部件A位于部件B的正下方。这种情形的处理在审查实践和司法实践中存在争论。通常，这种情况下需要区分情形加以处理。如果说明书中的记载有误，那么可能构成说明书公开不充分。如果权利要求中的记载有误，那么通常构成权利要求得不到说明书的支持，例外的情况为权利要求中记载的、除了说明书中技术方案之外的其他情形无法实现（例如说明书中记载部件A位于部件B的侧下方，权利要求中记载部件A位于部件B的下方，而"部件A位于部件B的正下方"这一技术方案无法实现），这一情况下通常应当通过权利要求解释的方式加以解决。实践中还存在这样的情形，无法判断说明书中记载有误还是权利要求中记载有误，这种情况下通常应当认定说明书公开不充分或者权利要求得不到说明书的支持。[①]

在中国法律实践中，对于用上位概念概括或用并列选择方式概括的权利要求，应当审查这种概括是否得到说明书的支持。如果权利要求的概括包含申请人推测的内容，而其效果又难于预先确定和评价，应当认为这种概括超出了说明书公开的范围。如果权利要求的概括使所属技术领域的技术人员有理由怀疑该上位概念或并列概括所包含的一种或多种下位概念或选择方式不能解决发明或者实用新型所要解决的技术问题，并达到相同的技术效果，则应当认为该权利要求没有得到说明书的支持。对于这些情况，审查员应当根据《专利法》第二十六条第四款的规定，以权利要求得不到说明书的支持为理由，要求申请人修改权利要求。同时，需要区分上位概念与其他概念。随着技术发展，人们对于本领域的某些部件加以概括形成上位概念。有时在上述概括中，不同部件的共同点就在于功能，从而利用其功能上的共同点进行了概括。例如，变压器、恒温箱、整流器等均属于上述情况。如果将这些上位概念的概括与功能性限定相混淆，那么导致包含这些概念的权利要求保护范围无法确定，功能性限定技术特征的认定规则中应当明确功能性限定技术特征不包含本领域的公知术语。

就本案而言，根据说明书的记载，本发明所要解决的技术问题是提供对结核分枝杆菌、多药耐受性结核分枝杆菌或非典型耐酸菌具有优异的杀菌作用的化合物。权利要求1请求保护通式（1）代表的2，3-二氢-6-硝基咪唑并[2，1-b]噁唑化合物或者其药学上可接受的盐，根据权利要求1的定义，R2可以选自F12-1代表的"R23

[①] 张鹏："论权利要求保护范围解释的原则、时机和方法"，载《专利法研究（2010）》，知识产权出版社2011年版，第264—276页。

取代的哌啶环、四氢吡啶环"或者 F12-2 代表的"R26 取代的哌嗪基"，并且其中 F12-1 中的 R23 可以选自 Fc1-Fc16，F12-2 中的 R26 可以选自 Fd1-Fd39。结合说明书中引用的背景技术，第一篇背景文献中的"2，3- 二氢 -6- 硝基咪唑并［2，1-b］吡喃"与本发明化合物的"2，3- 二氢 -6- 硝基咪唑并［2，1-b］噁唑"类结构显然不同。第二、三篇背景文献中的"2，3- 二氢 -6- 硝基咪唑并［2，1-b］噁唑"结构部分与本专利申请相同，但其噁唑环 2 位不涉及与本申请权利要求 1 定义的 -CH2-R2 结构相近的取代基团，对应于本申请"R2"位置的取代基甚至没有出现含氮杂环，该化合物与本申请化合物具有明显的结构差异，本领域技术人员基于现有技术的化合物无法合理预测本申请权利要求 1 的化合物对结核分枝杆菌、多药耐受性结核分枝杆菌或非典型耐酸菌具有杀灭作用。

  同时，本案专利说明书的发明内容部分记载了本申请的通式化合物（包括结构式和取代基的定义）、通式化合物的制备方法流程以及化合物的制备实施例等。实施例 397 的化合物即为权利要求 1 中 R1 是甲基、n 是 1，R2 是 F12-2，R26 是 Fd10，其中 Fd10 的苯基被一个 CF3O 在对位取代的化合物。相比于权利要求 1 请求保护的众多化合物，说明书中仅记载了一个具体化合物，即实施例 397 化合物的活性测试，除该效果例之外，说明书中没有提供其他任何化合物对结核分枝杆菌、多药耐受性结核分枝杆菌和非典型耐酸菌具有杀菌作用的活性测试例。说明书仅仅一个实施例 397 的活性测试不足以使本领域技术人员发现本申请请求保护的这一类化合物的杀菌作用与其结构之间的构效关系，在此情况下，本领域技术人员难以预测权利要求 1 中包含的所有化合物都具有与实施例 397 化合物类似的杀菌技术效果。

4. 发明专利权利要求新颖性判断

——微软公司"用于范围化分层数据集的用户界面"发明专利申请驳回案

案件索引：国家知识产权局针对200880105216.7号发明专利申请的驳回决定

基本案情

2008年8月21日，微软公司向中国国家知识产权局提出发明名称为"用于范围化分层数据集的用户界面"的PCT发明专利申请，该发明专利申请的优先权日为2007年8月30日，于2010年2月24日进入中国国家阶段，公开日为2010年7月21日。该发明专利申请涉及通过各用户界面表示分层数据集，大型分层结构可能难以用树视图和/或面包屑列表来显示或描述，因为导航到分层结构内的某些节点可能需要在树视图内深入导航和/或通过向用户呈现繁重信息量的长面包屑列表。因此分层数据集可被"范围化"以方便在其中进行更高效的导航。2010年11月11日，专利申请人修改了权利要求，修改后的权利要求书包括5项独立权利要求和14项从属权利要求。其中，独立权利要求1为，"一种在范围化分层数据集（70）中标识从根节点（72）到所选节点（78）的路径的方法（60），所述路径具有至少一个范围，所述方法（60）包括：生成表示所述路径的面包屑列表（150），范围的各个节点（76、78）被聚集成范围化面包屑（168）。"独立权利要求11为，"一种在范围化分层数据集中标识从根节点到所选节点的路径的系统，所述路径具有至少一个范围，所述系统包括：用于生成表示所述路径的面包屑列表，范围的各个节点被聚集成范围化面包屑的装置。"独立权利要求12为，"一种用于在范围化分层数据集（70）中标识从根节点（72）到所选节点（76）的路径的系统（340），所述路径具有至少一个范围，所述系统包括：被配置成表示所述范围化分层数据集（348）的存储器（346），以及被配置成生成表示所述存储器中的范围化分层结构（348）内的路径的面包屑列表（354）的面包屑组件（342），范围的各个节点被聚集成范围化面包屑（262）。"

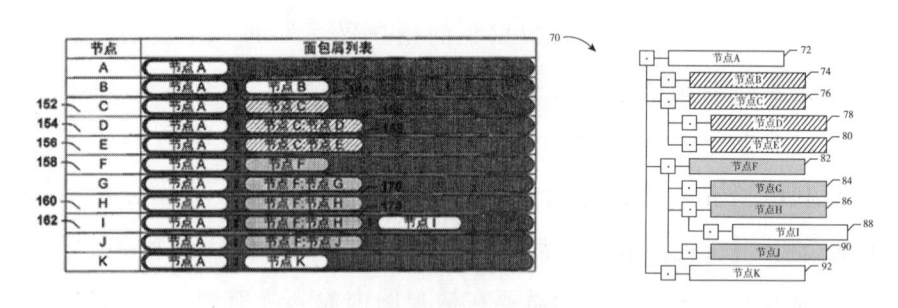

图1 涉案专利说明书附图

2011年7月13日，国家知识产权局专利实质审查部门发出了第一次审查意见通知书，指出权利要求1、2、5、11—14、16、17相对于对比文件1（US2006/0123361A1号美国发明专利申请，公开日为2006年6月8日）不具备新颖性等意见。2011年11月16日，专利申请人提交了意见陈述书，但并未修改申请文件。专利申请人的主要意见是，对比文件1并没有揭示权利要求1中的技术特征"范围化"和"范围的各个节点（76、78）被聚集成范围化面包屑（168）"，因此权利要求1具备新颖性。专利申请人认为，对比文件1涉及分层结构化网站的场景，没有公开"范围"的概念，更没有公开"范围化面包屑"。

2012年5月22日，国家知识产权局专利实质审查部门针对200880105216.7号发明专利申请作出驳回决定，以权利要求1、2、5、11—14、16、17不具备新颖性以及其他权利要求不具备创造性为由驳回了该专利申请。

决定与理由

国家知识产权局专利实质审查部门经审查认为，权利要求1、2、5请求保护一种在范围化分层数据集（70）中标识从根节点（72）到所选节点（78）的路径的方法（60）；对比文件1公开了一种在网络环境中分等级目录结构的面包屑路径组织方法，并具体包括如下内容（参见说明书第[0035]至[0052段]，图1—9）：目录集304是一个范围化分层数据集，产品目录306为根节点，相机型号Zennit-690MS为要选择的最终节点，搜索框中的所有相机（ALL Cameras）确定了一个搜索路径的范围（相当于路径的范围），路径202是根据各个等级目录选择的内容组成的路径面包屑列表，其中搜索范围内的各个目录节点都包含在路径202中［相当于生成表示所述路径的面包屑列表（150），范围的各个节点（76、78）被聚集成范围化面包屑（168），并且显示所述面包屑列表］。通过内嵌面包屑目录选择按钮206可以激活该目录节点,展开内嵌面包屑目录504中内容,包括材料、镜头尺寸、保修期等同等级目录下的并列内容(相当于权利要求5中的以折叠视图显示的至少一个范围化面包屑包括比所述范围化面包屑中的所有节点少的节点)。由此可见,权利要求1、2、5请求保护的技术方案与对比文件1公开的技术方案实质上相同,且所属技术领域的技术人员根据上述两个技术方案可以确定,该权利要求请求保护的技术方案与对比文件1公开的技术方案能够适用于相同的技术领域,解决相同的技术问题,并具有相同的预期效果,因此权利要求1、2、5请求保护的技术方案不具备《专利法》第二十二条第二款规定的新颖性。

权利要求11保护一种在范围化分层数据集中标识从根节点到所选节点的路径的系统,其保护的主题对应于权利要求1的一种在范围化分层数据集(70)中标识从根节点到所选节点的路径的方法,技术特征也与权利要求1相对应。基于评述权利要求1相应的理由,权利要求也不具备《专利法》第二十二条第二款规定的新颖性。

权利要求12—14、16、17请求保护一种用于在范围化分层数据集(70)中标识从根节点(72)到所选节点(76)的路径的系统(340),对比文件1(US 2006/0123361 A1)公开了一种在网络环境中分等级目录结构的面包屑路径组织系统,并具体包括如下内容(参见说明书第[0035]至[0052段],图1—9):目录集304是一个范围化分层数据集,产品目录306为根节点,相机型号Zennit-690MS为要选择的最终节点,搜索框中的所有相机(ALL Cameras)确定了一个搜索路径的范围(相当于路径的范围),路径202是根据各个等级目录选择的内容组成的路径面包屑列表,其中搜索范围内的各个目录节点都包含在路径202中,生成的上述路径202必然要调用图12中主存储器1204和ROM1206内存储的相应程序(存储器1204和

ROM1206 的结合相当于被配置成表示所述范围化分层数据集（348）的存储器（346），路径 202 中即相当于被配置成生成表示所述存储器中的范围化分层结构（348）内的路径的面包屑列表（354）的面包屑组件（342），范围的各个节点被聚集成范围化面包屑（262）；并且该系统必然包括被配置成显示所述面包屑列表的显示器组件）。通过内嵌面包屑目录选择按钮 206 可以激活该目录节点，展开内嵌面包屑目录 504 中内容，包括材料、镜头尺寸、保修期等同等级目录下的并列内容（相当于权利要求 14 中的显示器组件被配置成以折叠视图显示包括比所述范围化面包屑中的所有节点少的节点的至少一个范围化面包屑，按钮 206 相当于权利要求 16 中的被配置成接受表示激活面包屑的用户输入的输入组件，上述可展开的目录节点相当于权利要求 16 中的显示器组件被配置成在用户界面组件中呈现所述激活的面包屑内的节点）。图 7 中分层结构面板 702 是一个范围化面包屑中的从高到低的各个节点的折叠视图，通过分层结构选择按钮 602 展开节点，查看各个节点信息（相当于权利要求 17 中的被配置成显示所激活的面包屑内的节点的查看器）。由此可见，权利要求 12—14、16、17 请求保护的技术方案与对比文件 1 公开的技术方案实质上相同，且所属技术领域的技术人员根据上述两个技术方案可以确定，该权利要求请求保护的技术方案与对比文件 1 公开的技术方案能够适用于相同的技术领域，解决相同的技术问题，并具有相同的预期效果，因此权利要求 12—14、16、17 请求保护的技术方案不具备《专利法》第二十二条第二款规定的新颖性。①

---

① 专利申请人不服上述驳回决定并向国家知识产权局专利复审委员会提起复审请求，2014 年 12 月 25 日复审请求人提交了意见陈述书，修改了权利要求书。在权利要求 1 中增加特征"所述范围化分层数据集的至少一个范围是通过对所述范围化分层数据集中的节点进行分组而确立的"，删除特征"所述路径具有（接下页）

评 析

中国《专利法》第二十二条第一款规定，授予专利权的发明和实用新型，应当具备新颖性、创造性和实用性。新颖性、创造性和实用性是专利授权最为关键的条件，主要国家专利法均要求必须具备新颖性、创造性和实用性才能被授予专利权。中国《专利法》第二十二条第二款规定，新颖性，是指该发明或者实用新型不属于现有技术；也没有任何单位或者个人就同样的发明或者实用新型在申请日以前向国务院专利行政部门提出过申请，并记载在申请日以后公布的专利申请文件或者公告的专利文件中。专利法要求专利申请必须具有新颖性，旨在避免对已经存在的技术方案重复授予专利权。

（一）新颖性的判断主体

新颖性判断的判断主体是本领域技术人员。在知识产权领域，

（接上页）至少一个范围"；将特征"其中每个范围的各个节点被聚集成单个范围化面包屑"修改为"所述路径中属于相同范围的各节点被聚集成单个范围化面包屑"，并对权利要求11、12、18、19作相应修改。复审请求人认为，"面包屑路径面板选择器204"、"面包屑内嵌菜单选择器206"与修改后的权利要求1中的"通过对所述范围化分层数据集中的节点进行分组"而确立的"范围"没有任何关系，对比文件1并没有公开修改后的权利要求1中的全部技术特征。国家知识产权局专利复审委员会经审查认为，对比文件1中公开的聚集在面包屑路径面板选择器204中的链接（节点），以及聚集在面包屑内嵌菜单选择器206的链接（节点）都可以被视为"范围"，而与上述两个"范围"相关的概念分别是早期浏览过的并且现在不需要显示出来的、搜索相关的相机；而在本申请中权利要求以及说明书中，并没有关于范围更多的记载，例如如何划定范围等。因此，根据本申请中权利要求以及说明书的记载，"范围"只能理解为一个概念相关的集合，对比文件1所公开的"早期被浏览过的现在不需要显示的、搜索相关的相机"概念是该"范围"的一种实施方式。参见国家知识产权局专利复审委员会第88246号复审请求审查决定。

法律是在矛盾的利益之间寻求一种平衡，是在保护个人利益的方面以及鼓励投资和提高福利、传播知识和提高就业等造福社会的方面寻求合理的妥协。①对于专利制度而言，上述平衡更多地体现为公开换取垄断中二者之间的平衡：国家主持公平交易，在发明人的财产权保护与整个社会科技进步之间主持"衡平"与"约因"——国家尊重智力劳动者的自然权利，即一个智力劳动者，如果愿意公开自己的创造性技术信息，国家将补偿给权利人一定时间、一定空间的独占使用权，使其继续保持因该技术而拥有的生产优势地位。②而上述平衡判断的逻辑起点在于所属领域技术人员的理解。虽然本领域技术人员的定义出现在《专利审查指南》的创造性章节，但是本领域技术人员作为判断主体应当贯穿于专利法的始终。③本领域技术人员旨在于提高判断客观性。也就是说，在新颖性判断时，需要判断专利申请与现有技术相比，技术领域、所解决的技术问题、技术方案和预期效果是否实质上相同，上述判断亦应当从本领域技术人员这一判断主体出发。

本领域技术人员，对于本领域的公知常识和现有技术的了解程度是有所不同的：知晓申请日或者优先权日之前发明所属技术领域所有的普通技术知识，能够获知该领域的所有的现有技术。也就是说，并非本领域公知常识的现有技术，需要在具有明确指引的条件下才能构成"能够获知"。从而，在新颖性判断中，对于隐含公开内容的认定，可以结合本领域的公知常识，但一般不能结合本领域的其他现有技术。

---

① David Bainbridge, *Intellectual Law* (4th), Financial Times Pitman Publishing 1999, p.12.
② 徐煊："专利权垄断性的法哲学分析"，载《中国法学》2002年第4期。
③ 国家知识产权局专利复审委员会：《现有技术与新颖性》，知识产权出版社2004年版，第340—344页。

（二）实质相同的判断

《专利审查指南》第二部分第四章规定，被审查的发明或者实用新型专利申请与现有技术或者申请日前由他人向专利局提出申请并在申请日后（含申请日）公布的（以下简称申请在先公布在后的）发明或者实用新型的相关内容相比，如果其技术领域、所解决的技术问题、技术方案和预期效果实质上相同，则认为两者为同样的发明或者实用新型。新颖性的判断标准在于，"属于现有技术"或者"同样的发明或者实用新型"。同时，"属于现有技术"或者"同样的发明或者实用新型"要求，技术领域、所解决的技术问题、技术方案和预期效果均实质相同。但是，在上述构成要素中，技术方案是核心要素，应当首先加以判断。通常而言，一项技术方案所能解决的技术问题和达到的技术效果是客观存在的，针对不同现有技术所要解决的技术问题和达到的预期效果会不同。在新颖性判断中，并不能仅仅依据说明书对于所要解决的技术问题和预期效果的描述进行判断，而是应当根据上述所属领域技术人员的判断水平加以判断。在进行新颖性判断时，应当将权利要求中所记载的所有技术特征作为一个整体加以考虑，而不能仅仅针对特征部分的技术特征进行对比判断。现有技术所公开的技术内容不仅包括明确记载在对比文件中的内容，而且包括对于所属技术领域的技术人员来说，隐含的且可直接地、毫无疑义地确定的技术内容。但是，不得随意将对比文件的内容扩大或缩小。也就是说，对于隐含公开的内容，应当按照本领域技术人员直接地、毫无疑义地确定的内容加以判断。只有在下述情况下方能构成隐含公开：上述技术特征是相关技术方案必不可少的组成部分，并且只要提高该技术方案，本领域技术人员必然想到该技术特征并且不存在其他疑义。

在"用于范围化分层数据集的用户界面"发明专利申请驳回案

中，如果权利要求请求保护的技术方案的全部特征都被某一对比文件公开，且两者都属于相同的技术领域，解决了相同的技术问题，并都能获得相同的技术效果，则该权利要求所要求保护的技术方案不具备新颖性。针对专利申请人关于对比文件1没有揭示权利要求1中的技术特征"范围化"和"范围的各个节点（76、78）被聚集成范围化面包屑（168）"的主张，对比文件1图3中的目录集304是一个范围化分层数据集，产品目录306为根节点，相机型号Zenit-680MS为要选择的最终节点，搜索框中的所有相机（ALL Cameras）确定了一个搜索路径的范围，显示条202中从数码相机到最后的Zenit-680MS即为范围化分成数据集的一个范围。如申请文件中图4A，将某些相近层级中的数据划分为在一起即为范围化过程，如节点B、C、D、E即为一个范围。因此，对比文件1中的显示条202中从数码相机到最后的Zenit-680MS即为范围化分成数据集的一个范围。图3中的完整目录304显示从根节点到最终节点，其中的一个范围202是根据各个等级目录选择的内容组成的路径面包屑列表，聚集显示在了屏幕上，其他节点信息可以暂时隐藏也可以完整显示，相当于范围的各个节点（76、78）被聚集成范围化面包屑（168）。因此对比文件1公开了技术特征"范围化"和"范围的各个节点（76、78）被聚集成范围化面包屑（168）"，本申请权利要求1要求保护的技术方案与对比文件1公开的技术方案实质上相同。在进行新颖性判断时，应当首先判断被审查专利申请的技术方案与对比文件的技术方案是否实质上相同，如果专利申请与对比文件公开的内容相比，其权利要求所限定的技术方案与对比文件公开的技术方案实质上相同，所属技术领域的技术人员根据两者的技术方案可以确定两者能够适用于相同的技术领域，解决相同的技术问题，并具有相同的预期效果，则认为两者为同样的发明或者实用新型。因此，本申请权利要求1要求保护的技术方案与对比文件1公开的技术方案属于同样的发明。

（三）优先权制度的法律适用

在新颖性判断中还需要注意到优先权制度的法律适用。根据《专利法》第二十九条的规定，专利申请人可以享有外国优先权和本国优先权。就法律规定的角度而言，根据《专利法》《专利法实施细则》以及《专利审查指南》的规定，"优先权日"这一概念的正确界定是指"第一次提出申请之日"。首先，《专利法》第二十九条规定："申请人自发明或者实用新型在外国第一次提出专利申请之日起十二个月内，或者自外观设计在外国第一次提出专利申请之日起六个月内，又在中国就相同主题提出专利申请的，依照该外国同中国签订的协议或者共同参加的国际条约，或者依照相互承认优先权的原则，可以享有优先权。"上述规定是界定优先权的主要法律依据。进一步结合《专利法实施细则》第三十一条的规定："申请人依照《专利法》第三十条的规定要求外国优先权的，申请人提交的在先申请文件副本应当经原受理机构证明。依照国务院专利行政部门与该受理机构签订的协议，国务院专利行政部门通过电子交换等途径获得在先申请文件副本的，视为申请人提交了经该受理机构证明的在先申请文件副本。要求本国优先权，申请人在请求书中写明在先申请的申请日和申请号的，视为提交了在先申请文件副本。"《专利审查指南》第一部分第三章第5.2节规定："申请人要求享有优先权应当符合《专利法》第二十九条第一款、第三十条，《专利法实施细则》第三十一条、第三十二条第一款以及巴黎公约的有关规定。根据《专利法》第二十九条第一款的规定，外观设计专利申请的优先权要求仅限于外国优先权，即申请人自外观设计在外国第一次提出专利申请之日起六个月内，又在中国就相同的主题提出外观设计专利申请的，依照该外国同中国签订的协议或者共同参加的国际条约，或者依照相互承认优先权的原则，可以享有优先权。根据《专利法实施细则》第三十二条第一款的规定，申请人在一件外观设计专利申请中，可以要求一项或者多项优先权。初步审查中，对多项优先权的审查，应当审查每一项优先权是否符合本章的有关规定。"

进一步结合《保护工业产权巴黎公约》的相关规定加以理解，《保护工业产权巴黎公约》第四条之一关于优先权制度的规定，"正常的国内申请，指能够确定在该国家中提交申请日期的一切申请……"[①]可见，优先权制度所关注的问题是，基于各个国家专利权互相独立的前提下，[②]由于当事人很难同时向所有《保护工业产权巴黎公约》缔约国提出申请，而当事人在向某一个缔约国提出第一次申请之后，在考虑选择后随后向其他缔约国分别就同一发明创造提出申请时，在这前后两次申请的期间之内，可能会有第三人将该技术方案或者设计方案公开使用、发表或以其他形式使之于公众可获得，如果该当事人不能援引优先权，则会对该当事人造成实质上的不公平，于第一次提出申请之后，丧失了向其他国家提出申请的机会。也就是说，优先权制度的本意在于，当事人在提出第一次申请之后，其后该当事人第二次提出申请，[③]在这两个事件先后发生的时间点之间，第三

---

① 《巴黎公约》中相应原文为："Consequently, any subsequent filing in any of the other countries of the Union before the expiration of the periods referred to above shall not be invalidated by reason of any acts accomplished in the interval, in particular, another filing, the publication or exploitation of the invention, the putting on sale of copies of the design, or the use of the mark, and such acts cannot give rise to any third-party right or any right of personal possession. Rights acquired by third parties before the date of the first application that serves as the basis for the right of priority are reserved in accordance with the domestic legislation of each country of the Union."
② 即《巴黎公约》第四条之二所规定的专利权独立性原则。
③ 此处该第二次申请是在《巴黎公约》规定的期限之内提出的。

人对该信息的公开，不能对该当事人向其他缔约国提出申请构成威胁，即如果有第三人公开了相同的内容，不能认为这一事件影响或破坏该当事人的在后申请。①

在中国法律实践中存在着对优先权含义的不同认识。在"手机"无效纠纷一案中，某外观设计专利援引一外国申请为优先权，该被援引作为优先权基础的在先申请是位于另一时区的A国2004年8月17日的专利申请。请求人提交的公证书中载明公开该手机外观设计的部分网页，该网页上表示的公开时间系北京时间2004年8月17日9时45分27秒。专利复审委员会认定该证据的公开时间为北京时间2004年8月17日9时45分27秒，此事件的发生时间为A国的法定时间2004年8月16日，②该时间处于涉案外观设计专利优先权日之前，即该公证书表明该网页所记载外观设计其公开这一事件发生先于本专利优先权日，进而认定该网页所公开的外观设计与涉案外观设计专利相近似，从而宣告涉案外观设计专利无效。北京市第一中级人民法院和北京市高级人民法院认为，该公证书中所记载的外观设计在中国网站上传，上传时间为北京时间2004年8月17日9时45分27秒，可知该设计的公开时间是2004年8月17日，与涉案外观设计的优先权日为同一日，故不能作为本专利的在先设计，不能用来评价本专利的新颖性。将北京时间2004年8月17日9时45分27秒转换为A国法定时间2004年8月16日再与本专利优先权日进行比较没有法律依据。③

---

① 即，如果在后申请的国家采用的是先申请制，那么本段中所述的第三人公开的信息不能构成第二次申请的现有技术。

② A国专利局认可并执行的时间由于所处时区而晚于北京时间12小时。

③ 参见国家知识产权局专利复审委员会第10616号无效宣告请求审查决定、北京市第一中级人民法院（2008）一中行初字第437号行政判决书和北京市高级人民法院（2009）高行终字第232号行政判决书。

实际上，在 A 国法定时间 2004 年 8 月 17 日他人提出与本申请相同主题的在先专利申请 A，就查明的事实而言，公证书中的网络证据所载明的设计内容公开时间在这一在先专利申请 A 申请之前公开，即在先设计公开这一事件发生在先。按照一审法院判决的观点，发生在作为优先权基础的第一次专利申请之前公开的事实，不能成为在后专利申请的现有技术，①其法律适用显然违背了优先权制度的本意。在特定情况下，如果一律不考虑时差问题，那么可能出现发生在作为优先权基础的第一次专利申请之前的事件，反而不能成为在后专利申请的现有技术的问题。

---

① 中国采用先申请制，以申请日为分界点区分某一事实是否能用来评价该专利的专利性。

5. 发明专利权利要求创造性判断

——苹果公司"通过在解锁图像上执行姿态来解锁设备"发明专利申请驳回案

案件索引：国家知识产权局针对200910175855.7号发明专利申请的驳回决定

基本案情

2006年11月30日，苹果公司向中国国家知识产权局提出"通过在解锁图像上执行姿态来解锁设备"发明专利申请，该专利申请的优先权日为2005年12月23日，是200680052770.4号发明专利申请的分案申请。其权利要求1为，"一种解锁手持电子设备的方法，所述手持电子设备包括触敏显示器，所述方法包括：检测在相应于解锁图像的第一预定位置与触敏显示器的接触；按照在保持与触敏显示器的持续接触的同时所述接触的移动，在触敏显示器上移动所述解锁图像；及如果所述在触敏显示器上移动所述解锁图像导致该解锁图像从第一预定位置移动到触敏显示器上的预定解锁区域，解锁所述手持电子设备。"

2011年7月20日，国家知识产权局专利实质审查部门发出审查意见通知书，引用US5821933A号美国专利申请（公开日为1998

年10月13日，以下简称对比文件1）和WO2005041020A1号PCT国际专利申请（公开日为2005年5月6日，以下简称对比文件2）两篇对比文件评价权利要求的创造性。同时认为，分案对说明书的修改不符合《专利法实施细则》第四十三条第一款的规定。2012年2月7日，专利申请人提交了意见陈述书，并修改了专利申请文件。其主要认为，对比文件1并没有公开或暗示"解锁手持电子设备"，对比文件中的"编码图标"并不对应于本申请中的"解锁图像"。

2012年6月26日，国家知识产权局专利实质审查部门再次发出审查意见通知书，指出权利要求不具备创造性。主要理由是，虽然对比文件1没有公开"解锁手持电子设备"，但是解锁操作本身也就是一种解除功能限制的操作，或者说限制功能本身可以认为是部分上锁。2012年11月16日，专利申请人提交了意见陈述书，主要理由是对比文件1并没有公开或暗示"解锁手持电子设备"，对比文件中的"编码图标"并不对应于本申请中的"解锁图像"，使用单个图标是与对比文件1所教导的"按顺序使用两个或多个图标来创建安全密码"相违背的。

2013年4月9日，国家知识产权局专利实质审查部门针对200910175855.7号发明专利申请作出驳回决定，以权利要求1—17不具备创造性、不符合《专利法》第二十二条第三款为由驳回了该专利申请。

决定与理由

国家知识产权局专利实质审查部门经审查认为，权利要求1请求保护一种解锁手持电子设备的方法。对比文件1公开了一种在图形界面上对限制功能访问的方法,并具体公开了(参见说明书第3栏第61行至第5栏第30行,附图2)限制功能是指在用户可以访问限制功能前,要求提供密码(目标序列)。屏幕上就会显示目标图标262和编码图标160。用户使用选择设备(鼠标)以序列方式选择一个或多个编码图标。用户可以将编码图标拖拽到编码图标位置260。如果用户选择图标序列与目标图标序列相同,则可以使用限制功能。相当于移动所述解锁图像;及如果移动所述解锁图像导致该解锁图像从第一预定位置移动到预定解锁区域,解锁电子设备。所述解锁图像是一个图形交互式用户界面对象,用户可以与该图形交互式用户界面对象交互以解锁手持电子设备。由此可见,权利要求1相比于对比文件1,其区别在于:权利要求1用于解锁手持电子设备,并且检测在相应于解锁图像的第一预定位置与触敏显示器的接触;按照在保持与触敏显示器的持续接触的同时所述接触的移动。

虽然对比文件1没有明确说明用于解锁手持电子设备,但是对所属领域技术人员来讲,解锁本身也就是限制访问设备的一种方式。同时对比文件2(WO2005/041020A1)公开了(参见权利要求1)一种用于移动属于电子装置(10、40)的用户接口的第一快捷键(21—28b)和第二快捷键(21—28b)的内容的方法(31、32、33、35、36、37),借助于拖放方法(33、35、36、37)将该第一快捷键和该第二快捷键的内容在它们相互之间进行移动。也就是公开了一种在手持电子设备上进行图像移动的操作。隐含公开了检测在相应于解锁图像的第一预定位置与触敏显示器的接触;按照在保持与触敏显示器的持续接触的同时所述接触的移动,在触敏显示器上移动所述解锁图像。对所属领域的技术人员来讲,对比文件2给出了在移动电子设备上进行图像拖拽的启示。因此易于想到将对比文件1中进行拖拽图像进行解锁的方法应用于移动电子设备上,从而得到权利要求 1 所要求保护的技术方案。因此对于所属领域技术人员来讲，对比文件 1 和对比文件 2 的结合是显而易见的，权利要求 1 不具有突出的实质性特点和显著的进步，因而不具有创造性。

同时指出，权利要求 7 请求保护一种便携电子设备。对比文件 1 公开了一种在图形界面上对限制功能访问的方法，并具体公开了（参见说明书第 3 栏第 61 行至第 5 栏第 30 行，附图 2）限制功能是指在用户可以访问限制功能前，要求提供密码（目标序列）。屏幕上就会显示目标图标 262 和编码图标 160。用户使用选择设备（鼠标）以序列方式选择一个或多个编码图标。用户可以将编码图标拖拽到编码图标位置 260。如果用户选择图标序列与目标图标序列相同，则可以使用限制功能，相当于移动所述解锁图像；如果移动所述解锁图像导致该解锁图像从第一预定位置移动到预定解锁区域，解锁电子设备。所述解锁图像是一个图形交互式用户界面对象，用户可以与该图形交互式用户界面对象交互以解锁手持电子设备。由此可见，权利要求 7 相比于对比文件 1，其区别在于：权利要求 7 具有触敏显示器、存储器、一个或多个处理器及一个或多个模块，存储在存储器中并被配置成由所述一个或多个处理器执行。同时其用于解锁手持电子设备，并且检测在相应于解锁图像的第一预定位置与触敏显示器的接触；按照在保持与触敏显示器的持续接触的同时所述接触的移动。与权利要求 1 的评述理由相同，权利要求 7 与对比文件 1、对比文件 2 和公知常识的结合相比显而易见，权利要求 7 不具备创造性。

评 析

中国《专利法》第二十二条第三款规定，创造性，是指与现有技术相比，该发明具有突出的实质性特点和显著的进步。创造性的概念产生较晚，西方国家在建立专利制度的初期都只规定了新颖性条件，随着专利制度的发展，各国逐渐意识到需要增加一个比新颖性要求更高的授权条件。1952年美国《专利法》率先增加了有关创造性的条款，其他国家和地区也纷纷增加类似规定。应当说，专利法要求专利申请必须具有创造性，旨在解决三个问题：如果发明本身不具备创造性，发明过程不是很困难，发明高度比较低，那么不需要专利法的激励机制加以激励；对于不具备创造性的发明授予专利权，会损害真正具有创造性的发明人的创新积极性；创造性高度过低会导致低水平专利泛滥，增加社会的检索和许可成本。[1]

（一）创造性判断的基本思路

在判断发明或者实用新型是否具有创造性时，通常采用的判断方法是三步法：确定最接近的现有技术，确定发明的区别特征和发明实际解决的技术问题，判断要求保护的发明对本领域的技术人员来说是否显而易见。其中，在判断要求保护的发明对本领域的技术人员来说是否显而易见的过程中，需要对于现有技术中是否存在技术启示加以判断。在上述三个步骤中，前两个步骤取决于检索现有技术以及将检索的现有技术与发明进行对比的结果，判断结果比较客观，受主观因素的影响很小，创造性判断的难点在于第三步，即存在何种技术启示。[2]

就解释论的角度而言，技术启示使得本领域的技术人员面对所述技术问题时，有动机改进该最接近的现有技术并获得要求保护的

---

[1] Robert M. Merges & John F. Duffy.*Patent Law and Policy: Cases and Materials* (Third Edition), Lexis Nexis,2002, pp.646–647.

[2] 国家知识产权局专利复审委员会编著：《专利复审委员会案例诠释——创造性》，知识产权出版社2006年版，第226—227页。

发明。并且《专利审查指南》规定了三种具有技术启示的情形，其中第三种情形为，所述区别技术特征为另一份对比文件中披露的相关技术手段，该技术手段在该对比文件中所起的作用与该区别特征在要求保护的发明中为解决该重新确定的技术问题所起的作用相同。也就是说，如果区别技术特征为另一份对比文件中披露的相关技术手段，该技术手段在该对比文件中所起的作用与该区别特征在要求保护的发明中为解决该重新确定的技术问题所起的作用相同，那么本领域技术人员即有动机改进该最接近的现有技术并获得要求保护的发明。不能简单地认为，技术启示是一种主观上的意愿和能力，而应当认为，在对比文件披露相关技术手段的情况下，即可认定现有技术存在技术启示。就立法论的角度而言，在中国专利制度体系下，创造性判断的基本出发点在于，客观地判断申请人对于现有技术做出的实质贡献。亦即，在所述区别技术特征为另一份对比文件中披露的相关技术手段，该技术手段在该对比文件中所起的作用与该区别特征在要求保护的发明中为解决该重新确定的技术问题所起的作用相同的情况下，申请人对于现有技术并未作出实质贡献，基于公开换取垄断的基本专利法原理以及中国专利制度的情况，不应当认定该权利要求具备创造性。

（二）技术启示的判断

现有技术的结合是否存在技术启示，应当考虑对于本领域技术人员而言，是否有令人信服的理由想到将这些对比文件中所记载的技术方案结合在一起。《专利审查指南》将上述技术启示的外延界定为，所述区别特征为公知常识，所述区别特征为与最接近的现有技术相关的技术手段，所述区别特征为另一份对比文件中披露的相关技术手段，该技术手段在该对比文件中所起的作用与该区别特征在要求保护的发明中为解决该重新确定的技术问题所起的作用相同。

在上述技术启示的三种情形中，第一种情形的认定难点主要涉及公知常识的认定问题，第二种和第三种情形的认定难点主要涉及其他技术方案中技术启示的认定问题。

对于创造性认定中的技术启示判断，应当立足本领域技术人员的理解，结合技术领域、需要解决的技术问题、技术方案的构成以及产生的技术效果四个方面考虑现有技术是否给出某种技术启示。也就是说，本领域技术人员通过阅读现有技术之后，结合自身知晓的本领域技术知识，能够明确得出某种技术内容，或者由此能够明确推断某种技术内容，或者根据本领域的技术知识能够判断应当存在但未明确记载某种技术内容，并且上述技术信息能够使得本领域技术人员在面对所述技术问题时，改进现有技术并获得要求保护的权利要求的技术方案，则可以认为现有技术给出了解决某种技术问题的技术启示。在其他技术方案所具有的技术启示的认定中，关键不在于本领域技术人员是否能够实现争议专利提出的主题，而在于本领域技术人员在解决所存在的技术问题时，是否会这样做。[1]

具体到"通过在解锁图像上执行姿态来解锁设备"发明专利申请驳回案，对比文件1是图形用户界面上受限制功能的可视化访问方法，权利要求1是解锁手持电子设备方法，虽然对比文件1没有明确提出将一个电子设备从锁定状态切换到或者转换到解锁状态，但是对比文件1中"如果序列与被分配给限制功能的目标序列匹配，则允许访问限制功能"，实际上由锁定到解锁的过程也是一个由不允许到允许对限制功能访问的过程，例如本领域技术人员知晓视窗操作系统登录后的解锁中同样需要利用密码解锁。应当说，在本领域

---

[1] 国家知识产权局专利复审委员会编著：《专利复审委员会案例诠释——创造性》，知识产权出版社2006年版，第234—235页。

受限制的功能包含了宽泛的含义，对比文件1中在拖动图标解除对功能限制的过程中与系统默认的拖动文件图标到回收站进行删除的功能冲突，这只是举例说明，并不排斥受限制功能是设备解锁功能。因此，权利要求1相对于对比文件1和对比文件2的结合不具备创造性。

（三）公知常识的认定

在技术启示的判断过程中，还涉及公知常识的认定。公知常识的认定属于一种类似于司法认知的行政认知行为。公知常识证据与公知常识之间的关系，属于认知关系，而非证明关系。首先，就认知制度的法律渊源而言，行政认知乃至司法认知这一概念或可追溯到罗马法上的"显著之事实，无须证明"，或英美法学者所普遍接受的市民法和教会法上的"已经知道的无须证明"[1]。根据《美国联邦证据规则》第二百零一条的规定，对于属于裁判性事实范围内的（1）审判法院辖区内众所周知的事实和（2）通过借助某种其准确性不容置疑的来源而能够准确和易于确定的事实，可以进行司法认知。[2]其次，就认知制度的内在逻辑而言，中国《最高人民法院关于行政诉讼证据若干问题的规定》第六十八条第一项和第二项规定的"众所周知的事实"和"自然规律及定理"，均属于司法认知的范畴；在行政程序中也存在类似于司法认知的行政认知，即行政机关直接认定众所周知的事实和根据无可争辩的渊源容易确定的事实，将其作为作出行政裁决的依据。[3]再次，就认知制度的法律适用而言，公

---

[1] 周萃芳：《司法认知论》，中国人民公安大学出版社2008年版，第11—12页。
[2] 〔美〕罗纳德·J.艾伦、理查德·B.库恩斯、埃莉诺·斯威夫特：《证据法文本、问题和案例（第3版）》，张保生、王进喜、赵滢译，高等教育出版社2006年版，第880页。
[3] 孔祥俊："审理专利商标复审行政案件适用证据规则的若干问题"，载《法律适用》2005年第4期。

知常识是本领域技术人员普遍知晓的技术内容，众所周知的事实是一般民众普遍知晓的事实内容，公知常识之于本领域技术人员，与众所周知的事实之于一般民众，其法律地位实属相同。

具体到"通过在解锁图像上执行姿态来解锁设备"发明专利申请驳回案，由于以任意期望路径移动图像和以预定通道移动图像属于本领域的常见功能，本领域技术人员知晓其实现方式并能够将该功能加以运用，因此以任意期望路径移动图像和以预定通道移动图像属于本领域的公知常识，本领域技术人员在对比文件1基础上结合对比文件2和公知常识给出的技术启示，可以不经过创造性劳动得出权利要求2、3请求保护的技术方案，权利要求2、3亦不具备《专利法》第二十二条第三款规定的创造性。

6. 发明专利权利要求实用性判断

——西门子公司"控制胶囊内窥镜运动的方法"发明专利申请驳回案

案件索引：国家知识产权局针对200980113659.5号发明专利申请的驳回决定

基本案情

2009年3月25日，西门子公司向国家知识产权局提出发明名称为"控制胶囊内窥镜运动的方法"的PCT发明专利申请。2010年10月14日，专利申请人对申请文件进行了修改。2011年9月28日，国家知识产权局专利实质审查部门发出第一次审查意见通知书，指出对权利要求7和说明书的修改不符合《专利法》第三十三条的规定等。2012年2月1日，专利申请人提交了意见陈述书，修改了申请文件。4月11日，专利实质审查部门发出第二次审查意见通知书。6月20日，专利申请人提交了意见陈述书，修改了申请文件。

2012年8月1日，专利实质审查部门发出第三次审查意见通知书，指出权利要求1—7不具备实用性。主要理由是，权利要求1—7要求保护的技术方案是一种介入操作，涉及非治疗目的的外科手术方法，不具备实用性。2012年12月17日，专利申请人提交了意见陈述书，认为，本申请权利要求1—7的方法不满足《专利审查指南》对外科手术方法的定义，同时不满足《外科手术部位感染预防与控制技术指南（试行）》和维基百科对外科手术的定义和描述。

2013年2月5日，国家知识产权局专利实质审查部门针对200980113659.5号发明专利申请作出驳回决定，以权利要求1—7不具备实用性、不符合《专利法》第二十二条第四款为由驳回了该专利申请。

决定与理由

国家知识产权局专利实质审查部门经审查认为，权利要求1—7所要求保护的技术方案不符合《专利法》第二十二条第四款有关实用性的规定。上述权利要求所要求保护的是一种借助一磁系统（8）对一胶囊内窥镜（10）的运动进行控制的方法，根据申请文件中权利要求记载的内容："所述磁系统（8）向所述胶囊内窥镜（10）施加一个与所述频率（f0）同周期且与所述运动信号（22a，22b）方向相反的力（F）"可以判断该权利要求需要在患者体内控制胶囊内窥镜的移动，其实质上还是一种介入操作。因此，由于以有生命的人为实施对象，实质上涉及非治疗目的的外科手术方法，无法在产业上使用，因而不具备实用性。

关于专利申请人的意见，其认为，本申请的方法没有对人体或者动物体形成创伤，理应不属于"对人体或者动物体实施的……创伤性治疗或处置的方法"。关于另外一种可能性"对人体或者动物体实施的……介入性治疗或处置的方法"，一方面本申请权利要求1—7的方法没有对患者的胃部进行治疗，所以不是介入性治疗方法；另一方面，本申请权利要求1—7的方法只是控制胶囊内窥镜在患者的中空器官（例如胃部）内运动，没有对患者的胃部进行处置，所以也不是介入性处置的方法。由此，本申请权利要求1—7的方法不是涉及非治疗目的的外科手术方法，可以在产业上使用，具备《专利法》第二十二条第四款规定的实用性。

对此，国家知识产权局专利实质审查部门认为，《专利审查指南》第二部分第一章对"外科手术方法"给出了明确的定义，也就是使用器械对有生命的人体或者动物体实施的剖开、切除、缝合、纹刺等创伤性或者介入性治疗或处置的方法。本申请借助一磁系统（8）对一胶囊内窥镜（10）的运动进行控制的方法属于介入性处置方法，是一种外科手术方法，因此不符合《专利法》第二十二条第四款规定的创造性。

评　析

中国《专利法》第二十二条第四款规定，实用性，是指该发明或者实用新型能够制造或者使用，并且能够产生积极效果。申请专利的技术方案必须是能够在产业中加以应用的技术方案，不能是抽象的、纯粹理论的、只能在思维上加以运用的内容，必须能在实际产业中加以制造生产并产生积极的预期效果。

（一）不同国家和地区实用性判断的基本思路

不同国家对实用性的法律规定和适用存在较大差别。美国《专利法》第一百零一条对实用性做出了原则性的规定，亦即："任何人发明或者创造了任何新的并且有用的方法、机器、制造品或者合成物，或其任何新的并且有用的改进，只要其符合专利法的条件和要求,都可以获得专利保护。"上述条文中的"有用的"即为实用性要求的基本法律依据。就美国实用性判断的实务而言,经历了一定的发展历程。上述发展历程主要有三个标志:美国最高法院布伦纳诉曼森案判决[1]、美国联邦巡回上诉法院布里安娜上诉案判决[2]和美国专利商标局颁布《实用性审查指南》。美国最高法院布伦纳诉曼森案判决中认为,"专利不是狩猎执照。专利不是对研究探索的奖赏,而是对研究探索获得的成功结果的报酬。'专利制度是与商业世界而非智慧王国相关联的事物。'"该判决在一定程度上提高了美国《专利法》上有关实用性的标准。美国联邦巡回上诉法院在布里安娜上诉案判决中认为,在发明缺乏本领域已知用途时,申请人在专利说明书中必须给出一个特定的、可信的用途,但是省略了美国最高法院在布伦纳诉曼森案中提出的"实质性用途"要求。降低实用性标准直接使得美国生物化学领域的发明专利申请迅猛上升。在这一背景下,美国专利商标局2001年颁布《实用性审查指南》。该《实用性审查指南》明确将存在"实质性"用途作为实用性的要求,要求具有特定的、实质的和可信的用途。从而,不具有实用性的情形主要包括两种,第一种形式是发明的"实用性"不明显,其原因是申请人没有确定发明的任何一种明确的和真实存在的实用性,或者没有公开足够信息使得技术领域的技术人员确认发明显然是有用的;另一种形式是由于申请人提供的实例太少以至于所描述的发明的明确和真实存在的实用性不可信。

例如,某案件的说明书记载,发明涉及通过施用有效量的化合物A来抑制和延缓衰老。权利要求书为:"1.一种抑制衰老的方法,

---

[1] Brenner v. Manson, 383 U.S. 519(1966).

[2] In re Brana, 51 F.3d 1560(1995).

包括给病人施用其需要的有效量的化合物 A。2. 一种延缓衰老的方法，包括给病人施用其需要的有效量的化合物 A。"实用性判断步骤分析如下：（1）是否具有公认的实用性。由于每个权利要求都涉及了具有明确用途的方法，每个权利要求的实用性均被限于这个明确的用途，但审查员得不出权利要求的方法中所使用的化合物具有"公认的实用性"的结论。因此，对这个问题的答案是"否"。（2）是否描述了对要求保护的发明的实用性。答案是"是"，即抑制或延缓衰老的方法。（3）描述的实用性是否明确的。使用化合物 A 的方法要求具体使用单一的特定化合物，因此实用性是明确的。（4）描述的实用性是否真实存在。抑制和延缓衰老这两种方法都清楚地定义了一种真实存在的用途，因此，实用性是真实存在的。（5）所描述的"明确和真实存在的实用性"是否可信。因为至今为止，没有资料说明或预期能抑制或延缓衰老，并且在说明书中也没有实施例或其他证据说明这些权利要求是可信的，基于说明书的描述，得出实用性是不可信的结论。从上述分析得出结论：运用美国《专利法》第一百零一条予以驳回。应当注意的是，如果在说明书中说明了发明能够治疗与衰老有关的症状诸如皮肤褶皱，权利要求被修改清楚地说明了治疗衰老的症状或效果，则可避免被驳回。

  日本《专利法》和《欧洲专利公约》对实用性含义的表述形式与美国《专利法》中的类似，只是在日本专利法还将涉及人体的外科手术方法排除在专利保护范围之外，[①]《欧洲专利公约》将涉及人体和动物体的外科手术方法排除在外。《欧洲专利公约》第五十二条规定："人体或动物体的外科手术或治疗方法以及在人体或者动物体

[①] Hiroya Kawaguchi, *The Essentials of Japanese Patent Law: Cases and Practice*, Kluwer Law International 2007, pp.23–24.

上施行的诊断方法，不应被认为是属于第一款所称的能在产业上应用的发明。"

（二）中国实用性判断的基本思路

中国《专利审查指南》第二部分第五章列举了不具备实用性的几种情形，主要包括：（一）无再现性；（二）违背自然规律；（三）利用独一无二的自然条件的产品；（四）人体或者动物体的非治疗目的的外科手术方法；（五）测量人体或者动物体在极限情况下的生理参数的方法；（六）无积极效果。根据上述比较法研究结论可以得知，中国实用性判断标准较之美国、日本和欧盟更为严格。例如，美国和日本均对涉及以动物为对象的外科手术方法给予专利保护等。

通常而言，发明只要能产生说明书所声称的结果，即符合产业利用性的要素，也就是能达到其预设之目的。"产业利用"并不要求发明必须达到可以上市行销的程度，发明能依说明书操作产生发明人主张的结果或目的。发明完成要商业化，必须经过更复杂的发展技术工程，这种创新活动是企业家的工作，不应由发明人承担。所以专利法的实用性，不问发明是否达到商业化程度，也不在乎发明的经济或商业价值，发明的经济或商业价值应由市场来决定。由此可见，《专利法》第二十二条第四款所说的"能够制造或者使用"是指发明或者实用新型的技术方案具有在产业中被制造或使用的可能性。满足实用性要求的技术方案不能违背自然规律并且应当具有再现性。

因此，实用性判断中的核心在于，是否违背自然规律，是否不具有可再现性。只有立足这一点，中国实用性判定的基本准则方与其他国家具有类似的法律逻辑。至于人体或者动物体的非治疗目的的外科手术方法和测量人体或者动物体在极限情况下的生理参数的方法，则并非必然不具有创造性，需要结合案例具体分析。

另外，专利实用性与专利说明书是否公开充分具有严格的逻辑界限。其中，因不能制造或者使用而不具备实用性系由技术方案本身固有的缺陷引起的，与说明书公开的程度无关。需要补充的是，专利申请实用性的判断，应当立足权利要求书所请求保护的技术方案。对于说明书中记载的但是权利要求书不予以保护的技术方案，即使其违背自然规律或者不具有再现性，亦不宜认定涉案专利不具备实用性。需要补充的是，随着食品安全问题的日益突出，对于食品类发明专利申请和实用新型专利申请，应当对于食品是否具有毒副作用加以判断。如果食品类发明专利申请和实用新型专利申请具有明显危害人体的毒副作用，建议依照"无积极效果"认定其不具备实用性。

（三）中国实用性判断的法律实践

在法律适用中，不具有实用性的一类典型情形是无再现性或者违背自然规律。例如，在"超导循环使用电能动力机"发明专利申请驳回案中，该专利申请记载了一种超导循环使用电能动力机，在外部的电能充进其中一个超导储能电路中时，该超导脉冲储能电路中的超导线圈将其作为原始电能无损耗地储存起来，然后保持并向另一个超导脉冲储能电路的超导线圈放电。同理，该超导线圈也将电能无损耗储存起来，保持并向前一个超导脉冲储能电路的超导线圈放电，如此过程反复循环，便使储存的原始电能无损耗地反复循环使用，轮换产生电磁力，用电磁力对外做机械功，输出能量。国家知识产权局专利实质审查部门经审查认为，电能动力机使用磁力对外做功，必然消耗产生磁力的电能，这与输送电能的导线是超导体还是非超导体无关，磁力对外做功的数量不小于损耗的电能的数量，因此电能动力机无损耗的反复循环使用必然违反了能量守恒定律，涉案专利不具备实用性。[①]

在法律适用中，不具有实用性的另一类典型情形是人体或者动物体的非治疗目的的外科手术方法，或者测量人体或者动物体在极限情况下的生理参数的方法。例如西门子公司"控制胶囊内窥镜运动的方法"发明专利申请驳回案，权利要求1—7请求保护一种借助一磁系统（8）对一胶囊内窥镜（10）的运动进行控制的方法。根据说明书记载的内容，使用现有为内窥镜胶囊产生磁场的电磁线圈系统对患者胃部进行这种检查（即所谓的可控式胶囊内窥镜检查）时，"胶囊通常是漂浮在液体表面"，"胶囊在液体表面颠簸"，"胶囊的这种运动（即颠簸）对检查诊断质量会产生不利影响"，而"通过应用本发明的方法，可有效减弱磁导航胶囊内窥镜的周期性（即近似单频率的）振动"，可以看出，权利要求1—7的方案是为了减小胶囊内窥镜在患者中空器官内时器官内液体表面的表面波引起的胶囊振动，而且只有该内窥镜位于患者中空器官内时才会存在振动，从而产生权利要求1中检验的胶囊内窥镜的"运动信号中的周期性信号分量"。因此权利要求1—7所述的控制方法必然要在内窥镜处于患者中空器官内时进行；而且，本领域技术人员均了解，胶囊内窥镜是用于观察人体中空器官内部的情况，从而该内窥镜必然需要放入人体中空器官内；因此，所述权利要求1—7请求保护的方法必然包含将胶囊内窥镜放入人体内的中空器官这一操作。而且所述方案中包含"所述磁系统（8）向所述胶囊内窥镜（10）施加一个与所述频率（f0）同周期且与所述运动信号（22a，22b）方向相反的力（F）"，从而该方法包括在人体的中空器官内控制胶囊内窥镜的动作，因此

[①] 参见国家知识产权局针对01128349.1号发明专利申请作出的驳回决定、国家知识产权局专利复审委员会第8841号复审请求审查决定和北京市第一中级人民法院（2006）一中行初字第1104号行政判决书。

该方法是一种使用器械对有生命的人体实施的介入性处置的方法，属于外科手术方法，由于其未体现出治疗目的，因此，属于非治疗目的的手术方法，是以有生命的人或者动物为实施对象，无法在产业上使用，不具备《专利法》意义上的实用性。尤其是，虽然权利要求1—7中未明确记载所述胶囊内窥镜位于患者的一中空器官内，但是所述权利要求的方案是为了减小胶囊内窥镜在患者中空器官内时器官内液体表面的表面波引起的胶囊振动，而且只有该内窥镜位于患者中空器官内时才会存在振动，也才会产生权利要求1—7中要检验的胶囊内窥镜的"运动信号中的周期性信号分量"，另外，本领域技术人员均了解，胶囊内窥镜是用于观察人体中空器官内部的情况，从而该内窥镜必然需要放入人体中空器官内，因此，所述方案必然包含将胶囊内窥镜放入人体内的中空器官这一操作，是一种使用器械对有生命的人体实施的介入性处置的方法，属于外科手术方法。

发明专利的复审与确权

본대중소설을 읽는 재미

7. 专利复审程序中依职权审查原则的法律适用

——匹兹堡大学"苯并噻唑衍生物化合物、组合物及用途"发明专利申请复审请求案

案件索引：国家知识产权局专利复审委员会第24074号复审请求审查决定

基本案情

在匹兹堡大学"苯并噻唑衍生物化合物、组合物及用途"发明专利申请复审请求案中，涉及申请号为200480012503.5，名称为"苯并噻唑衍生物化合物、组合物及用途"的发明专利申请，申请人为匹兹堡大学，申请日为2004年3月15日，最早优先权日为2003年3月14日，公开日为2006年6月7日。

2008年9月5日，针对专利申请人于2005年11月8日进入中国国家阶段时提交的国际申请文件的中文文本的说明书第1—75页，附图第1—17页以及说明书摘要，2008年6月26日提交的权利要求第1—7项，国家知识产权局专利实质审查部门驳回了本申请。其理由是：权利要求1—7相对于对比文件1（WO0216333A2号PCT发明专利申请，公开日为2002年2月28日）等不具有创造性。

专利申请人（复审请求人）对上述驳回决定不服，于2008年

12月22日向中国国家知识产权局专利复审委员会提出了复审请求，并提交权利要求书全文替换页，其中将驳回决定所针对的权利要求书的权利要求4、5合并为新的权利要求4。

决定与理由

国家知识产权局专利复审委员会认为，复审请求人于2009年11月23日提交的权利要求书符合《专利法》第三十三条和《专利法实施细则》第六十条第一款的规定，因此，复审请求审查决定所针对的文本为，复审请求人于2005年11月8日进入中国国家阶段时提交的国际申请文件的中文文本的说明书第1—75页，附图第1—17页以及说明书摘要，2009年11月23日提交的权利要求第1—6项。

国家知识产权局专利复审委员会认为，权利要求4不满足充分公开的要求，导致其技术效果以及所解决的技术问题不能被确认，直接影响到合议组对驳回决定指出的创造性问题进行判断，故而在复审通知书中引入该缺陷进行审查。2009年8月10日，国家知识产权局专利复审委员会发出复审通知书，除指出权利要求不具备创造性的理由之外，同时指出说明书不符合《专利法》第二十六条第三款的规定。亦即，国家知识产权局专利复审委员会认为，权利要求4要求保护的具体化合物中，说明书仅仅给出了式7化合物的制备实施例（参见说明书合成实施例3）；而对于其他化合物，在本申请的说明书中并没有给出相应化合物的具体物化性能参数、其制备实施例以及效果实验数据，本领域技术人员依据说明书的描述无法确认请求人在本申请的申请日之前实际上已经制备得到上述化合物并对其用途和域效果进行了验证，因此说明书对这些化合物的描述无法满足充分公开的要求,从而不符合《专利法》第二十六条第三款的规定。

2009年11月23日,复审请求人提交了意见陈述书,同时修改了权利要求,修改了权利要求4,仅保留了化合物7。2010年6月21日,国家知识产权局专利复审委员会作出复审请求审查决定,以本申请不具备创造性为由维持驳回决定。

评 析

中国在1984年建立专利制度之初就建立了申诉制度,允许申请人对国家知识产权局作出的驳回专利申请的决定不服而提出申诉,专利复审委员会依申请人的请求进行复审是申诉制度的第一个环节。[①]中国《专利法》第四十一条规定:"国务院专利行政部门设立专利复审委员会。专利申请人对国务院专利行政部门驳回申请的决定不服的,可以自收到通知之日起三个月内,向专利复审委员会请求复审。专利复审委员会复审后,作出决定,并通知专利申请人。"这是专利复审制度的法律基础。

(一)不同国家和地区专利复审制度的定位

世界主要国家的专利复审制度定位存在类似之处,主要体现在行政救济制度和延续审查制度两个方面。从美、日、欧、德等多个国家和地区的复审程序来看,复审程序均为申请人提供了通过进一步陈述意见、补充证据、修改文件以获得最终授权的机会。主要国家在专利复审审查范围方面的不同规则主要源自对专利复审制度上

---

① 参见尹新天:《中国专利法详解》,知识产权出版社2011年版,第452页。

述两方面属性的理解不同而产生的，主要存在以日本和美国为代表的强调延续审查的立法例、以欧盟为代表的强调行政救济的立法例。可以说，专利复审程序的审查范围由专利复审制度具有的行政救济制度和延续审查制度这两方面属性决定。

比较而言，日本和美国更为强调专利复审制度所具有的延续审查制度属性。日本特许厅审判部认为驳回决定中的理由不妥当时，可以取消原驳回决定退回原审查部门重新审查。但在实务中，日本特许厅审判部通常进一步审理，依职权调查有无其他驳回理由，并可以依职权进行检索引入原驳回决定中没有引用的现有技术。如果没有发现新的驳回理由，或者复审请求人针对特许厅审判部告知的理由作出有说服力答复或者克服了有关缺陷，特许厅审判部可以撤销原驳回决定，作出本发明应授予专利权的决定。美国专利商标局专利申诉和抵触委员会可以根据审查员对权利要求作出决定的理由和依据推翻原审查决定，或者维持原审查决定，或者将申请发回原审查员继续审查。[1]当美国专利商标局专利申诉和抵触委员会发现未反对的权利要求明显存在驳回理由，即时这一驳回理由与驳回决定中的理由不同，委员会仍可以驳回原来未反对的权利要求。专利申诉和抵触委员会提出新的驳回理由时，可以根据申请人的要求由审查员重新进行实质审查或再次听证。[2]重新进行实质审查的情况下，申请人可以修改申请文件或提出新的证据，如被审查员驳回，可以提出申诉。

欧洲专利局则更为强调专利复审制度的行政救济属性。欧洲专利局申诉委员会在审理时一般会考虑程序节约原则和程序公正原则。

---

[1] 37CFR1.196(a).

[2] 37CFR41.50(a)(2)(i)，MPEP1214.01.

当这两个原则发生冲突时，一般优先考虑程序公正原则。①欧洲专利局申诉委员会可以依职权引入新的驳回理由和证据，但只要申诉人不同意，为保证当事人在程序上的基本权利，一般都会发回重审。②

（二）中国专利复审制度的本质属性

就中国专利复审制度的本质属性而言，专利复审制度具有类似行政复议的属性。具体而言，专利复审程序具有对专利实质审查部门驳回决定不服而启动的行政救济程序，对专利申请进行行政审批的延续审查程序这两方面属性。行政复议，是指行政相对人认为行政主体的具体行政行为侵犯其合法权益，依法向行政复议机关提出复查该具体行政行为的申请，行政复议机关依照法定程序对被申请的具体行政行为进行合法、适当性审查，并作出行政复议决定的一种法律制度。③行政复议具有如下特点：行政复议以行政相对方的申请为前提、行政管理相对方提出复议申请是因不服行政机关行政行为产生的、行政复议机关是依法有履行行政复议职责的国家行政机关、行政复议是行政机关处理行政争议的活动、行政复议的结果以行政决定表现出来、行政复议受到法定期限限制，因此具有行政性、职权性、监督性、程序性和救济性。④

相对于一般行政复议制度而言，专利复审制度具有制度设置法定性、制度价值复合性、审查程序综合性等特点。专利复审制度的制度设置法定性，是指不服国务院专利行政部门驳回申请的决定可以提出专利复审请求，启动专利复审程序，专利复审请求的启动理

---

① 欧洲专利局申诉委员会 T685/99 号复审决定，参见欧洲专利局网站。
② EPC 114(1).
③ 姜明安主编：《行政法与行政诉讼法（第六版）》，北京大学出版社、高等教育出版社 2015 年版，第 366 页。
④ 罗豪才主编：《行政法学》，北京大学出版社 1996 年版，第 356—358 页。

由、启动条件和受理主体具有法定性。同时,《国家知识产权局行政复议规程》第五条规定的"不能申请行政复议"情形的第一项为"专利申请人对驳回专利申请的决定不服的",因此,不服国务院专利行政部门驳回申请的决定的救济途径具有法定性,排除了一般行政复议等救济途径。在国务院专利行政部门的复议规程中也已经将对于专利审批这一具体行政行为不服的情形排在一般行政复议的受理范围之外。专利复审制度的制度价值复合性,是指专利复审制度兼具有行政救济的制度价值和延续审查的制度价值。正是基于上述两点,专利复审制度具有审查程序综合性,兼顾两种制度价值,综合两种制度属性。与一般行政复议制度相比,专利复审制度在提出请求的期限和审查的期限、补充证据材料的限制、决定的类型以及费用的负担等方面存在程序上的不同,上述不同恰恰是为了兼顾两种制度价值而设置的。

(三)中国专利复审制度中的依职权审查

基于复审程序具有的行政救济制度和延续审查制度这两方面属性,中国《专利审查指南》规定了专利复审请求审查制度和专利无效宣告请求审查制度普遍适用的原则,包括合法原则、公正执法原则、请求原则、依职权审查原则、听证原则和公开原则。其中,请求原则要求,复审程序和无效宣告程序均应当基于当事人的请求启动。依职权审查原则要求,专利复审委员会可以对所审查的案件依职权进行审查,而不受当事人请求的范围和提出的理由、证据所限制。在法律实践中,请求原则和依职权审查原则的关系以及法律适用是重要问题。需要指出的是,2006年《专利审查指南》之前,主要采用"避免审级损失"和"程序经济"两个审查原则结合"审查顺序"来指引在具体案件中把握复审程序具有的上述两方面属性,现行《专利审查指南》则更加明确地提出请求原则、依职权审查原则等审查原则，更加强调通过法律原则综合考量指导法律适用，以实现专利复审制度的制度本质。根据中国《专利审查指南》关于请求原则和依职权审查原则的规定，依职权审查应当在法定情形下进行。《专利审查指南》规定的依职权审查有三种类型：用在驳回决定作出前已告知过申请人的其他理由及其证据予以驳回的缺陷，与驳回决定所指出缺陷性质相同的缺陷，驳回决定未指出的明显实质性缺陷。

首先，用在驳回决定作出前已告知过申请人的其他理由及其证据予以驳回的缺陷。将这一情形列入依职权审查的情形旨在于防止驳回决定被撤销后，专利实质审查部门采用已经告知过专利申请人的其他驳回理由作出驳回决定，专利申请人只能再次启动复审程序所造成的程序不经济、加大专利申请人程序成本等问题。该情形准确适用的前提是，该理由和证据在驳回决定作出前的审查意见通知书中已经明确告知专利申请人。只有这样，才不会影响专利申请人陈述意见的权利，同时才能符合听证原则的基本要求。例如，在"具有生理活性的复方人参三醇皂苷及其制剂及用途"发明专利复审请求案[1]中，专利实质审查部门发出的第一次审查意见通知书指出了权利要求得不到说明书支持的缺陷，专利申请人对权利要求进行了修改，第二次审查意见通知书则指出上述修改超出了原申请文件记载的范围，并以此为由驳回该专利申请。专利申请人提出复审请求时将权利要求修改回原始文本，国家知识产权局专利复审委员会既认定本申请其符合《专利法》第三十三条规定，同时认定其符合《专利法》第二十六条第四款的规定，并撤销了驳回决定。

其次，与驳回决定所指出缺陷性质相同的缺陷。该类情形主要是认定该缺陷过程中采用的理由和证据与驳回决定所依据的理由和

---

[1] 参见国家知识产权局专利复审委员会第17480号复审请求审查决定。

证据相同，采用的事实与驳回决定所依据的事实类似，涉及的范围与驳回决定所涉及的范围不同。其中所述的理由是法律依据、主观认识和事实理由的集合，其约束了一个无效宣告请求的审理范围和审查内容。①

最后，驳回决定未指出的明显实质性缺陷。此种情形下需要重点考虑明显实质性缺陷与驳回决定已经指出的其他缺陷之间的关联关系，以实质上解决专利权是否应当授权这一问题为导向，把握请求原则和依职权审查原则之间的关系，深入分析对专利申请人的程序性影响和实体性影响加以判定。例如，在赢创德固赛有限责任公司"表面改性的沉淀二氧化硅"发明专利申请复审请求案中，国家知识产权局专利实质审查部门第一次审查意见通知书，指出权利要求1—11相对于对比文件1（CN1405085A号中国发明专利申请）不具有新颖性。专利申请人提交对权利要求进行了修改，国家知识产权局专利实质审查部门发出第二次审查意见通知书，指出权利要求1—31修改超出原始提交的说明书和权利要求书记载的范围，并以专利权利要求不符合《专利法》第三十三条的规定为由驳回该专利申请。专利申请人（复审请求人）向国家知识产权局专利复审委员会提出复审请求，同时修改了权利要求书。国家知识产权局专利复审委员会作出复审决定，认定权利要求1相对于对比文件1和公知常识的结合不具备《专利法》第二十二条第三款规定的创造性。复审请求人不服国家知识产权局专利复审委员会作出的复审决定，提起行政诉讼。北京市第一中级人民法院和北京市高级人民法院以对创造性的评判不属于《专利审查指南》规定的"明显实质性缺陷"、本案不属于可以依职权审查的范围为由，撤销上述复审决定。国家知识产

---

① 参见张鹏、郭鹏鹏："论无效宣告的理由"，载《科技与法律》2009年第4期。

权局专利复审委员会向最高人民法院提起申诉，最高人民法院驳回申诉请求。最高人民法院认为，虽然初步审查、实质审查、复审无效审查的审查范围不应当完全一致，但性质应当相同，因此应当参照"初步审查"列举的性质，根据个案的具体情形判断是否属于"明显实质性缺陷"。《专利审查指南》在"初步审查"部分列举了属于"明显实质性缺陷"的各种情况，创造性的评价并不包括其中，"实质审查"部分未对"明显实质性缺陷"作出具体规定。对本领域技术人员来说，发明创造的创造性判断，不仅要考虑发明创造的技术方案本身，还要考虑发明创造所属的技术领域以及所解决的技术问题和产生的技术效果，因此，不宜将《专利审查指南》列明的"明显实质性缺陷"扩大解释到创造性。[①]

影响对驳回缺陷进行审查的缺陷是存在"明显实质性缺陷"的典型情形。其主要包括，国家知识产权局专利复审委员会在审查权利要求创造性问题时，发现权利要求书请求保护的技术方案不属于专利法保护客体、说明书涉及权利要求保护内容的部分技术方案公开不充分、权利要求的修改明显超出原申请文件记载的范围、权利要求保护范围不清楚以致无法通过权利要求保护范围解释的方式加以明确等情形。具体到"苯并噻唑衍生物化合物、组合物及用途"发明专利申请复审请求案，说明书关于权利要求4的技术方案部分不能满足公开充分的要求，导致其技术效果以及所解决的技术问题不能被确认，从而国家知识产权局专利复审委员会无法对驳回决定所指出的创造性问题进行判断，其构成"驳回决定未指出的明显实质性缺陷"，应当依职权予以审查。

[①] 参见国家知识产权局专利复审委员会第30895号复审请求审查决定，北京市第一中级人民法院（2011）一中行初字第2876号行政判决书，北京市高级人民法院（2012）高行终字第1486号行政判决书，以及最高人民法院再审申请驳回通知书。

8. 专利复审程序中功能性限定权利要求保护范围的解释

——通用电气公司"带具有整体型风扇的外部转子的由微处理机控制的单相电动机"发明专利申请复审请求案

案件索引：国家知识产权局专利复审委员会第 8654 号复审请求审查决定

基本案情

在通用电气公司"带具有整体型风扇的外部转子的由微处理机控制的单相电动机"发明专利申请复审请求案中，涉及中国国家知识产权局专利实质审查部门于 2005 年 4 月 22 日驳回的发明专利申请，其申请号为 00800400.5。

2004 年 5 月 14 日，国家知识产权局专利实质审查部门发出第一次审查意见通知书，指出存在原始申请文件的权利要求 4—6 等不符合《专利法》[①]第二十六条第四款的规定、说明书不符合《专利法实施细则》[②]第十八条的规定等问题。针对第一次审查意见通知书，

[①] 本案中适用的《专利法》是 2000 年 8 月 25 日修订后的《专利法》。
[②] 本案中适用的《专利法实施细则》是 2002 年 12 月 28 日修订后的《专利法实施细则》。

专利申请人于2004年9月23日提交了意见陈述书和修改后申请文件，其认为，修改后的权利要求1—22清楚，并且相对于对比文件具有创造性，符合单一性的规定；新的说明书符合《专利法实施细则》第十八条的规定。

2004年11月19日，国家知识产权局专利实质审查部门发出第二次审查意见通知书，指出存在新修改的权利要求1等不符合《专利法》第二十六条第四款的规定等问题。针对第二次审查意见通知书，申请人于2005年2月2日提交了意见陈述书和权利要求书替换页。

2005年4月22日，国家知识产权局专利实质审查部门发出驳回决定，驳回理由是：权利要求1中技术特征"所述控制电路被编程，使得电动机可选择地避免……导致振动增大的一预定范围工作"使用功能性技术特征，概括了一个较宽的保护范围，依据本申请文件记载的内容，本领域的技术人员难于预见该功能性特征所概括的除本申请实施方式之外的所有方式均能解决其技术问题，导致权利要求1得不到说明书支持等。

申请人（复审请求人）对该驳回决定不服，于2005年8月5日提交了复审请求书和权利要求替换页，复审的理由是新修改的权利要求1克服了驳回决定所指出的缺陷，权利要求1的内容是："一种电动机，包括：一具有一单相绕组的定子；一电源开关电路，具有可选择地将直流电源接到该单相绕组的电源开关；一个相对所述定子为磁耦合的永久磁铁转子；一在上述定子上的位置传感器，用来感知所述转子的位置并提供表示探测到的位置的位置信号；一个包括一微处理器的控制电路，可对所述的位置信号作出响应，并连接到上述电源开关电路，用来以上述位置信号为函数，可选择地换向电源开关，以对该单相绕组换向；所述控制电路控制所述的电动机，使得电动机可选择性地避免永久磁铁转子的转动速度在发生谐振而导致振动增大的一预定范围工作。"中国国家知识产权局专利复审委员会于 2006 年 3 月 14 日发出了复审通知书，认为权利要求 1 不符合《专利法》第二十六条第四款的规定。2006 年 4 月 29 日，复审请求人提交了意见陈述书和权利要求替换页。

2006 年 6 月 23 日，国家知识产权局专利复审委员会作出复审请求审查决定，以权利要求 1 符合《专利法》第二十六条第四款的规定为由，撤销国家知识产权局专利实质审查部门作出的驳回决定。

决定与理由

国家知识产权局专利复审委员会经审查认为，本申请的目的是：提供一种可编程的且构件少的微处理器控制的单相电机，提供一种采用结构简单、成本低及可靠的电源开关网络的微处理器控制的单相电动机等；本申请所采用的技术手段是：由直流电源驱动的电动机包括单相绕组的定子和永久磁铁转子、可选择地将直流电源接到单相绕组的电源开关的电源开关电路、感知转子位置并提供位置信号的位置传感器、对位置信号作出响应并用该位置信号为函数以及可选择地换向电源开关以对该单相绕组换向的微处理器的控制电路、以不同的速率来换向开关的被编程的微处理器等。

在 2005 年 8 月 5 日复审请求人提交的权利要求书中，权利要求 1 特征"所述控制电路控制所述的电动机，使得电动机可选择性地避免永久磁铁转子的转动速度在发生谐振而导致振动增大的一预定范围工作"中涉及的所述控制电路没有用具体的结构特征或方法特征来限定，而是使用了功能性限定，覆盖了实现电动机可选择性地避免永久磁铁转子的转动速度在发生谐振而导致振动增大的一预定范围工作功能的所有电动机控制电路，因此上述功能性技术特征概括了一个较宽的保护范围，而本申请是通过微处理器进行特定的编程、使用特定的控制方法来实现电动机可选择性地避免永久磁铁转子的转动速度在发生谐振而导致振动增大的一预定范围工作，依据本申请文件记载的内容，所属技术领域的技术人员难于预见该功能性特征所概括的除本申请实施例之外的所有方式均能达到本申请的目的，权利要求1所请求保护的技术方案范围超出了说明书记载的内容，权利要求1无法得到说明书的支持，不符合《专利法》第二十六条第四款的规定。

2006年4月29日，复审请求人删除了功能性限定的技术特征"所述控制电路被编程，使得电动机可选择地避免永久磁铁转子的转动速度在发生谐振而导致振动增大的一预定范围工作"，补入技术特征"所述微处理器被编程并以不同的速率来换向所述开关，但排除至少一个对应于会引起谐振的速率"。国家知识产权局专利复审委员会认为，权利要求通常由公开的一个或者多个实施例概括而成。对于概括是否适当的判断，应当以说明书的全部内容为基础，而不是仅限于具体实施例部分的内容，并且还要参照相关的现有技术。补入的技术特征界定了编程的处理器以不同的速率来控制换向开关并对速率进行了限定。同时，说明书第14、15页"微处理器514可以可变速率对开关进行换向……相当接近公差时"等对上述技术特征进行了具体说明，并且说明书中已经清楚地描述了"微处理器的控制电路可对位置传感器的位置信号作出响应，并连接到上述电源开关电路，用来以上述位置信号为函数，可选择地换向电源开关"。据此，权利要求1符合《专利法》第二十六条第四款的规定。国家知识产权局专利复审委员会作出复审请求审查决定，撤销国家知识产权局专利实质审查部门作出的驳回决定。

评 析

功能性限定权利要求保护范围解释问题是一个在国际上争议性较大的法律问题。中国功能性限定权利要求保护范围解释问题，在法律规定层面和法律适用层面同样存在较大争议。有必要对于功能性限定权利要求相关法律规范的历史沿革加以回顾。

（一）美国功能性限定权利要求解释的基本思路

美国与欧盟在功能性限定权利要求保护范围的解释上存在不同。就美国而言，就功能性限定权利要求的认定规则如下。当当事人使用了"装置，用于（means for）……"或"步骤，用于（step for）……"这样的词汇时，专利审查部门和法院即可以假设认为申请人试图采用功能性限定的特征，从而启动美国《专利法》第一百一十二条第六款的审查。但是如果在进一步的审查中发现，申请人在该特征中记载了实现功能的具体结构、材料或步骤特征，则该假设将被否定，可以认定该特征不属于美国《专利法》第一百一十二条第六款所适用的功能性限定特征。亦即，美国《专利法》第一百一十二条第六款将功能性限定特征的撰写规定为纯功能的描述，而不允许在其中再加入为实现上述功能所采用的结构、材料和动作等特征。

首先，"装置，用于……"和"步骤，用于……"是美国专利文件的权利要求撰写中具有特殊意义的模板性词汇，能够推定为美国《专利法》第一百一十二条第六款所述的功能性限定，然而如果包含词汇"装置，用于……"的特征中仅有具体结构、材料或者动作的具体限定，而无任何功能性描述，则不构成美国《专利法》第一百一十二条第六款所述的功能性限定。撰写符合关于功能性限定的要件包括：(1)该特征中是否包括对"装置，用于……"所执行功能的限定；(2)该特征中是否包括实现该功能的具体结构、材料或步骤特征。①如果包含词汇"装置，用于……"的特征中仅有具体结构、材料或者动作的具体限定，而无任何功能性描述，则此时该权利要求中的包含"装置，用于……"的特征由于缺乏对其实现功能的限定，而根本没有适用美国《专利法》第一百一十二条第六款进行解释的基础，因此自然不能适用该法条。此时应当以其限定的具体结构、材料或者动作确定其保护范围。②如果包含词汇"装置，用于……"的特征中限定了该"装置，用于……"需要实现的功能，同时进一步限定了为实现该功能而采用的具体结构、材料或者动作，则此时该权利要求中包含"装置，用于……"的特征实际上采用了并行的两套撰写方式对同一特征进行了限定，由于采用结构、材料或动作对特征进行限定属于典型、通用的撰写方式，也足以依据该限定对权利要求的保护范围进行限定，此时将不再适用美国《专利法》第一百一十二条第六款进行解释。仅以该特征中限定的具体结构、材料或者动作确定其保护范围。③如塞奇制造诉戴文工业案④中，美国联邦巡回上诉法院认为，权利要求1中的封闭装置（closure means）和权利要求10中的可移动封闭装置（movable closure means）均使用了词汇"means"，该词汇是对于功能性限定特征的典型模板式表述，因此可以初步假定专利权人试图通过这种表述引入

---

① Sage Products, Inc. v. Devon Industriese, Inc.,126 F.3d 1420.

② York Products, Inc.v. Central Tractor Farm & Family Center and Custom Form Manufacturing, Inc.,99 F.3d 1568.

③ Sage Products, Inc. v. Devon Industriese, Inc.,126 F.3d 1420.

④ 同上。

对上述特征适用美国《专利法》第一百一十二条第六款。在进一步的审查中，法院认定上述权利要求均在"装置，用于……"前限定了其功能，根据涉案专利，该功能用于封闭狭槽装置（slot means）。同时，上述两个权利要求中的封闭装置还执行了进一步的功能，分别为控制开闭存取（controlling access）（权利要求1）和选择性的在开口位置和封闭位置之间移动（selectively movable between an open access and closed access position）（权利要求10）。同时，上述权利要求中均未具体限定用于执行上述功能的具体结构、材料或动作。因此可以最终认定上述特征符合美国《专利法》第一百一十二条第六款关于功能性特征的适用条件。

美国功能性限定的解释可以概括为三个步骤：结合功能性描述术语、专利审批历史以及说明书实施例的描述确定功能，[1]根据说明书以及审批历史的明确记载判断构成实现所述功能"必需特征"的结构，判断被控侵权产品的结构与涉案专利实施例的结构"必需特征"的等同范围。首先，针对权利要求所记载的术语结合本领域技术人员的理解确定功能，并且使得上述解释与说明书对于技术方案的记载相一致。其次，以说明书以及审批历史的明确记载作为主要判断因素，同时需要进一步判断上述结构部分是否构成实现所述功能的"必需特征"。通常而言，仅有当说明书或审查历史清楚地将所述结构与权利要求中的功能相连接或联系时，在说明书中公开的结构才能称之为"对应的"结构。[2]就必需特征的认定思路而言，类似于中国关于必要技术特征的判定思路，区别之处在于必要技术特征判定需要考虑解决其技术问题所不可缺少的技术特征，而在功能性限定

---

[1] Multiform Desiccants, Inc v. Medzam, Ltd, 296 F. 3d 1106. Unidynamics Corporation v. Automatic Products International, Ltd.,157 F.3d 1311.

[2] Medtronic, Inc. v. Advanced Cardiovascular Systems, Inc., 248 F.3d 1303.

权利要求解释中，必需特征的判定则需要考虑完成所述功能所不可缺少的结构特征。最后，在判定等同范围中，要求被控侵权产品与涉案专利权利要求中的相应部件必须以基本相同的手段、执行相同的功能、达到相同的效果。

需要指出的是，就美国《专利法》第一百一十二条第六款中的"等同"与等同侵权中的"等同"不同。二者之间的差别包括：第一，美国《专利法》第一百一十二条第六款中"等同"与等同侵权中"等同"的判断时间不同。美国《专利法》第一百一十二条第六款规定的等同结构必须以权利要求提出日作为判断时间。因为专利权利要求的字面含义在专利申请日得以确定，所以美国《专利法》第一百一十二条第六款所规定的结构不能包括在专利申请日之后提出的技术。也就是说，美国《专利法》第一百一十二条第六款下"实施例的等同"的字面侵权必须发生在专利申请日之前，而等同侵权下的"等同"则可以发生在专利申请日和侵权行为发生日之间。"专利申请日之后发生的行为"可能基于等同侵权原则构成侵权，同时并不构成基于美国《专利法》第一百一十二条第六款中"等同"的直接侵权。第二，美国《专利法》第一百一十二条第六款中"等同"与等同侵权中"等同"的判断标准不同。在美国《专利法》第一百一十二条第六款中，被控侵权产品与涉案专利权利要求中的相应部件必须执行相同（identical，英文解释为 being exact the same one）的功能，而等同侵权原则中，被控侵权产品与涉案专利权利要求中的相应部件可以执行基本相同（substantially the same）的功能。

对于功能性限定权利要求的等同侵权，在美国理论界和实务界存在两种不同的观点：第一，功能性限定权利要求的等同侵权则表现为功能上的等同。也就是说，如果被控侵权产品与涉案专利权利要求中的相应部件执行基本相同的功能，那么可能构成功能性限定权利要求的等同侵权。第二，功能性限定权利要求不存在等同侵权，因为在功能性限定权利要求的解释中已经允许专利权人获得较大的保护范围，不能使得专利权人"两次获利"（second bite at the apple）①。

美国功能性限定的审查规则主要是，在根据撰写方式推定为功能性限定技术特征的情况下，不再适用美国《专利法》第一百一十二条第二款的规定对权利要求是否得到说明书支持进行审查。亦即，在当事人使用了"装置，用于……"或"步骤，用于……"这样的标志性词汇时，专利审查部门即可以假定认为申请人试图采用功能性限定的特征，从而启动美国《专利法》第一百一十二条第六款的审查，而不再适用美国《专利法》第一百一十二条第二款进行审查。另一方面，在根据撰写方式等认定并非功能性限定技术特征的撰写方式的情况下，适用美国《专利法》第一百一十二条第二款的规定对权利要求是否得到说明书支持进行审查。

由此可见，在美国，将功能性限定技术特征解释为实施例及其等同的功能性限定权利要求解释规则、对于功能性限定权利要求是否得到说明书支持的审查规则以及基于"means for"撰写表征作用的功能性限定权利要求认定规则构成内在统一的制度体系，②改变制度体系中任一因素，则法律制度的制度价值难以实现。法律规则具有描述性融贯和规范性融贯，规范性融贯将法律规则通过技术上或者内在的合理性联结在一起而"产生意义"的一种性质，这一联结要么是与某个或者某些共同价值的实现相联系，要么是与某个或者某些共同原则的满足相联系。功能性限定权利要求的认定规则、解

---

① 140 F. 3d 1009, 1022.

② 张鹏：《专利授权确权制度原理与实务》，知识产权出版社2012年版，第118—122页。

释规则和审查规则亦构成法律规则的规范性融贯，需要与共同价值的实现相联系。

（二）欧盟功能性限定权利要求解释的基本思路

欧洲专利局《专利审查指南》允许使用功能性限定，并规定："并非每一特征都必须以结构限定的方式表达，如果本领域技术人员在无须花费创造性劳动的前提下，能够毫不费力地确定实现该功能的技术手段，则功能性限定是被允许的。"[1]对于"手段+功能"限定的产品专利，欧洲专利局要求其功能性限定特征与所要保护的产品的结构、组成具有直接相关性，否则认为该功能性限定特征不具有限定作用，是不清楚的，不符合《欧洲专利公约》第八十四条的规定。欧洲专利局《专利审查指南》还规定，"作为一般原则，不应允许试图用待达到的效果来限定发明的权利要求，当权利要求仅仅涉及提出潜在的技术问题时尤其如此。"

对于"功能性限定特征"允许使用的条件，欧洲专利局《专利审查指南》规定："可以允许的情况是，当发明仅可以如此定义，或者，无法在合理限制权利要求范围的前提下能用其他方式更准确定义时，所述结果可以通过说明书中具体给出，或所属领域技术人员了解的实验或操作来直接而无疑问地证实，并且，获得该结果不需要过度的试验"，并在其后给了一个允许使用"功能性限定特征"的实例，该例子是一种烟灰缸的发明，该烟灰缸的形状和相对尺寸的设计会使未灭的烟头自动熄灭，由于具备所需效果的烟灰缸的形状和尺寸可以变化多样，所以难以定义，此时只要权利要求尽可能详尽地给出烟灰缸的构造和形状且说明书包含有适当的说明，能够使读者结

---

[1] Guidelines for Examination in the European patent office, Published by the European Patent Office, 2009, Part C Ⅲ-2.1

合常规试验操作确定所需的尺寸，就可以结合欲达到的效果来限定。

例如，对于申请案 WO2005018605A 的权利要求："一种包括治疗有效量的罗匹尼罗或其盐的控释口服剂型，其特征在于，该口服剂型给药后，达到体内罗匹尼罗的半峰值血浆浓度（1/ZCmax）所需的平均持续时间少于 3 小时；以及体内超过罗匹尼罗半峰值血浆浓度（1/ZCmax）的平均持续时间是 7—13 小时。"欧洲专利局的审查意见认为，本领域技术人员虽然能基于现有技术测量权利要求中所述的药物血浆浓度，但是由于该特征与产品的结构组成缺乏相关性，本领域技术人员将会以各种各样的毫无限制的测量方式来进行血药浓度的测量，这样寻找出的产品结构将是多样而不确定的，因此该功能性限定被认为对于产品没有进行清楚的限定。[1]

也就是说，欧洲专利局在考虑权利要求功能性限定特征的清楚性时，首先考虑其对技术方案的表述是否清楚、完整、明确，否则认为这种功能性限定对于所要保护的方案没有影响，对产品不具有限定作用。这样的评价立场也为审查员在评价功能性限定权利要求的新颖性和创造性的操作中带来了便利：如果申请人没有证据表明该功能性限定特征为其保护的产品结构或组成带来直接影响，则推定其功能性限定特征不构成专利申请与现有技术的区别，其不是所要保护产品与现有技术的区别技术特征。审查员也就不需去认证现有技术中的哪些技术手段是说明书所给出的实现该功能的具体实施方式的等同物，因为采用"等同物"的概念，是针对法院的专利侵权判断而言的，而不是针对专利局的审查的，是否"等同"是在专利侵权诉讼中进行的判断，专利局进行审查时不承担对权利要求进

---

[1] 参见欧洲专利局对于申请案 WO2005018605A 的审查意见，http://www.epoline.org/portal/public/!ut/p/kexml，最后访问时间：2010 年 10 月 24 日。

行有关等同解释的责任。

欧盟对于功能性权利要求的解释规则主要体现在欧洲专利局《专利审查指南》规定的："如果熟悉该项技术的人不需要运用创造性的技能，就可以毫无困难地提供实施该功能的方法，该技术的权利要求可以包含功能性特征。一项专利权利要求可以仅根据其功能性特征概括地定义其范围，即使在说明书中仅提供了一个有关这一特征的实例，只要使熟悉该项技术的人知道利用其他方法也可以得到相同功能即可。然而，如果整个申请的内容给人的印象是该特定的功能是以或只能以一种特定的方式来实施，而没有任何其他的选择，则该申请可能回遭到驳回。如果说明书中仅以含糊的方式描述了其他替代方式也可能适用，但对所属技术领域的技术人员来说，并不清楚这些替代方式是什么或者怎样应用这些替代方式，则是不充分的。"[1] 欧洲专利局《专利审查指南》的上述规定并未直接涉及功能性技术特征的保护范围解释，但是，根据"即使在说明书中仅提供了一个有关这一特征的实例，只要使熟悉该项技术的人知道利用其他方法也可以得到相同功能即可"。可见，欧洲专利局采用"涵盖实现该功能的所有方式"的观点。以德国为例，1985年德国联邦最高法院的"丙烯酸纤维（Acrylfasern）案"承认了专利权利要求中可以有功能性的技术特征。[2] 该案中，权利要求书中有"至少有35%有收缩力的高收缩丝、纤维"的记载。德国专利法院认为，上述记载只通过技术特征表示要求保护的丝、纤维，不能将物特定化。德国联邦最高法院认为，"对于发明物，如果通过直接知觉的特征在权利要求中表示是不可能的或者不能完全实质性地表示出来，可以通

---

[1] Guidelines for Examination in the European patent office, Published by the European Patent Office, 2009, Part C Ⅲ -6.5

[2] 尹新天：《专利权的保护（第二版）》，知识产权出版社2005年版，第329页。

过能够确认该物的特征或者制造方法以及制造设备来描述。"

可见，德国联邦最高法院通过该案明确肯定了功能性权利要求，但同时也提出了使用这种权利要求的条件，那就是只有在通过直接知觉的特征在权利要求中表示是不可能的或者不能完全实质性地表示出来时，才能使用功能性权利要求。另外，如果使用功能性权利要求，本领域技术人员根据该功能性的技术特征，可以毫不费力地在功能定义的全部领域实施该发明，也就是说技术教导足以使他人可以充分实施。必须提供有关的解决手段，不能只记载发明的课题。必须使本领域技术人员可以在涉及功能性权利要求的全部范围内将该技术特征一般化。而对于功能性权利要求的专利性的判断，应当将功能性权利要求一般化到全部范围进行判断。在前述"丙烯酸纤维案"中，德国联邦最高法院就以专利权利要求只提出解决的课题，没有提供解决的手段为由，认定不符合授予专利的条件。

（三）美国欧盟功能性限定权利要求解释思路的比较

结合对于美国和欧盟功能性限定的认定、审查与解释的法律规则的分析，可以得出两个观点：美国和欧盟功能性限定的认定、审查与解释的法律规则各自形成相互配合的自恰体系；虽然美国和欧盟功能性限定的认定、审查与解释的法律规则的各自自成体系，但是上述法律规则体系达到的实体法律后果基本相同。首先，美国和欧盟功能性限定的认定、审查与解释的法律规则各自形成相互配合的自恰体系。虽然美国和欧盟对于功能性限定权利要求的解释采取不同的法律规则，美国将功能性限定技术特征解释为实施例及其等同方式，欧盟将功能性限定技术特征解释为实现该功能的所有方式，但是其各自的解释规则与相应的功能性限定的认定规则和审查规则相配合，形成体系化的规则。也就是说，美国和欧盟虽然采取不同的功能性限定技术特征解释规则，但是具有相互不同的审查规则和认定规则相配合。功能性限定权利要求的相关法律问题应当以法律规则的整体逻辑为起点进行解释。亦即，需要将功能性限定权利要求的认定、审查和解释规则作为整体逻辑探讨内在法律规则构成的制度。

其次，虽然美国和欧盟功能性限定的认定、审查与解释的法律规则各自成体系，但是上述法律规则体系达到的实体法律后果基本相同。也就是说，在欧盟功能性限定审查规则背景下，能够得到说明书支持的功能性限定权利要求，其根据美国《专利法》第一百一十二条第六款获得保护的等同范围与本领域技术人员能够想到的所有实现方式并无差异。欧盟法通过说明书支持的判断实现功能性限定权利要求的适当保护，而美国法则通过权利要求解释的方式达到功能性限定权利要求的适当保护，虽然二者所采用的法律规则不同，但是在保护范围方面殊途同归。

需要补充说明的是国际条约所采取的立法例。《专利合作条约》规定，"权利要求的每一特征不需要全用结构特征限定"。又进一步规定"一般情况下，只要所属领域技术人员不需花费创造性劳动就能找到实现该功能的某种方式，或者只要这种方式在该申请中已经充分公开，审查员就不应当反对在权利要求中包含功能性限定"。由此可见，《专利合作条约》对于权利要求中的"功能性限定特征"并不持反对态度，且由于属于国内法的范畴，所以对允许的条件作了一般性规定，即只要所属领域技术人员不需花费创造性劳动就能找到实现该功能的某种方式，或者只要这种方式在该申请中已经充分公开，审查员就不应当反对在权利要求中包含"功能性限定特征"。对于权利要求中使用的"功能性限定特征"如何解释，《专利合作条约》规定，"如果权利要求的限定用其功能或特性来定义一个装置或步骤，而没有具体的结构或材料或操作支持，除非在权利要求中作了进一步说明，否则这种限定应该被解释为表述能够实现所述功能或具有所述特性的任何结构或材料或操作"。这与中国现行《专利审查指南》的解释方式基本一致。《实体专利法条约实施细则》（草案）第十三条规定，"如果权利要求用功能或特性来限定一个装置或步骤，而没有用具体的结构或材料或操作特征限定，则这种限定应该被解释为能够实现所述功能或具有所述特性的任何结构或材料或操作。"其次，《实体专利法条约实用指南》（草案）第十一条规定，权利要求限定的范围必须与发明允许的范围精确一致。一般来说，对于通过发明达到的效果来限定发明或发明的特征的权利要求应当以其不清楚为理由驳回，也可以以得不到支持为理由将其驳回，因为请求保护的范围大于说明书能够实现的范围。但是，如果只能以这种方式限定发明，以及如果所说效果无需过多实验就能够达到，例如通过说明书中指出的实验或程序能够直接和肯定地验证的效果，而且没有产生试错法以外的结果，则不应当驳回该权利要求。该部分同样给出了烟灰缸的例子，与欧洲专利局《专利审查指南》中的例子相同。

（四）中国功能性限定权利要求解释的规则演进

在中国专利审查实践中，从各版的《专利审查指南》中的相关规定可以得知，自1987年以来，中国所遵循的授权和确权规则在法律规定层面和法律适用层面相对保持稳定。对于功能性限定权利要求的法律规范问题，最早可以追溯到1987年内部版《专利审查指南》。在该版《专利审查指南》中规定，"一般情况下，产品和方法权利要求，应当分别用产品的结构特征和方法的步骤、条件等技术特征限定发明或实用新型，尽量避免使用功能或者结果特征定义发明或实用新型。但是，为了使权利要求范围更清楚和明确，在没有更好的办法的条件下，可以用：（1）产品的结构特征和其制造方法的步骤、条件等特征，或者（2）产品的结构特征及其性质、功能或者结果特征,或甚至于(3)产品的性质、功能或者结果特征限定产品发明或实用新型。但是应当强调的是仅仅在不用混合表达方式不能确切地限定发明或实用新型,或者不采用性质、功能和结果特征不能限定发明或实用新型时,而且所引用的性质、功能或者结果,可以通过说明书中充分规定了的实验或者操作,直接和肯定的证明的条件下才允许这样做。绝对不允许利用性质、功能或者结果特征扩大权利要求范围,或者造成权利要求范围不清。"可见,在1987年内部版《专利审查指南》中对于功能性限定权利要求保护范围解释仅仅规定了"绝对不允许利用性质、功能或者结果特征扩大权利要求范围,或者造成权利要求范围不清",并未对具体的解释规则加以明确规定。

1993年版《专利审查指南》首次明确了功能性限定权利要求的规范。在1993年版《专利审查指南》中规定:"对产品权利要求来说,应当尽量避免使用功能或者效果特征来限定发明。只有某一技术特征无法用结构特征来限定,或者技术特征用结构特征限定不如用功能或效果特征来限定更为清楚,而且该功能或者效果能通过说明书中充分规定的实验或者操作直接和肯定地验证时,使用功能或者效果特征来限定发明才是允许的。但是,不得利用功能或者效果特征任意扩大权利要求的保护范围,以免造成权利要求的范围不清楚。"可见,在1993年版《专利审查指南》中对于功能性限定权利要求保护范围解释仅仅规定了"不得利用功能或者效果特征任意扩大权利要求的保护范围",并未对于具体解释规则加以规定。

2001年版《专利审查指南》增加规定:"尤其不允许出现纯功能性的权利要求。对于权利要求中的功能性特征,应当理解为覆盖了所有能够实现所述功能的实施方式。"自此,在部门规章的层面明确规定了功能性限定特征解释的规则,即所有能够实现所述功能的实施方式。2006年版《专利审查指南》和2010年版《专利审查指南》。

2006年版《专利审查指南》第二部分第二章第3.2.1节规定,通常,对产品权利要求来说,应当尽量避免使用功能或者效果特征来限定发明。只有在某一技术特征无法用结构特征来限定,或者技术特征用结构特征限定不如用功能或效果特征来限定更为恰当,而且该功能或者效果能通过说明书中规定的实验或者操作或者所属技术领域的惯用手段直接和肯定地验证的情况下,使用功能或者效果特征来限定发明才可能是允许的。对于权利要求中所包含的功能性限定的技术特征,应当理解为覆盖了所有能够实现所述功能的实施方式。就内容而言,2006年版《专利审查指南》与2001年版《专利审查指南》基本相同,需要指出的是,就篇章结构而言,上述内容从"清楚"部分移至"说明书支持"部分。2010年版《专利审查指南》与2006年版《专利审查指南》在该部分的规定上完全相同。

最高人民法院《关于审理侵犯专利权纠纷案件应用法律若干问题的解释》第四条则规定:"对于权利要求中以功能或者效果表述的技术特征,人民法院应当结合说明书和附图描述的该功能或者效果的具体实施方式及其等同的实施方式,确定该技术特征的内容。"可见,司法解释选择了"覆盖了所有能够实现所述功能的实施方式"的保护范围,《专利审查指南》选择了"具体实施方式及其等同的实施方式"的保护范围,二者存在不同。

(五)功能性限定权利要求的适用情形

结合美国、欧盟、德国等相关国家和地区的法律实践经验,美国法意义上的功能性限定应当适用于排除具体结构的纯功能。也就是说,在美国法的立法例下,需要严格区分功能性限定权利要求和功能性描述权利要求,只有排除具体结构的纯功能才能认为属于功能性限定,从而适用美国《专利法》第一百一十二条第六款的规定,对于功能和结构共同限定的功能性描述权利要求,则将功能理解为实现该功能的所有方式，与结构限定取交集从而确定权利要求的保护范围。其中，例如，某专利申请权利要求1为，"一种用于Linux内核的流量分析装置，其特征在于：该装置完全基于Linux内核空间实现，降低了系统调用、内存拷贝开销以及PCI总线带宽的要求。"上述权利要求中没有对实现流量分析装置所采用的技术方案进行描述，而仅仅描述了该装置所要实现的功能，属于纯功能性权利要求，可以认为属于适用美国《专利法》第一百一十二条第六款的权利要求。而欧盟、德国等立法例下的功能性限定则无须区分功能性限定和功能性描述，均按照实现该功能的所有方式确定权利要求的保护范围。

由此可见，美国《专利法》第一百一十二条第六款所述的功能性限定，基本上仅适用于两种情形：发明点在于技术问题的提出、发明点在于功能性模块架构。一是发明点在于技术问题的提出。"发明点在于技术问题的提出"是指，与现有技术相比，涉案专利的创新之处在于提出技术问题，同时技术问题的解决对于所属技术领域的技术人员而言显而易见。亦即，发明所解决的技术问题在于，确定技术问题的情况，而非得出技术问题的解决方案。二是发明点在于功能性模块架构。"发明点在于功能性模块架构"是指，与现有技术相比，涉案专利的创新之处在于提出功能模块之间的架构关系，而非功能模块本身的功能实现方案。亦即，发明所解决的技术问题在于，功能模块的架构关系。例如，某专利申请的权利要求书如下：

权利要求1：
一种红外线传输系统，包括：
信号发生装置，用于产生对主机的控制信号；
编码装置，用于对信号发生装置产生的控制信号进行编码；
红外线调制发射装置，用于对编码后的控制信号调制为红外线信号并发射；

红外线接收解调装置，用于对红外线信号接收并解调为编码信号；

缓存装置，用于对编码信号进行缓存；

接口驱动装置，用于将编码信号传输给主机通信接口。

权利要求2：

根据权利要求1所述的红外线传输系统，其特征在于：信号发生装置还用于实现光信号/电信号的转换。

权利要求3：

根据权利要求1所述的红外线传输系统，其特征在于：还包括电源装置，用于对信号发生装置、编码装置和红外线调制发射装置供电。

权利要求4：

根据权利要求1所述的红外线传输系统，其特征在于：信号发生装置还包括开关装置，该开关装置用于产生选择性控制信号；编码装置还包括时钟信号装置，该时钟信号装置用于为编码装置提供工作时钟。

权利要求5：

根据权利要求1所述的红外线传输系统，其特征在于：缓存装置仅仅用于对编码信号进行串并转换并产生并行的编码信号。

上述权利要求均含有不采用结构特征来定义的、而是采用零部件所起的功能或者所产生的效果来定义的功能性特征，所以构成功能性限定权利要求。

结合美国、欧盟、德国等相关国家和地区的法律实践经验，只有权利要求中没有具体限定用于执行上述功能的具体结构、材料或动作，才能构成功能性限定。仅在发明点在于技术问题的提出、发明点在于功能性模块架构这两种情形下，由于发明点并不在于具体结构的改进，才符合功能性限定撰写方式的需要。美国的经验亦能体现上述观点。美国专利商标局在2011年2月9日发布的《涉及〈美国专利法〉第一百一十二条的补充审查指南》专门区分了功能性限定权利要求和功能性描述权利要求，明确将"功能性限定权利要求"定义为"纯功能性限定"，也就是说"功能性限定权利要求"并不包括"既包含功能性特征又包含结构性特征的权利要求"；对于功能性限定权利要求，按照实施例及其等同方式确定其保护范围，不再进行说明书支持方面的审查；将"既包含功能性特征又包含结构性特征的权利要求"规定为功能描述权利要求，需要严格审查该功能描述是否得到说明书的支持。

（六）功能性限定权利要求的解释规则

针对发明点在于技术问题的提出、发明点在于功能性模块架构两种情形下的功能性限定权利要求，在立足"本领域的普通技术人员在申请日之前能够想到的实施方式"对其是否得到说明书支持加以审查的背景下，应当采用"本领域的普通技术人员在申请日之前能够想到的实施方式"这一规则进行权利要求保护范围的解释。同时需要补充的是，针对个案中说明书支持的审查不当问题，应当通过个案的专利行政诉讼程序加以救济。

首先，采用"实现该功能的所有方式"这一观点，显然有利于保证专利权的公示作用。原因在于，只要专利实质审查部门和确权审查部门对于权利要求保护范围是否清楚以及权利要求是否能够得到说明书支持进行审查，在此之后专利权的保护范围具有相对客观的边界，使得专利权的公示作用充分发挥，社会公众对于该专利权的保护范围具有合理预期。并且，长期的审查实践亦使得社会公众对于"实现该功能的所有方式"这一观点具有较为普遍的适应。

其次，采用"实现该功能的所有方式"这一观点，有利于专利权人和社会公众的利益平衡。结合美国《专利法》第一百一十二条第二款的审查情况以及其与美国《专利法》第一百一十二条第六款的关系可以得知，在对权利要求得到说明书支持进行恰当审查的前提下，"实现该功能的所有方式"即为"本领域技术人员在专利申请时能够想到的实现该功能的方式"，因此不会使得权利要求保护范围过大，乃至没有边界。并且，正如本部分第一节的分析，在德国功能性限定审查规则背景下，能够得到说明书支持的功能性限定权利要求，其根据美国《专利法》第一百一十二条第六款获得保护的等同范围与本领域技术人员能够想到的所有实现方式并无差异。德国法通过说明书支持的判断实现功能性限定权利要求的适当保护，而美国法则通过权利要求解释的方式达到功能性限定权利要求的适当保护，虽然二者所采用的法律规则不同，但是在保护范围方面殊途同归。

最后，将功能性限定解释为实施例及其等同方式必须具有特定的适用前提。需要具备功能性限定权利要求的专门撰写方式，并且需要明确必需特征的判断规则，明确功能性限定权利要求解释中的"等同"与等同侵权中的"等同"存在的不同以及必需特征的判断。一方面，根据美国法律实践经验，"装置，用于（means for）……"作为一种标志性的模板式词汇，来提醒社会公众和专利局或法院对此类特征是否采用特殊的解释规则，即适用美国《专利法》第一百一十二条第六款进行解释。另一方面，在美国《专利法》第一百一十二条第六款的法律适用中，需要首先结合功能性描述术语、专利审批历史以及说明书实施例的描述确定功能，然后根据说明书以及审批历史的明确记载判断构成实现所述功能"必需特征"的结构,最后判断被控侵权产品的结构与涉案专利实施例的结构"必需特征"的等同范围。尤其是,在确定功能性技术特征的内容时,应当排除那些与所述功能的实现无直接、必然联系的技术特征,应根据专利说明书和附图中记载的技术内容以及权利要求中关于该技术特征的功能或者效果的描述,来确定说明书中每一个具体实施方式中记载的实现所述功能或者效果的必须技术特征,即完成所述功能所不可缺少的结构特征,并将其整体作为功能性技术特征的内容。①

对于功能性限定权利要求,如果按照《专利审查指南》中"能够实现该功能的所有方式"的解释规则并将上述解释规则理解为"本领域技术人员在专利申请时能够想到的实现该功能的方式",那么《专利审查指南》无须界定功能性限定权利要求的范围。亦即,对于纯功能的权利要求(功能性限定权利要求)和功能与结构结合的权利要求(功能性描述权利要求),均可以按照《专利审查指南》的上述规则加以审查和解释。对于功能性限定权利要求,应当对于权利要求是否得到说明书支持、权利要求是否缺少必要技术特征、权利要求是否清楚等条款进行严格审查,并且在上述条款的审查中,以"所属技术领域的技术人员能够想到的实施方式"作为"涵盖实现该功能的所有方式"的内在含义进行法律适用。结合德国等国家和地区的法律实践经验,《专利审查指南》中"实现该功能的所有方式"的观点可以良好适用的前提是,对于功能性限定是否得到说明书支持等条款进行充分审查。对于没有充分审查说明书支持等情形,应当通过个案纠正的方式解决,而非系统性地改变法律逻辑。

需要补充的是,"实现该功能的所有方式"应当理解为,在专利

---

① 罗东川主编:《中国专利案例精读》,商务印书馆2013年版,第182—183页。

申请日（有优先权日的，是指优先权日）之前以硬件／软件／固件方式实现该功能的所有方式。也就是说，如果实施例全部采用软件实现该功能，那么权利要求的保护范围涵盖本专利申请日之前以软件方式实现该功能的所有方式。如果将功能性限定权利要求的保护范围理解为"实现该功能的所有方式"，则在专利实质审查阶段和确权阶段，尤其需要对于功能性限定权利要求是否得到说明书支持以及是否清楚进行充分审查。如果本领域的技术人员有理由怀疑该功能性限定特征所包含的一种或几种实现方式不能解决发明所要解决的技术问题，达到相同的技术效果，则可以认定相应的权利要求得不到说明书的支持，不符合《专利法》第二十六条第四款的规定。

如，某专利申请权利要求为："一种服务器设备，其具有：计测单元，其对由多个移动机收发的分组数据的数据量按照每个移动机进行区别计测；以及发送单元，其在判断为一个移动机中的由所述计测单元计测出的每单位时间的数据量比预先决定的规定量大的情况下，对所述一个移动机发送限制信息，所述限制信息表示限制数据发送，且包含表示限制时间的时间信息。"说明书中给出的技术方案为：服务器内部的计测单元根据移动机发送出的分组数据的数据量进行计测，当判断某个移动机发送数据超过阈值，则限制该移动机发送数据，由此实现降低服务器端业务数据流量的技术效果。该权利要求中将测量单元的功能描述为计测移动机接收和发送的分组数据的数据量。但是，在移动机由于接收数据量过大而导致被判断为数据量超过阈值时，即使限制移动机发送数据，仍然无法降低服务器端的业务数据流量，从而无法解决服务器端流量过大的技术问题。因此，该权利要求得不到说明书的支持，不符合《专利法》第二十六条第四款的规定。综上所述，在是否符合《专利法》第二十六条第四款规定的判断中，需要根据说明书中给出的实施例数量、对于现有技术的贡献程度等综合分析。

在通用电气公司"带具有整体型风扇的外部转子的由微处理机控制的单相电动机"发明专利申请复审请求案中，结合德国等国家和地区的法律实践经验，《专利审查指南》中"实现该功能的所有方式"的观点可以良好适用的前提是，对于功能性限定是否得到说明书支持等条款进行充分审查。对于没有充分审查说明书支持等情形，应当通过个案纠正的方式解决，而非系统性地改变法律逻辑。

9. 专利无效宣告程序中权利要求保护范围的解释

——江苏海源机械有限公司与苏拉有限及两合公司"用来加热行进中的纤维的装置"发明专利无效纠纷案

案件索引：国家知识产权局专利复审委员会第 10054 号无效宣告请求审查决定

基本案情

在江苏海源机械有限公司与苏拉有限及两合公司发明专利权无效纠纷案中，涉及的是专利号为 96102741.X、名称为"用来加热行进中的纤维的装置"的发明专利，本专利的申请日为 1996 年 3 月 8 日，优先权日为 1995 年 3 月 10 日和 1995 年 8 月 18 日，授权公告日为 2001 年 5 月 23 日，专利权人为苏拉有限及两合公司。

授权公告的权利要求书共包括 21 项权利要求，其中，权利要求 1 为："用于加热行进中的纤维（7）的装置，它的纵向延伸的加热体（1）具有一个纵向槽（2），在它的面对面而立的侧壁（4、5）上支起许多导向器（6），纤维（7）之字形沿纵向通过纵向槽（2），其特征在于：导向器（6）作为凸起（6.1，6.2）做在两个金属带（3.1，3.2）上，金属带（3.1，3.2）面对面地支承在侧壁（4，

5）上，其中面对面的凸起（6.1，6.2）相互错开设置。"权利要求 4 为："按权利要求 1 的加热装置，其特征在于：对置的金属带（3.1，3.2）在纵向各自交替地具有一个或两个在它上面（冲压）成形的导向器（6）。"

针对上述发明专利权，江苏海源机械有限公司于 2006 年 2 月 24 日向国家知识产权局专利复审委员会提出了无效宣告请求。请求人认为，针对权利要求 1 记载的技术方案而言，无论发明目的、构成该技术方案的技术特征还是该技术方案所具备的技术效果均已被对比文件 1 所公开，因此权利要求 1 相对于对比文件 1 不具备新颖性和创造性，其他权利要求也不具备创造性，请求专利复审委员会宣告该专利权全部无效。专利权人认为，本专利权利要求所要求保护的技术方案与对比文件 1—3 所公开的技术方案不同，所要解决的技术问题、预期的技术效果也不同，因此，本专利权利要求具备新颖性和创造性。

在针对该专利权的无效宣告程序中，无效宣告请求人和专利权人对权利要求 1 的保护范围存在争议。双方的争点集中在"导向器（6）作为凸起（6.1，6.2）做在两个金属带（3.1，3.2）上"的技术含义上。无效宣告请求人认为，权利要求 1 中的"做在"是一个上位概念，例如可采用焊接、粘接、冲压、滚压等形式。专利权人则认为，权利要求 1 中的"做在"根据本专利说明书的解释应理解为"直接加工成一体"。

决定与理由

国家知识产权局专利复审委员会无效宣告请求审查决定认为，

根据《专利法》第五十六条的规定，[①]发明或者实用新型专利权的保护范围以其权利要求的内容为准，说明书及附图可以用于解释权利要求。因此，在确定权利要求的保护范围时，应当根据该权利要求所用词语的含义来理解，说明书和附图对权利要求的解释作用在于弥补权利要求的表述含糊或存在多义理解的缺陷，但是，如果将仅反映在说明书实施例及附图中而未记载在权利要求书中的技术特征或者技术方案通过"解释"纳入到专利保护范围，则有违解释的立法本意。对于双方当事人的上述争点，仅从权利要求1中"做在"的含义来理解，应当是导向器（6）加工固定在两个金属带上，其既可以具体体现为通过焊接、粘接、插接等方式将导向器固定在金属带上，也可以表现为通过冲压、滚压、铸造等方式将导向器与金属带直接加工成一体。虽然在本专利说明书的具体实施例中所体现的导向器与金属带的关系是在金属带上冲压形成导向器，但如果将实施例中的技术方案解释到权利要求1中明显是违背专利法立法本义。

在依据说明书和附图对权利要求进行解释时，应当站在本领域技术人员的角度，结合发明的整体内容来考虑。本发明是为了解决现有技术中导向器作为单个隔板设置，在需要清洗导向器时必须将导向器逐个拆卸下来再安装上去费工费时的问题而作出的，本发明的发明目的在于使导向器零件数量减少并简化导向器的更换操作。因此，本领域技术人员在对权利要求1中的"做在"进行理解时，必然会考虑到只要金属带与导向器是相互固定的，就可以实现导向器与金属带一起拆装并一起清洗，从而可以解决现有技术中存在的技术问题，并实现本发明的目的和效果，至于金属带与导向器实现

---

① 当时适用根据2000年8月25日第九届全国人民代表大会常务委员会第十七次会议《关于修改〈中华人民共和国专利法〉的决定》第二次修正后的专利法。

相互固定的具体加工方式则并非是实现本专利发明目的所必需的，并不需要具体体现在权利要求1所限定的技术方案中。以上也可从本专利的从属权利要求4才具体限定了导向器是通过冲压方式与金属带形成一体中得到验证。因此，根据本专利说明书及附图的描述，权利要求1中的"做在"应当理解为导向器加工固定在金属带上。一、二审均持同样的观点。[1]

评　析

中国《专利法》第五十九条第一款规定，发明或者实用新型专利权的保护范围以其权利要求的内容为准，说明书及附图可以用于解释权利要求的内容。由于一项发明的"文字肖像"通常是为了满足专利法的要求而事后撰写出来的，这种从实际机器到文字的转化常常会留下难以填补的间隙，[2]因此权利要求保护范围解释问题一直是专利无效宣告程序和专利侵权判定中的关键问题。

（一）不同国家和地区权利要求保护范围解释的基本思路

从国际范围看，权利要求保护范围解释，具有基于保护专利权价值取向的中心限定原则、基于保护专利权公示作用价值取向的周边限定原则和折中原则三种主要观点，目前多数国家采取折中原则。

19世纪，基于专利契约理论，德国将权利要求书看作是专利权人的意思表示，即专利权人所提出的要约。专利权人依照该合同所

---

[1] 参见北京市第一中级人民法院（2007）一中行初字第1329号行政判决书和北京市高级人民法院（2008）高行终字第86号行政判决书。

[2] 155 USPQ 697(1967). 转引自尹新天：《专利权的保护》，知识产权出版社2005年版，第308页。

获得权利的范围需要按照权利要求的内容来确定，就像债权人所享有的债权需要按照合同加以确定一样。专利授权机关在授权以及无效审查中对于"发明创造的对象"进行判断，法院在专利侵权的审理中对于"专利保护的对象"进行判断。[1]区分"发明创造的对象"与"专利保护的对象"的两段论被提出。有学者认为，将专利保护的对象分成如下三个层次：（1）发明的直接主题，也就是由权利要求书的文字内容所确定的范围；（2）专利主题或者明显的等同，它确定了一项专利权通常的保护范围；（3）在某些情况下，对一项专利权的保护还可以超过上述"专利主题"的范围，对"总的发明构思"或者不明显的等同提供保护，这就是三段论。上述两段论和三段论都是以发明构思为中心判断权利要求的保护范围，被称为中心限定原则。

另外，基于专利垄断理论，英国《专利法》是作为被禁止的各种形式的垄断行为的例外产生的。[2]基于此，专利权人应当清楚地界定专利权有效期内社会公众被禁止的范围，保证专利权的权利范围的公示作用，从而保障社会公众的利益。基于上述价值取向，英国法院在百代唱片公司案[3]、范底莱利案[4]、罗迪案[5]等中显示了严格使用权利要求书界定保护范围的态度，被称为周边限定原则。当然，英国法院后来也提出了"发明精髓"原则，即根据说明书判断必要技术特征和非必要技术特征，如果省略或者改变了非必要技术特征，

---

[1]〔日〕松本重敏：《专利发明的保护范围》，有斐阁2000年版，第138—139页。

[2] See Ray D. Weston. A comparative analysis of the doctrine of equivalents: can European approaches solve an American dilemma? The Journal of Law and Technology 1998, p.35.

[3] EMI v. Lissen.[1939] 56 RPDTM. 23,29.

[4] Van Der Lely. 1963 RPC 61.

[5] Rodi. 1969 RPC367.

则仍然构成侵权。

在签订欧洲专利公约的过程中，各成员国提出了对英国的周边限定原则和德国的中心限定原则进行折中的要求。[①]该公约第六十九条规定：一份欧洲专利或者欧洲专利申请的保护范围由权利要求书的内容来确定，说明书和附图可以用于解释权利要求。欧洲专利公约还专门附加了一个对第六十九条的议定书，其内容如下：第六十九条不应当被理解为一份欧洲专利所提供的保护由权利要求的措辞的严格字面含义来确定，而说明书和附图仅仅用于解释权利要求中的含糊不清之处；也不应当被理解为权利要求仅仅起到一种指导的作用，而提供的实际保护可以从所属技术领域的普通技术人员对说明书和附图的理解出发，扩展到专利权人所期望达到的范围。这一条款应当被理解为定义了上述两种极端之间的一种中间立场，从这一立场出发，既能够为专利权人提供良好的保护，同时对他人来说又具有合理的法律确定。可见，《欧洲专利公约》持折中原则的态度。

（二）中国权利要求保护范围解释的基本思路

在专利权利要求保护范围的解释上，中国同样采用折中原则。同时，作为侵权程序与确权程序相分离的国家，中国审查时确定的权利要求范围与保护时确定的权利要求范围相同，这就要求专利确权阶段权利要求保护范围的解释标准与专利侵权判断时对权利要求保护范围的解释标准相统一。就权利要求保护范围的解释方法而言，应当重点关注本领域技术人员对于权利要求中的术语的理解上。在专利无效宣告程序以及侵权诉讼中，权利要求保护范围的解释应当

[①]〔日〕井上由里子："英国判例的动向"，载《关于权利要求解释的调查研究报告书》（2002年），第52页。

采用下述规则。如果权利要求可能有多种解释，应当采用能够将实施例包括在内的解释，即权利要求解释的结果应当能够将实施例包含在保护范围之内。在综合考虑所要解决的技术问题和所能达到的技术效果的情况下，明显不能成立的技术方案不应解释在权利要求的保护范围之内，并且上述解释应当固定在生效决定或者判决中。在依据专利说明书及附图对权利要求进行解释时，应当以权利要求中明确记载的技术特征为基础，结合专利说明书背景技术、发明所要解决的技术问题及取得的预期技术效果综合考虑，通过解释得出的技术方案应当与发明所要解决的技术问题及取得的预期技术效果相适应。不应通过解释将权利要求中未明确记载的技术特征附加到权利要求中，同时也不应将权利要求中的上位概念直接解释为说明书实施例中的下位概念，特别是，当一项权利要求存在从属权利要求时，其从属权利要求限定部分的附加技术特征不应通过解释附加到该项权利要求中。

从比较法的角度而言，日本、德国、英国等国家的专利法条文中以及《欧洲专利公约》中都明确规定了说明书和附图可以用于解释权利要求。美国的专利法条文中虽然对此没有规定，但是正如美国联邦巡回上诉法院在菲利普斯案的判决[1]中所表述的，对于权利要求进行解释时严重依赖说明书是完全正确的。美国法院既强调不能将说明书的限制读入到权利要求书中，又强调应当根据说明书来解释权利要求。对于上述"限制"和"解释"的区别，美国学术界和实务界认为，应当将注意力集中于本领域技术人员对于权利要求中的术语的理解上。

从法理的角度而言，保护专利权和维护专利权的公示作用是确

---

[1] Phillips v. AWH Corp., 363 Fed Cir 2005.

定专利权保护范围时两个冲突的价值目标。①除了上述价值取向的判断之外,还需要考虑权利要求保护范围的"可预期性",以保障专利权人和社会公众的可期待利益,也就是说需要保障利益的平衡。在专利无效宣告程序和侵权程序中,如果权利要求可能有多种解释,选择将实施例包括在内的解释即符合保护专利权的价值取向,也符合维护专利权的公示作用的价值取向,并且能够保障专利权人和社会公众的可期待利益。另外,在专利无效宣告程序和侵权程序中,在综合考虑所要解决的技术问题和所能达到的技术效果的情况下,应当将明显不能成立的技术方案解释为不包含在权利要求的保护范围之内。这样能够充分保护已经获得的专利权,避免该专利权轻易被宣告无效,并且由于所排除的技术方案属于明显不能成立的技术方案,所以对于专利权的公示作用没有损害。当然,为了进一步保障专利权的公示作用,可以将上述解释固定在生效决定或者判决中。另外,上述做法也充分保障了专利权人的可期待利益,并且由于所排除的技术方案属于明显不能成立的技术方案,所以没有损害社会公众的可期待利益。

本案中,权利要求1所记载的技术特征"导向器(6)作为凸起(6.1,6.2)做在两个金属带(3.1,3.2)上"中的"做在"并非本专利所属技术领域的专用术语,而"做"在中文中具有制造、加工的意思,冲压、滚压、铸造、焊接、粘接、插接等均为具体的制造、加工方式,但"做"一词并不具有特定的指向。而且,结合本专利说明书背景技术、发明所要解决的技术问题及取得的预期技术效果综合考虑,金属带与导向器相互固定后,即可实现导向器与金属带

---

① 闫文军:《专利权的保护范围——权利要求解释和等同原则适用》,法律出版社2007年版,第437页。

一起拆装和清洗，从而解决现有技术中存在的清洗时必须将导向器逐个拆卸再安装费工费时的技术问题，并实现本发明的目的和效果。因此，权利要求1中的"做在"应当理解为导向器加工固定在金属带上，而不应理解为通过冲压、滚压等方式直接加工成一体。本专利从属权利要求4的存在也充分印证了上述结论。在"一种电暖器"实用新型无效纠纷一案中，当权利要求所使用的术语包含多种含义时，应当对上述术语加以解释，并且应当将权利要求解释为包含说明书记载的技术方案的理解方式。在本节所述的其他案例中，解释不等于限制，并且权利要求保护范围的解释需要具备一定的前提条件，"应当对权利要求字面所限定的技术方案的保护范围作出缩小的解释"有所不当。

10. 专利无效宣告程序中专利法意义上公开的认定

——烟台大洋制药有限公司、广东环球制药有限公司与贵州康纳圣方药业有限公司"六味地黄胶囊的生产工艺"发明专利无效纠纷案

案件索引：国家知识产权局专利复审委员会第8670号无效宣告请求审查决定

基本案情

在烟台大洋制药有限公司、广东环球制药有限公司与贵州康纳圣方药业有限公司"六味地黄胶囊的生产工艺"发明专利无效纠纷一案中，无效宣告请求人提交的证据中包含名为"国家药品监督管理局国家药品标准（修订）颁布件，2002ZFB0227，2002年10月16日，标准号WS3-B-1518-93-2002"的证据材料。该颁布件上载明了主送单位和抄送单位分别是"各省（自治区、直辖市）药品监督管理局"、"各相关生产单位"。

对于该颁布件，无效宣告请求人认为"抄送到相关生产单位应当属于公开，颁布件的日期是2002年10月16日"并且"《颁布件》在2002年10月16日颁布，并抄送给相关生产单位就已经视为向社

会公开"。专利权人对该颁布件的真实性、合法性和关联性均无异议，但认为，"从属性角度来看，《颁布件》属于只针对特定范围发送的行政文件，不能视为向社会公众公开，其中所涉及的技术不应视为公知技术；从时间角度来看，《颁布件》上标示的日期是该项行政行为的'作出'时间，而不是《颁布件》内容的'公开'时间，第一请求人没有证据证明《颁布件》在本专利申请日前已被送交给指定的单位；即使《颁布件》构成了专利法意义上的公开，按照《专利法》第二十四条第三项规定，其属于他人未经申请人同意而泄露其内容的情况，本专利亦未丧失新颖性。"

决定与理由

国家知识产权局专利复审委员会经审查认为，从《颁布件》本身所反映的信息可以知道，该《颁布件》属于国家药品监督管理局依行政相对人的申请而作出的行政许可行为，并不能当然的视为向社会公众公开；而且在《颁布件》中也明确写明了该《颁布件》的主送单位和抄送单位，其发送单位仅涉及相关的医药行政管理部门和包括该药品标准申请单位在内的各相关生产单位，可见《颁布件》的发送范围是特定的，此种情形并不处于专利法意义上的公众中任何人想要得知就能够得知的状态；除此以外，请求人也并未提交其他证据予以证明在本专利申请日之前公众中的任何人通过正常的途径和渠道可以获得该《颁布件》的内容。综上所述，国家知识产权局专利复审委员会认为《颁布件》中所记载的技术内容不能视为向社会公众公开，也就不能够成为本专利的现有技术。

当事人不服上述无效宣告请求审查决定，向人民法院提起行政诉讼。北京市第一中级人民法院认为，国家药品（修订）颁布件是国家药品监督管理局颁布的药品标准，具有规范性、强制性。根据该"颁布件"记载的内容，能够认定国家药品监督管理局于2002年10月16日核准了"六味地黄胶囊"的国家药品标准。在"主送单位"栏包括了各省（自治区、直辖市）药品监督管理局，在"抄送单位"一栏包括了各相关生产单位。因此，可以认定相关生产企业在该"颁布件"做出后能够和应当得知"颁布件"所记载的内容。而且，国家药品标准（修订）颁布件的颁布目的是为了统一执行国家标准，收到该"颁布件"的相关部门和生产企业也不具有保密的义务。[①]

评　析

中国《专利法》第二十二条第四款规定，本法所称现有技术，是指申请日以前在国内外为公众所知的技术。因此，在判断涉案专利是否具有新颖性和创造性时，需要使用申请日以前在国内外为公众所知的技术加以比对。构成适格的"申请日以前在国内外为公众所知的技术"的重要条件之一就是构成专利法意义上的公开。

（一）公众是否具有获知技术方案途径的判定

从公众获知途径的角度，构成专利法意义上的公开，需要判断是否处于任何人想得知即可得知的状态。上述状态判断的首要条件在于，公众是否具有获知技术方案的途径。企业标准备案后，备案材料归档，形成标准档案。《中华人民共和国档案法实施办法》第二十六条规定："利用、公布档案，不得违反国家有关知识产权保护

---

① 参见北京市第一中级人民法院（2007）一中行初字第76号判决书。

的法律规定"。《标准档案管理办法》第十六条规定:"管理标准档案的机构,应当建立健全标准档案借阅制度。标准档案一般不外借。特殊情况需要外借时,应当经主管领导批准,并限期归还"。第十七条规定:"任何个人不得将标准档案占为私有,凡损坏、隐匿、丢失或泄密的,应当追究有关人员的责任"。根据上述规定,对于备案的企业标准,公众并不是想查阅就能查阅,因此,企业标准备案不能视为专利法意义上的公开。

通常情况下卖方只向买方提供产品说明书、质量检验合格证等资料,其中含有产品标准号以及产品的规格、等级以及必要的技术参数,但是并不提供含有技术解决方案的企业标准的文本,法律也没有规定卖方有提供的义务。如果发生质量纠纷,当事人可能通过协商或者调解解决,也可能向质量监督部门投诉、申请仲裁或直接向法院起诉。无论采取哪种方式解决,都需要委托法定的或约定的质量检验机构进行检验并以检验机构的检验数据为准。检验机构作为中介机构,即使能够获得企业标准全文,根据法律的规定,仍然负有保密义务。因此,备案的企业标准虽然没有公开,但是公众仍然可以对企业产品质量是否符合企业标准进行监督。也就是说,监督产品质量或者处理产品质量争议并不是以公开或向买方提供企业标准为前提。

例如,在"立式眼镜阀"实用新型专利无效纠纷一案[1]中,石家庄市阀门一厂曾在本专利的申请日之前(即 1996 年 1 月 30 日)向首钢设备处销售过多台型号为 SCZ244X-0.5、规格为 DN2200mm 的敞开式手动液压插板阀的事实;证据 1-3 为(2005)京石证字第

---

[1] 参见国家知识产权局专利复审委员会第 8470 号无效宣告请求审查决定以及北京市第一中级人民法院(2006)一中行初字第 1103 号行政判决书。

562号公证书，该公证书所附的照片反映出型号为SCZ244X-0.5、规格为DN2200mm的敞开式手动液压插板阀的某些外部结构特征。可见，公众具有获知上述型号的敞开式手动液压插板阀的途径。

（二）保密义务的判定

从保密义务的角度而言，构成专利法意义上的公开，需要判断是否处于任何人想得知即可得知的状态。除了判断公众是否具有获知技术方案的途径之外，还需要判断是否存在保密义务。企业标准备案是为了接受技术质量部门的监督和检查，监督、检查包括两个方面：一方面是检查企业标准是否与国家法律、行政法规相抵触；另一方面是监督、检查企业是否按照该标准组织生产。除此之外，技术监督部门没有泄露和扩散企业标准的任何权利。

一些地方法规、规章明确规定了上述保密义务。如《上海市企业产品标准备案管理办法》第九条规定："受理备案部门未经制定单位同意，不得泄露或扩散标准的内容或文本。"《山西省企业标准管理办法》第十一条规定："未经制定单位同意，受理备案部门不得把企业备案的标准提供给任何与执行此标准无关的单位与个人。"一些地方法规、规章虽然没有直接的字面上的规定，但是从其内容可以毫无疑义地推知备案部门负有保密义务。如《河北省标准化监督管理条例》第10条规定："企业标准可以有偿转让。"可以推知，备案后的企业标准并没有成为公有技术。与之类似，《广西壮族自治区企业产品标准管理办法》第十六条规定：企业产品标准属科技成果，企业可按有关规定进行技术转让。《江苏省产品质量监督管理办法》第十七条规定："产品质量监督管理部门及其行政执法人员和产品质量检验人员，应当为当事人保守技术秘密和商业秘密。"从该条规定可以推知，在企业标准备案时，备案部门也应当保守技术秘密，否则，在监督检查标准实施的过程中要求保守秘密已经没有任何意义。《江苏省实施中华人民共和国反不正当竞争法办法》第十一条规定："任何组织和个人不得侵犯他人商业秘密。前款所称商业秘密，是指不为公众所知悉、能为权利人带来经济利益、具有实用性并经权利人采取保密措施的产品配方、工艺流程、技术秘诀、设计图纸、产销策略、客户名单、价格情报、货源情报等技术信息和经营信息。"

值得注意的是，在考察地方法规、规章是否存在关于备案部门对企业标准负有保密义务时，要全面了解该地方关于标准化管理和产品质量监督的所有法规和规章。例如，四川省虽然在《四川省企业产品标准备案管理办法》中没有涉及企业标准的保密问题，但是《四川省标准化监督管理条例》却有相应规定："技术监督行政主管部门在进行标准实施情况监督检查时，可以查阅、复制有关实施标准的文件、原始资料。技术监督行政主管部门及其工作人员对被检查者的技术秘密和商业秘密应予保密。"虽然有关企业标准化的法律、法规没有明文规定"接受企业标准备案的标准化行政主管部门和有关行政主管部门及其工作人员不得披露企业标准"，但是由于企业标准中通常包含技术秘密，因此将受到技术秘密（商业秘密）相关法律规范的保护。

（三）企业标准备案是否构成专利法意义上公开的判定

例如，在"清洁器吸棉管废棉截留装置"实用新型专利无效纠纷一案中，如皋市爱吉科纺织机械有限公司认为本专利权的授予不符合《专利法》第二十二条第二、三款的规定，向专利复审委员会提出无效宣告请求，其提出的证据5是江苏昌升集团如皋市纺织机械制造厂于1998年7月1日发布、7月10日实施的《AJQ型系列吹吸清洁机》的企业标准-Q/320682KC01-1998，爱吉科公司在口头审理时提交了原件，其中记载了有关AJQ-Ⅱ型吹吸清洁机的技术参数和附图。其附图 2 与本专利权利要求 10 相同。该企业标准已在如皋市技术监督局进行了备案,在爱吉科公司提交的该复印件上有如皋标准备案注册章,注明 867 号 –1998–J 及 2001 年 7 月字样。无效宣告请求审查决定认为,证据 5 是企业内部标准(下称 1998 标准),不是公开出版物,即没有处于公众中任何人想得知就能得知的状态。

一审判决认为,"从爱吉科公司提交的证据 5 江苏昌升集团如皋市纺织机械制造厂于 1998 年 7 月 1 日发布,7 月 10 日实施的《AJQ 型系列吹吸清洁机》的企业标准 –Q/320682KC01–1998 看,该企业标准确已在如皋市技术监督局进行了备案,在爱吉科公司提交的该复印件上有如皋标准备案注册章。但是,证据 5 不能证明该企业标准在如皋市技术监督局进行备案的时间以及该时间系在本专利申请日之前,故不足以证明证据 5 所载明的内容已在本专利申请日前已为公众所得知或处于公众可得知的状态,故专利复审委员会对证据 5 不予采信是正确的。"二审判决认为,根据《中华人民共和国标准化法》和《中华人民共和国标准化法实施条例》的有关规定,企业生产的产品,没有国家标准、行业标准和地方标准的,应当制定相应的企业标准,作为组织生产、销售和监督检查的依据;企业生产执行国家标准、行业标准、地方标准或企业标准,应当在产品或其说明书、包装物上标注所执行标准的代号、编号、名称。企业的产品标准须在规定的时间内、按规定的要求报当地政府标准化行政主管部门和有关行政主管部门备案。因此,作为交货依据的企业标准在规定的时间、在规定的部门备案本身就意味着公众可以根据该标准备案的时间、通过相关的部门获知该企业标准的备案信息。本案所涉及的企业标准系江苏昌升集团如皋市纺织机械制造厂在如皋市技术监督局备案的企业标准。根据《江苏省标准监督管理办法》的有关规定，企业产品标准应当在发布后 30 日内，按照规定报当地标准化行政主管部门和有关行政主管部门备案。而前述企业标准的发布时间是 1998 年 7 月 31 日，在本专利申请日之前。故证据 5 可以作为评判本专利新颖性的对比文件。由于该证据已经公开了本专利权利要求 10 的全部技术特征，因此，本专利不具备新颖性。原审判决关于证据 5 不能证明其所示企业标准在如皋市技术监督局的备案时间的认定是错误的，本院应予纠正。被诉关于证据 5 是企业内部标准，不是公开出版物的认定也是错误的。

经专利复审委员会申诉，最高人民法院提审此案。最高人民法院认为，关于企业标准的备案是否当然构成专利法意义上的公开，一般涉及是否构成专利法上的出版物公开。对此问题，要从中国对于企业标准备案管理制度的有关规定和实践操作两个层面入手，审查企业标准在备案后是否处于公众中的任何人想要得知就能够得知的状态。……结合现有法律规定和实践操作情况，企业标准的备案并不意味着标准的具体内容要向社会公开发布，企业标准的备案也不意味着公众中任何人即可以自由查阅和获得，企业标准并不因备案行为本身而构成专利法意义上的公开。本案中无效请求人并无证据证明争议企业标准的全部内容已经实际由备案管理机关对外公告。其在二审期间提交的南通市如皋质量技术监督局 2004 年 3 月 16 日出具的证明本身不能作为新的证据在本案中使用，但即使认可该证据的使用，也只能证明该企业标准的具体备案时间，而不能证明该企业标准的具体内容已经实际对外公告。而且，其所提交的证据 5 实际上是其自己提交备案并经备案管理机关加盖标准备案专用章后退还于其的企业标准，并非是能够代表社会公众的第三人从公开渠道自由取得，因此，不能用于证明该企业标准已经处于社会公众中任何人想要得知就能够得知的状态。此外，对于企业标准是否因产品销售等交易行为而导致被公开，属于专利法上的使用公开问题。根据标准化法及其实施条例的规定，制定企业标准的目的在于，在企业生产的产品没有国家标准、行业标准和地方标准时作为组织生产的依据。也就是说，除合同另有约定外，企业产品标准应当是交货所依据的标准，当然也是监督检查所依据的标准。《标准化法实施条例》第二十四条规定："企业生产执行国家标准、行业标准、地方标准或企业标准，应当在产品或其说明书、包装物上标注所执行标准的代号、编号、名称。"这一规定属于行政管理措施，目的在于便于执法机关监督检查和便于解决产品质量纠纷，社会公众据此只能获知有关产品所执行的标准代号、编号、名称，并不能据此当然获知标准的具体内容。法律既不要求将企业产品标准具体内容向社会公开，也未强制要求向交易相对人公开，交易相对人能否获知企业产品标准的具体内容取决于当事人的约定和实际的履约行为。即使交易相对人获知了企业产品标准，包括在解决有关争议的执法程序中获知，其对标准中包含的有关技术秘密也依法负有相应的保密义务。因此，有关企业标准是否因产品买卖等交易行为导致为交易相对人所知进而导致构成专利法上的使用公开，当事人首先必须提供证据证明已经实际为他人所知，其次至少还要证明知悉该企业标准内容的人并不负有任何法定或者约定的保密义务。显然，本案中无效请求人并未完成此种举证责任。综上，本案中证据5所涉企业标准的具体内容并未构成专利法意义上的公开，不能作为评价本专利新颖性和创造性的依据。二审法院关于"作为交货依据的企业标准在规定的时间、在规定的部门备案本身就意味着公众可以根据该标准备案的时间、通过相关的部门获知该企业标准的备案信息"的认定，既无明确的法律依据，也与主管部门的实践操作不符，属于认定事实错误。二审法院在此基础上所作关于本专利丧失新颖性的判断亦属错误。①

具体到"六味地黄胶囊的生产工艺"发明专利无效纠纷案，虽然颁布件构成专利法意义上的公开，但是并非所有的"颁布件"都构成专利法意义上的公开。例如，在专利复审委员会作出的第5338号无效宣告请求审查决定，该决定即从发送单位的角度出发，基于"福建省卫生厅关于山楂精降脂片暂行质量标准的批复，闽卫药准字（83）013号，1983年2月9日"这一批复正文中载明附件二"只送有关单位"（即只送交有关医药行政管理部门），认定只针对特定行政管理部门发送的文件不能视为向社会公众公开。

---

① 参见国家知识产权局专利复审委员会第4988号无效宣告请求审查决定以及北京市第一中级人民法院（2003）一中行初字第522号行政判决书、北京市高级人民法院（2004）高行终字第95号行政判决书和最高人民法院（2007）行提字第3号行政裁定书。

11. 专利无效宣告程序中创造性辅助审查标准的适用

——潘华平等与辉瑞爱尔兰药品公司"用于治疗阳痿的吡唑并嘧啶酮类"发明专利无效纠纷案

案件索引：国家知识产权局专利复审委员会第 13420 号无效宣告请求审查决定

基本案情

在潘华平等与辉瑞爱尔兰药品公司发明专利无效纠纷案中，涉及 2001 年 9 月 19 日公告授予的、发明名称为"用于治疗阳痿的吡唑并嘧啶酮类"的 94192386.X 号发明专利权，申请日为 1994 年 5 月 13 日，优先权日为 1993 年 6 月 9 日。2004 年 1 月 9 日，专利权人由辉瑞研究及发展公司变更为辉瑞爱尔兰药品公司。

2004 年 6 月 28 日，中国国家知识产权局专利复审委员会作出第 6228 号无效宣告请求审查决定，宣告本专利权无效。主要理由是，说明书所记载的试验数据有限，而且说明书对于这些有限的数据也没有作出足以认定其具体归属的说明，说明书在给出了所述第四级化合物之一对 cGMP PDEV 的体外选择抑制活性数据后，没有给出关于该化合物对于阳痿的治疗或预防的效果，本专利不符合《专利法》

第二十六条第三款的规定。

专利权人不服该审查决定，提起专利行政诉讼。北京市第一中级人民法院判决认为，本领域技术人员确认作为这9个化合物之一的本专利权利要求化合物具有说明书所述的治疗效果是合乎情理的，无须进一步花费创造性劳动，被诉决定对本专利不符合《专利法》第二十六条第三款规定的认定是错误的。①北京市高级人民法院判决认为，本领域普通技术人员确认作为第五级9种化合物之一的权利要求化合物具有说明书所述的治疗效果是合乎情理的，本专利符合《专利法》第二十六条第三款的规定。②

2008年1月9日，国家知识产权局专利复审委员会根据北京市高级人民法院生效判决，重新成立合议组进行审理。根据请求人I在口头审理时的确认，本无效宣告请求的审查仅针对权利要求1是否符合《专利法》第二十六条第四款和第二十二条第三款的规定。经审查，国家知识产权局专利复审委员会作出无效宣告请求审查决定，维持专利权有效。

决定与理由

国家知识产权局专利复审委员会认为，本专利权利要求1请求保护"5-［2-乙氧基-5-（4-甲基-1-哌嗪基磺酰基）苯基］-1-甲基-3-正丙基-1，6-二氢-7H-吡唑并［4，3-d］嘧啶-7-酮或其药学上可接受的盐或含有它们中任何一种的药物组合物在制造

---

① 参见北京市第一中级人民法院（2004）一中行初字第884号行政判决书。
② 参见北京市高级人民法院（2006）高行终字第519号行政判决书。

药物中的用途,该药物用于治疗或预防包括人在内的雄性动物勃起机能障碍"。

证据6涉及吡唑并嘧啶酮类抗心绞痛剂。[①] 证据6中公开了式(Ⅰ)的吡唑并嘧啶酮类化合物的结构式及其取代情况,并在第9页和实施例12中记载了5-[2-乙氧基-5-(4-甲基-1-哌嗪基磺酰基)苯基]-1-甲基-3-正丙基-1,6-二氢-7H-吡唑并[4,3-d]嘧啶-7-酮(以下称权利要求1的化合物)。证据6第1页中还指出此类吡唑并嘧啶酮类化合物是cGMP PDE的强效选择性抑制剂,其能选择性抑制cGMP PDE而不抑制cAMP PDE,结果使cGMP水平升高。此类吡唑并嘧啶酮类化合物可应用于治疗多种疾病,包括稳定的、不稳定的和变异的心绞痛、高血压、充血性心力衰竭、动脉粥样硬化、血管开放功能减弱症状、外周血管疾病、中风、支气管炎、慢性哮喘、过敏性哮喘、过敏性鼻炎、青光眼以及以肠道运动紊乱为特征的疾病。证据6第14页中给出了测定所述吡唑并嘧啶酮类化合物的PDE抑制活性、血小板抗凝集活性和抗高血压活性的测试方法,在PDE活性测试的部分中指出从家兔血小板和大鼠肾中分离依赖钙/钙调蛋白(Ca/CAM)的cGMP PDE酶,最后测试的结果表明"本发明化合物对两种cGMP PDE都是强效选择性抑制剂"。因此,证据6公开了权利要求1的化合物,证据6与本专利权利要求1的区别在于:权利要求1的化合物的第二医药用途,即在制备用于治疗或预防包括人在内的雄性动物勃起机能障碍的药物中的用途。

证据5是对PDEVA抑制剂的一篇综述。[②] 证据5表1将PDE家族分为Ⅰ—Ⅴ五种同工酶,并且列出PDEV—cGMP特异性同工酶

---

① 公开号为CN1057464A、申请号为91104162.1的中国发明专利申请公开说明书。
② K. J. Murray, *Phosphodiesterase VA Inhibitors*, DN&P 6(3),pp.150–156.

的选择性抑制剂为敏喘宁（zaprinast，即 M&B 22,948，扎普斯特）、MY-5445 和 skoeF-96231，在第 7 页图 2 中给出上述三种 PDEVA 选择性抑制剂的结构式且它们分别属于嘌呤酮类化合物、肽嗪类化合物和咪唑并嘧啶酮类化合物，在化学结构上不同于本专利的吡唑并嘧啶酮类化合物。在证据 5 表 2 中给出 PDEV 的数种同工型且在第 3 页中指出 PDEVA 增加 cGMP 量而不是 cAMP 含量。证据 5 中将敏喘宁描述为 PDEVA 强抑制剂但选择性不高，将 MY—5445 描述为强效和高选择性的 PDEVA 抑制剂，SkoeF-96231 是 PDEVA 抑制剂原型（参见第 4—7 页）。在证据 5 有关 PDEVA 抑制的生理学作用部分中描述了多种 PDEVA 抑制剂、主要是敏喘宁对离体平滑肌标本的作用，例如不同动物种属的气管、阴茎海绵体条、食道括约肌、结肠、胃等，也描述了对于动脉压、血小板等的作用，其中描述了敏喘宁体外可使人阴茎海绵体条松弛，并增强一氧化氮或电刺激引起的松弛作用（参见第 7—10 页）。证据 5 有关 PDEVA 抑制剂的潜在治疗作用部分中指出平滑肌松弛作用是 PDEVA 抑制剂最有希望的潜在应用，可能的治疗用途包括血管舒张、气管扩张、胃肠运动的调节和阳痿的治疗；同时还指出敏喘宁是当时唯一应用于临床的 PDEVA 抑制剂，用于减轻运动引起的成人哮喘时的支气管收缩。

关于证据 6 和证据 5 的结合。从证据 6 的内容可以看出，虽然公开了包括权利要求 1 的化合物在内的吡唑并嘧啶酮类化合物以及其用于制备抗心绞痛剂等的第一医药用途，并且提及此类吡唑并嘧啶酮类化合物所治疗的相关疾病是位于心脏及血管、气管支气管、鼻部、眼部和肠道，但是在该证据记载的上述多种疾病中并未包括雄性动物体的勃起机能障碍。另外，证据 6 未给出有关任一所述式(I)的吡唑并嘧啶酮类化合物的抑制 cGMP PDE 活性的具体结果，也没有具体描述权利要求 1 的化合物对于 cGMP PDE 的抑制活性。由此可见，证据6并未给出将本专利权利要求1的化合物用于本专利第二医药用途的启示，权利要求1相对于证据6是非显而易见的。证据5中虽然描述了PDEVA抑制剂敏喘宁可使人阴茎海绵体条松弛，并据此在对PDEVA抑制剂的医药用途的预测中将治疗阳痿列为多种可能的医药用途之一；但是，证据5中还披露敏喘宁本身作为当时唯一临床使用的PDEVA抑制剂，其医药用途是减轻运动引起的成人哮喘时的支气管收缩，本领域技术人员并不能从敏喘宁在松弛阴茎海绵体的离体实验结果中得出其能够成功用于治疗勃起功能障碍的药物的方案。同时，根据证据5的全部内容可知，PDEVA抑制剂的生理作用会因抑制剂的化合物种类、不同的动物种属、生物体组织或部位的不同而发生变化，无法得出PDEV抑制剂都能够治疗勃起功能障碍；而且证据5中涉及的上述三种PDEVA选择性抑制剂敏喘宁、MY-5445和skoeF-96231分别属于嘌呤酮类化合物、肽嗪类化合物和咪唑并嘧啶酮类化合物，在化学结构上不同于本专利的吡唑并嘧啶酮类化合物，也无法通过化合物的结构去推断其功能。即使将证据6和证据5结合，本领域技术人员仍然需要对证据6中的多种化合物以及它们可能的多种生理作用进行研究和试验，进而还需要为其在医药临床上的实际应用付出大量的劳动，因此，权利要求1化合物的医药用途的技术方案不是显而易见的。

本专利依其优选程度的不同在说明书第2页倒数第6行至第4页第16行，第4页第17行至第5页第6行，第5页第2段，第5页倒数第2段，第5页倒数第1行至第6页分别给出五个级别的化合物范围，其中在第6页公开的第3个具体化合物即为权利要求1的化合物。本专利对所涉及化合物的相关技术效果描述如下，说明书第8页倒数第6行至第9页第1行描述了一种特别优选化合物对cGMP PDEV酶的体外选择抑制活性和数据，说明书第9页第1段描述了在鼠和狗体内进行的毒性试验数据,说明书第9页第2段中明确描述了给人按一次剂量和多次剂量对志愿者口服试验了特别优选的化合物,并且对患者进行的研究证实一种特别优选的化合物诱发了阳痿男性的阴茎勃起。在说明书第9页第4段描述了对于人类口服最为方便,避免了在阴茎海绵体内用药时的不便。虽然证据6中公开了所述吡唑并嘧啶酮类化合物对cGMP PDE的抑制活性,证据5描述了不同类型的PDEVA抑制剂及其多种生理学作用和潜在用途,但是请求人没有提供证据表明有任何一种PDEVA抑制剂能够成功用于治疗雄性动物体的勃起机能障碍。而且,权利要求1的化合物能够在按一次剂量和多次剂量对志愿者口服试验时诱发阳痿男性的阴茎勃起,该化合物取得了意料不到的技术效果。

评 析

正如本书案例5的评析所述,在判断发明或者实用新型是否具有创造性时,通常采用的判断方法是三步法:确定最接近的现有技术,确定发明的区别特征和发明实际解决的技术问题,判断要求保护的发明对本领域的技术人员来说是否显而易见。上述三步法判断方式旨在于模拟发明创造的过程。通常进行的发明创造需要首先了解现有技术并研究现有技术存在的问题,然后去寻找解决上述技术问题的技术启示。可见,三步法通过模拟发明创造过程的方式,帮助判断发明创造的创造性高度是否符合发明或者实用新型专利的创造性高度要求。但是,上述三步法毕竟是对发明创造过程的事后模拟,因此容易出现"事后诸葛亮"的问题,为此,中国《专利审查指南》第二部分第四章将"发明解决了人们一直渴望解决但始终未能获得成功的技术难题"、"发明克服了技术偏见"、"发明取得了预料不到的技术效果"以及"发明在商业上获得成功"作为判断发明创造性时需要考虑的其他因素。

（一）其他国家和地区创造性的辅助审查标准

世界主要国家和地区均存在一些创造性的辅助审查标准。例如，欧洲专利局将"预料不到的技术效果"作为创造性判断的辅助审查标准。欧洲专利局《专利审查指南》规定，预料不到的技术效果可以作为是否具有创造性的考虑因素。但是，如果考虑到现有技术，对于所属技术领域的技术人员来说，获得落入权利要求范围内的某些特征已经是显而易见的，例如由于缺乏可选替代要素而造成一种"独木桥"的情形，这时预料不到的技术效果仅仅是一种奖励式的效果，它并不赋予所要求保护的主题以创造性。[1]简言之，就是预料不到的技术效果可以作为发明具有创造性的考虑因素，但前提是带来这种预料不到的技术效果的特征的选择不是一种必然的趋势。

在《专利审查指南》中对于该情形给出了一个实例，即由于缺乏可选替代要素而造成一种"独木桥"的情形。在预料不到的技术效果的判断中，将哪些技术效果加以认定对于创造性的判断是至关重要的。欧洲专利局申诉委员会在决定中指出，该涉案专利的权利要求1保护一种阻燃剂聚酯组合物，所述组合物在具有好的拉伸强度、破裂伸长和热稳定性的同时还表现出好的抗白化性质（blooming）。申诉人争辩，基于对比文件2的教导，解决白化问题已经是显而易见的，因此其他物理性质的提高，不能被认为是具有创造性的依据。但是申诉委员会不赞成这种观点，欧洲专利局申诉委员会认为，判断哪个技术效果是关键的，哪个仅仅是偶然的

---

[1] Guidelines for examination, in the EPO, 2005, Part C, IV-28, 9.10.3.

(bonus effect),实际的方法是在所提供的情形下考虑这些效果相关的技术和应用上的重要性。尽管解决白化问题相对于现有技术是显而易见的,但是申诉委员会无法接受任何其他物理性质(例如拉伸强度、破裂伸长和热稳定性)的提高不构成意想不到技术效果的考虑因素。因为从所述组合物的整体性能来看,拉伸强度、破裂伸长和热稳定性至少和抗白化性质同等重要,因此任何上述性质的提高不能被认为仅仅是一种偶然而不加以考虑。本领域的技术人员应该全面考虑所有的技术效果,衡量它们在相关的技术和应用上的重要性,不能基于细枝末节的或者根本不相关的技术效果来确定发明所解决的技术问题,这就违背了对于预料不到的技术效果进行限制的初衷。[1]

(二)中国创造性辅助审查标准的法律地位

中国《专利法》对于创造性的规定为"突出的实质性特点和显著的进步",通常采用的三步法重点判断与现有技术相比是否具有"突出的实质性特点",对于"显著的进步"要求较低,只要达到与现有技术基本相同的技术效果即可。[2]而发明"解决了人们一直渴望解决但始终未能获得成功的技术难题"、"克服了技术偏见"、"取得了预料不到的技术效果"或者"在商业上获得成功"则是可以证明

---

[1] T227/899 号判例,http://legal.european-patent-office.org/dg3/biblio/t890227eu1.htm,最后访问时间:2016 年 1 月 11 日。

[2]《专利审查指南》第二部分第四章第 3.2.2 节规定:"在评价发明是否具有显著的进步时,主要应当考虑发明是否具有有益的技术效果。以下情况,通常应当认为发明具有有益的技术效果,具有显著的进步:(1)发明与现有技术相比具有更好的技术效果,例如,质量改善、产量提高、节约能源、防治环境污染等;(2)发明提供了一种技术构思不同的技术方案,其技术效果能够基本上达到现有技术的水平;(3)发明代表某种新技术发展趋势;(4)尽管发明在某些方面有负面效果,但在其他方面具有明显积极的技术效果。"

发明取得"显著的进步",从而降低在"突出的实质性特点"方面的要求。

上述判断发明创造性时需要考虑的其他因素的法律地位在于,这些因素属于技术方案具备创造性的充分条件,如果该发明"解决了人们一直渴望解决但始终未能获得成功的技术难题"、"克服了技术偏见"、"取得了预料不到的技术效果"或者"在商业上获得成功",则可以认定该发明具有突出的实质性特点和显著的进步,从而具备创造性;即使该发明与最接近的现有技术相比的区别特征在现有技术中存在技术启示,亦应当认定该发明具备创造性。

(三)中国"发明取得预料不到的技术效果"的认定原则

根据中国《专利审查指南》第二部分第四章的规定:"发明取得了预料不到的技术效果,是指发明同现有技术相比,其技术效果产生'质'的变化,具有新的性能;或者产生'量'的变化,超出人们预期的想象。这种'质'的或者'量'的变化,对所属技术领域的技术人员来说,事先无法预测或者推理出来。当发明产生了预料不到的技术效果时,一方面说明发明具有显著的进步,同时也反映出发明的技术方案是非显而易见的,具有突出的实质性特点,该发明具备创造性。"

就"发明取得预料不到的技术效果"的认定原则而言,包含如下内容:首先,"发明取得预料不到的技术效果"既可以通过当事人提出主张并提交相应证据加以证明的方式加以认定,也可以由专利复审委员会根据涉案专利授权文件中的记载判断技术效果是否达到"预料不到的技术效果"的高度。其次,"发明取得预料不到的技术效果"作为事实认定问题,通常需要举证证明。当然,专利权人在专利文件中就技术效果的描述,构成对于"预料不到的技术效果"的内部证据。专利权人在专利文件中就技术效果的描述,优先于专利权人在专利申请之后提交的有关技术效果的证据。

（四）中国"发明取得预料不到的技术效果"的认定步骤

对于预料不到技术效果的认定而言，包含两个步骤：首先，相对于最接近的现有技术而言存在特定的技术效果；其次，上述特定的技术效果达到预想不到的程度。在第一个步骤的判断中，需要检索到涉案专利的最接近的现有技术，然后分析涉案专利与最接近的现有技术之间的区别技术特征，最后分析上述区别技术特征使得涉案专利的技术方案具备哪些技术效果。亦即，涉案专利相对于最接近的现有技术而言存在的技术效果应当是由于涉案专利与最接近的现有技术之间的区别技术特征直接导致的。并且，带来这种预料不到的技术效果的特征的选择不是一种必然的趋势。在第二个步骤的判断中，需要判断涉案专利相对于最接近的现有技术而言存在的技术效果所达到的程度，上述技术效果需要达到预想不到的程度。所谓"预想不到的程度"，是指上述技术效果不是通过合理逻辑推导出来的。

例如，在"氨氯地平对映体的拆分"发明专利无效纠纷一案中，国家知识产权局专利复审委员会认为，权利要求将DMSO-d6与氨氯地平的摩尔比限定为≥1，并且限定了溶剂的种类，其解决的技术问题是提高了氨氯地平对映体的光学纯度和收率。对比文件没有记载使用DMSO-d6进行拆分的技术内容，也没有记载用于拆分氨氯地平的DMSO-d6的用量，更加没有给出采用DMSO-d6替换DMSO作为手性助剂可以提高拆分对映体的光学纯度的启示。本领域公知的是，现有技术中DMSO-d6的用途主要在于核磁共振分析领域。对比文件的各实施例中，光学纯度多数在97%到98.5%之间，仅实施例9的光学纯度为>99.5%，而本专利的光学纯度多在99.5%以上，从总体上看，本专利的技术方案是有利于提高光学纯度的,具有预料不到的技术效果,因此权利要求具有创造性。

北京市第一中级人民法院一审判决和北京市高级人民法院二审判决均认为,将权利要求与对比文件相比,二者的区别特征仅在于所使用的手性助剂不同,本专利权利要求1使用DMSO-d6或者含有DMSO-d6的溶剂,而对比文件使用DMSO或者含有DMSO的溶剂。DMSO-d6是与DMSO具有相同化学性质的化合物,在对比文件所公开的使用DMSO作为手性助剂拆分氨氯地平对映体的情况下,本领域技术人员容易想到与之性质相近的DMSO-d6也能用于拆分氨氯地平对映体,并替代DMSO从而得到本专利权利要求1的技术方案。虽然DMSO-d6主要用于核磁共振领域且价格昂贵,在本专利申请日之前也未公开此种替换,但从现有证据来看,并不存在进行这种替换的障碍。本案的关键在于用DMSO-d6代替DMSO对于拆分氨氯地平对映体是否存在预料不到的技术效果。权利要求相对于对比文件来说,部分实施例的光学纯度有一定的提高,但该种进步并没有产生新的性能,不是一种"质"的变化,且没有证据证明其所提高的量超出人们预期的想象,因此本专利相对于对比文件并未取得预料不到的技术效果。专利权人张喜田主张该领域的数值提高的空间非常有限,但其未提交有关证据证明,对其关于本专利权利要求的技术方案具有预料不到的技术效果的上诉主张不予支持。国家知识产权局专利复审委员会不服上述二审判决,向最高人民法院提起申诉。其主要申诉理由在于,权利要求2所要求保护的技术方案提高了光学纯度,杂质含量从0.5%降低到0.1%,减少了4/5。并且该技术方案系长期服用的药品,长期服用的杂质会对人体具有不良反应,上述杂质含量的降低产生了预料不到的技术效果。所以,权利要求2具备突出的实质性特点和显著的进步。最高人民法院撤销一、二审判决并发回一审法院重新审理。①

　　该案中，对于权利要求所要求保护的技术方案需要从光学纯度本身和杂质含量两个角度分析其在光学纯度提高方面的技术效果是否能够达到"预料不到的技术效果"的高度。一方面，权利要求2所要求保护的技术方案将光学纯度从现有技术的99.5%提高到99.9%，在现有技术中的光学纯度已经达到99.5%这么高的高度的情况下，在如此高的基础上再作提高是非常困难的，因此就光学纯度的提高而言，涉案专利的技术效果能够达到"预料不到的技术效果"的高度。另一方面，"光学纯度从现有技术的99.5%提高到99.9%"意味着"杂质含量从0.5%降低到0.1%"，因此杂质含量减少了4/5。需要进一步考虑到的是，该技术方案系长期服用的药品，长期服用的杂质会对人体具有不良反应，上述杂质含量的降低产生了预料不到的技术效果。可见，就杂质含量的降低而言，涉案专利的技术效果能够达到"预料不到的技术效果"的高度。从另一个角度而言，案例中涉案专利使用DMSO-d6代替DMSO后，本领域技术人员根据同位素化学性质接近的基本理论，合理逻辑推导出的结果是涉案专利的光学纯度和杂质含量应当与现有技术基本相同。然而，根据涉案专利说明书的记载，在现有技术中的光学纯度已经达到99.5%这么高的高度的情况下涉案专利进一步提高到99.9%，杂质含量减少了4/5，已经超出了上述合理逻辑推导的结论范畴。

---

　　① 参见国家知识产权局专利复审委员会第7955号无效宣告请求审查决定以及北京市第一中级人民法院（2006）一中行初字第810号行政判决书、北京市第一中级人民法院（2006）一中行初字第849号行政判决书、北京市高级人民法院（2007）高行终字第68号行政判决书、北京市高级人民法院（2007）高行终字第70号行政判决书、最高人民法院（2010）行提字第1号行政裁定书和最高人民法院（2010）行提字第2号行政裁定书。

具体到"用于治疗阳痿的吡唑并嘧啶酮类"发明专利无效纠纷案，已知化合物的新医药用途发明是指将已知化合物用于新的医药目的的发明。化学领域中，在进行已知化合物的新用途发明的创造性判断时一般需要考虑新医药用途与现有用途的技术领域的远近、新用途所带来的技术效果等因素。如果该已知化合物的新医药用途不能从产品本身的结构、组成、已知的性质以及该产品的已有用途显而易见地得出或者预见到，该用途发明是从现有技术披露的宽范围中选出的特定化合物的新医药用途发明，本领域技术人员必须从多种不确定的可能性中通过大量劳动才能得出所述用途发明，同时该用途发明产生了预料不到的技术效果，则可认为这种已知化合物的新医药用途发明具有创造性。涉案专利权利要求 1 的化合物能够在按一次剂量和多次剂量对志愿者口服试验时诱发阳痿男性的阴茎勃起，相对于对比文件 6 和 5 的结合取得了意料不到的技术效果，具备《专利法》第二十二条第三款规定的创造性。

12. 专利无效宣告程序中禁止反悔原则的适用与修改超范围的认定

——广东佛山凯德利办公用品有限公司、郑亚俐与精工爱普生株式会社"墨盒"发明专利权纠纷案

案件索引：国家知识产权局专利复审委员会第11291号无效宣告请求审查决定

基本案情

在广东佛山凯德利办公用品有限公司、郑亚俐与精工爱普生株式会社发明专利无效纠纷一案中，涉及2004年6月23日授权公告的、名称为"墨盒"的00131800.4号发明专利，本专利是99800780.3号发明专利申请的分案申请，其申请日为1999年5月18日，最早的优先权日为1998年5月18日，专利权人为精工爱普生株式会社。

其母案涉及一种喷墨打印设备和墨盒，其中权利要求40、41等涉及半导体存储装置的安装位置。该分案申请授权文本中权利要求1和权利要求40中的"存储装置"均由专利权人在提出分案申请时主动修改而来，除了说明书背景技术中记载的"这是因为，打印设备必须带到厂家，并且记录控制数据的存储装置必须更换"以及"其中在一个墨盒上设置了半导体存储装置和连接到存储装置的一个电

极"之外，原说明书和权利要求书中并没有关于"存储装置"的记载。并且，结合专利申请文件整体可以得知，在上述并非描述本专利申请技术方案的背景技术部分中，"存储装置"应当是对"半导体存储装置"的简称。分案后授权公告的权利要求1为，"一种装于喷墨打印设备的托架上的墨盒，用于通过一供墨针向喷墨打印设备的打印头供应墨水，该墨盒包括：多个外壁；一供墨口，用于接纳所述供墨针，形成于多个壁的第一个上；一存储装置，由所述墨盒支承，存储关于墨水的信息；一电路板，安装在与所述多个壁中的第一壁交叉的所述第二壁上，所述电路板位于所述供墨口的中线上；和多个接触点，形成在所述电路板的外露表面上，用于将所述存储装置连接到喷墨打印设备，所述触点形成多个列。"

无效宣告请求人认为，本专利说明书第2页第5行至第3页第21行所记载的五个技术方案及其相对应的授权独立权利要求1、8、12、31和42与本专利的分案原申请文件记载的技术方案不同，而且也不能由分案原申请文件记载的信息直接、毫无疑义地确定，此外，本专利授权的从属权利要求2—7、9—11、13—30及32—41同样也与分案原申请文件记载的技术方案不同，在分案原申请文件中找不到依据，本专利墨盒是置于一种确定的打印设备墨盒容纳腔中的墨盒，而分案原申请说明书并没有给出脱离具体打印设备的墨盒实施例，因此，本专利授权的权利要求1—42不符合《专利法》第三十三条的规定；而且，本专利授权的权利要求是以范围很广的上位概念及功能性语言概括而成，权利要求的概括包含有推测的内容，而其效果又难于预先确定和评价，并且权利要求中限定的功能是以说明书实施例中记载的特定方式完成的，所属技术领域的技术人员不能明了此功能还可以采用说明书中未提到的其他替代方式来完成，因此本专利授权的权利要求1—42也不符合《专利法》第二十六条第四款的规定。

国家知识产权局专利复审委员会经过审查作出无效宣告请求审查决定，以权利要求1—40不符合《专利法》第三十三条的规定为由宣告专利权全部无效。

决定与理由

国家知识产权局专利复审委员会认为，本专利是99800780.3号发明专利申请的分案申请，而99800780.3号发明专利申请是进入中国国家阶段的国际申请（PCT/JP99/02579），即99800780.3号发明专利申请的申请文件相当于是PCT/JP99/02579号国际申请的中文翻译件。

本专利权利要求1和40中的"存储装置"以及权利要求8、12和29中的"记忆装置"均由实质审查阶段修改而来。在申请日提交的PCT/JP99/02579号国际申请文件及99800780.3号发明专利申请的说明书和权利要求书中并没有"存储装置"和"记忆装置"的文字记载，而仅有"半导体存储装置"的文字记载，因此，判断本专利在实质审查阶段所进行的上述修改是否超范围的关键在于："存储装置"和"记忆装置"是否属于可根据原说明书和权利要求书中记载的"半导体存储装置"直接且毫无疑义地确定的内容，即对于本领域技术人员来说，"存储装置"和"记忆装置"是否确定无疑就是原说明书和权利要求书中记载的"半导体存储装置"。

"存储装置"是用于保存信息数据的装置，除半导体存储装置外，其还包括磁泡存储装置、铁电存储装置等多种不同的类型。根据原说明书第1页第29—32行的记载，本发明专利是为了解决拆装墨盒时由于托架与墨盒之间存在间隙使半导体存储装置接触不好，信号可能在不适当的时候充电或施加，数据无法读出或丢失的问题。因此，包括实施例在内的整个说明书都始终在围绕着上述问题描述发明，即包括实施例在内的整个说明书都始终是针对半导体存储装置来描述发明的。同样，原权利要求书要求保护的技术方案中亦针对的是半导体存储装置，原说明书和权利要求书中均不涉及其他类型的存储装置，也不能直接且毫无疑义地得出墨盒装有其他类型的存储装置。因此，"存储装置"并非确定无疑就是原说明书和权利要求书中记载的"半导体存储装置"，本领域技术人员并不能从原说明书和权利要求书记载的"半导体存储装置"直接且毫无疑义地确定出"存储装置"。同理，"记忆装置"也不能从原说明书和权利要求书记载的"半导体存储装置"直接且毫无疑义地确定。专利权人在实质审查程序中将"半导体存储装置"修改为"存储装置"或"记忆装置"超出了原说明书和权利要求书记载的范围。

亦即，本专利包括实施例在内的整个原说明书及权利要求书都始终是针对半导体存储装置来描述发明的。"存储装置"是用于保存信息数据的装置，除半导体存储装置外，其还包括磁泡存储装置、铁电存储装置等多种不同的类型。原说明书和权利要求书中均不涉及其他类型的存储装置，也不能直接且毫无疑义地得出墨盒装有其他类型的存储装置。因此，"存储装置"并非确定无疑就是原说明书和权利要求书中记载的"半导体存储装置"，此种修改是超范围的，不符合《专利法》第三十三条的规定。

北京市第一中级人民法院一审判决维持上述无效决定。北京市高级人民法院二审判决认为，首先，技术术语及特征的理解应当以本领域技术人员的角度，考虑到该技术术语或特征所使用的特定语境。本专利原始文本中相关权利要求记载有"半导体存储装置"及"存储装置"的内容。其次，本专利权利人在实审阶段答复通知书的意见陈述书中对"存储装置"作出明确限定。还有，原说明书中记载"其中在一个墨盒上设置了半导体存储装置和连接到存储装置的一个电板"，表明"存储装置"为"半导体存储装置"的简称。因此，将"半导体存储装置"修改为"存储装置"并未形成新的技术方案，并未超出原说明书和权利要求书记载的范围。国家知识产权局专利复审委员会不服上述判决，向最高人民法院提起申诉。国家知识产权局专利复审委员会认为，"存储装置"和"半导体存储装置"在本领域内均具有特定的明确的技术含义，存储装置（存储器）是用于存放数据和程序的装置，按构成存储装置的器件和存储介质的不同主要可分为：磁芯存储装置、半导体存储装置、光电存储装置、磁膜、磁泡和其他磁表面存储装置以及关盘存储装置等，不应当将存储装置解释为半导体存储装置。同时，专利申请人将"半导体存储装置"主动修改为"存储装置"，体现了其具有"半导体存储装置"和"存储装置"二者含义不同的意思表示，专利权人在无效程序中主张"半导体存储装置"与"存储装置"保护范围一致，修改的过程反映出反悔的存在，那么应当认定将"半导体存储装置"修改为"存储装置"的情形属于反悔。最高人民法院认为，专利复审委员会称，精工爱普生在专利申请过程中实际上认为"半导体存储装置"和"存储装置"二者含义不同，而在无效程序中又主张两者含义相同，修改的过程反映出反悔的存在，应当认为将"半导体存储装里"修改为"存储装里"属于反悔，应予禁止。这一主张混淆了《专利法》第三十三条和禁止反悔原则的关系。根据《专利法》第三十三条的规定，专利申请文件的修改是否超范围，应以原说明书和权利要求书记载的范围为界，在此范围内并无禁止反悔原则的适用余地。专利复审委员会的上述主张实际上是以申请人在修改完成后的无效程序中的解释为准来判断专利申请文件的修改是否超范围，本质上是以禁止反悔原则取代《专利法》第三十三条，对这一观点不予支持。①

评　析

中国《专利法》第三十三条规定："申请人可以对其专利申请文件进行修改，但是，对发明和实用新型专利申请文件的修改不得超出原说明书和权利要求书记载的范围，对外观设计专利申请文件的修改不得超出原图片或者照片表示的范围。"中国1984年《专利法》规定为："申请人可以对其专利申请文件进行修改，但是不得超出原说明书记载的范围。"1992年《专利法》修改中将"不得超出原说明书记载的范围"修改为"不得超出原说明书和权利要求书记载的范围"。《专利审查指南》进一步将"原说明书和权利要求书记载的范围"解释为两个层次：一是通过原说明书和权利要求书的文字已经明确表述出来的内容；二是所属领域的技术人员通过原说明书和权利要求书能够直接地、毫无疑义地确定的内容。

（一）不同国家和地区修改超范围判断的主要思路

就修改超范围的判断，主要国家和地区的法律实践差异较大。美国《专利法》第一百三十二条规定，任何修改都不能在发明的披露中引入新主题。在判断修改是否引入新主题时，有字面判断法和概念判断法两种方法。字面判断法主要在于，判断修改的内容与原始申请记载的字面解释是否相吻合；概念判断法主要在于，判断修

---

① 参见北京市第一中级人民法院（2008）一中行初字第1030号行政判决书，北京市高级人民法院（2009）高行终字第327号行政判决书，以及最高人民法院（2010）知行字第53号行政裁定书。

改是否引入任何新的发明概念。[1]

欧洲专利局《审查指南》规定，《欧洲专利公约》第一百二十三条的法律内涵是，不允许专利申请人通过加入未在原始申请文件中记载的主题来完善其发明，否则将赋予申请人不正当的权利，并且也会损害对原申请文件有所依赖的第三方的利益。如果申请内容的所有变化（通过增加、改变或删除）导致本领域技术人员看到的信息不能从原申请的信息中直接和毫无疑义地导出，即使考虑了对本领域技术人员来说隐含公开的内容也不能导出，那么应当认为该修改引入了超出原始申请内容的主题，因此不允许。在判定实践中，欧洲专利局逐步确立了新颖性判定法、修正的新颖性判断法、必要技术特征判定法等。其中，新颖性判定法的思路在于，修改超范围的判断即判断修改的文本相对于原文本是否具有新颖性。[2]修正的新颖性判断法，则是将修改内容分离（修改的权利要求扣除原权利要求的保护范围之后的剩余的内容），然后判断该修改内容相对于原申请文件是否具备新颖性。[3]必要技术特征判定法则需要判断替换或删除的技术特征是否是解决技术问题必不可少的技术特征，如果构成必不可少的技术特征则判断是否构成实质性改变。

日本特许厅《发明和实用新型审查基准》在"修改限制制度的主旨"部分规定，为了顺利进行各项程序，希望最初就能提交完整内容的说明书等文件，如果申请时说明书、权利要求书及附图（以下称"说明书等"）很完整，就没必要对说明书等进行补正，但实际上，最初无法期望得到完整的申请文件的情况也不少，即说明书等的记

---

[1] Thomas K. Landry, Constitutional Invention, A Patent Perspective, 25 Rutgers Law Journal p.67.

[2] 参见欧洲专利局《审查指南》第Ⅳ部分第7.2节的规定。

[3] 参见欧洲申诉委员会T194／84决定。

载往往有不明确之处，往往达不到正确理解发明的程度，且常常有误记、错记现象，因此，在申请之初往往很难提交完整、准确无误的说明书等。即使在申请之初提交的文件很全面、很完整，如果审查结果认为发明内容是现有技术或是已经申请的内容，就要对权利要求进行缩减，即需要对说明书等进行补正。此外，为确保说明书等作为技术文献的质量也应该承认补正程序。因此，需要在一定的修改范围的限制下承认或认可说明书等的修改。可是，在专利申请以后，如果允许在随请求书最初提交的说明书、权利要求或附图中所记载事项的范围以外进行修改的话，由于修改的效果追溯及申请之时，相信最初说明书等记载内容的第三人就会蒙受各种难以预测的不利之处。也就是说，对申请说明书等进行补正时如果将申请时说明书等中没有记载的发明内容也补进去而得到专利时就违反了先申请原则，因而应对补正的内容和时间加以限制。总之，为了调整、平衡申请人与第三人的利益关系，修改必须在最初说明书等记载的事项的范围内进行。

（二）中国修改超范围判断的主要思路

在中国，应当从先申请原则和禁止反悔原则两个角度解读《专利法》第三十三条的立法宗旨。

首先，从先申请原则的角度解读。关于《专利法》第三十三条的立法本意，"之所以规定修改不得超出原说明书和权利要求书记载的范围，是因为中国专利制度采用的是先申请原则。如果允许申请人对申请文件修改超出原始提交的说明书和权利要求书记载的范围，就会违背先申请原则，造成对其他申请人来说不公平的后果。"[1]进

---

[1] 国家知识产权局条法司：《新专利法详解》，知识产权出版社2001年版，第228—229页。

一步而言，设立《专利法》第三十三条有两方面的目的，第一是防止申请人以未完成的发明创造申请专利，并在申请日以后通过修改专利申请文件来完成发明创造，从而获得不正当的利益；第二是防止申请人不重视申请文件的撰写，使得公众不能清楚准确地理解发明。众所周知，申请专利的发明创造应当为在申请日之前已经完成的发明创造；一项发明尚未完成就申请专利，要求较早的申请日来获得专利保护，是对公共利益的侵犯，不利于鼓励真正的发明创造。[1]可见，与日本、欧洲和美国的比较法经验一致，中国《专利法》第三十三条亦是从维护先申请原则的角度出发的。

其次，从禁止反悔原则的角度解读。中国在进行修改超范围判断时，也应主动查明是否构成专利法意义上的反悔。也就是说，以原始申请文本为基础，结合专利申请人的意见陈述以及修改情况，调整判断是否存在专利法意义上的反悔，是《专利法》第三十三条的立法宗旨之一；如果构成专利法意义上的反悔，那么不符合《专利法》第三十三条的规定。一方面，从解释选择的角度而言，正如本文第三部分所述，禁止反悔原则理应包括授权程序中的禁止反悔、确权程序中的禁止反悔和授权与确权程序之间的禁止反悔，从而，授权确权程序中的禁止反悔亦应当规范上述程序中对于专利申请文件做出的修改。并且，上述禁止反悔属于裁判者查明的范畴，也就是说，在判断专利申请文件的修改是否符合《专利法》第三十三条的规定时，需要主动查明上述修改是否构成专利法意义上的反悔。另一方面，从价值判断的角度衡量，禁止反悔原则所体现的禁止两头获利的价值判断规则，显然在《专利法》第三十三条的适用中亦

---

[1] 金泽俭："专利申请文件修改的限制"，载《知识产权》2002年增刊，第203—205页。

应当予以考虑。也就是说,在判断专利申请文件的修改是否符合《专利法》第三十三条的规定时,需要判断上述修改是否使得专利申请人两头获利,是否使得专利申请人既通过调整解释获得授权又加以反悔将保护范围扩大,或者既通过调整解释获得较大的保护范围又加以反悔使专利权得以维持。

例如,在"积木地板"发明侵权纠纷案中,权利要求中多次出现"积木"一词。对此,北京市第二中级人民法院认为,正确的做法应当是按照说明书中的文字限定权利要求中的某些必要技术特征,对权利要求字面所限定的技术方案的保护范围作出公平的缩小的解释,以使权利要求得到说明书及附图的支持。①北京市高级人民法院维持了上述判决。②上述有关权利要求保护范围解释的方法是否合适,可以进一步讨论,但是其体现了防止既通过调整解释获得授权又加以反悔将保护范围扩大的思路。

(三)禁止反悔原则的基本理解

传统观点认为,禁止专利权人将其在审批过程中通过修改或者意见陈述所表明的不属于其专利权保护范围之内的内容重新囊括到其专利权保护范围之中,这就是禁止反悔原则。③也就是说,禁止反悔原则包括禁止修改导致的反悔和禁止意见陈述导致的反悔,其所界定的是授权和确权过程中的修改和陈述对于侵权程序的约束作用。然而就禁止反悔原则的历史逻辑而言,禁止反悔原则是一项基于衡平法允诺禁反言原则(doctrine of estoppel)的根植于美国专利制度的原则,最初是作为一种权利要求解释的一般规则发展而来的。④专

---

① 参见北京市第二中级人民法院(2004)二中民初字第6988号民事判决书。
② 参见北京市高级人民法院(2005)高民终字第172号民事判决书。
③ 尹新天:《专利权的保护》,知识产权出版社2005年版,第449页。
④ Donald S. Chisum, *Chisum on Patents*, M. Bender, 2007: §18.02.

利禁止反悔的概念最初与弃权（disclaimer）的概念有关，禁止反悔原则起源自专利授权程序本身。从禁止反悔原则的起源来看，弃权理论曾经是禁止反悔原则的雏形。在1836年美国《专利法》中，专利权人可以通过再公告修改其专利——允许专利权人修改专利申请以使专利权人在发现潜在的、导致其专利无效的问题时来挽救其专利权。[1]在1879年莱格特诉艾弗里案[2]中，美国最高法院坚持主张，专利权人一旦明确放弃某项权利要求主题后，就不能在后续的权利要求续展中扩大权利要求范围重新获得已经放弃的权利。美国最高法院对专利权人采用与其放弃的权利要求相似的权利要求获得的再公告专利表示了强烈反对，认为这无异于欺诈行为，[3]因此，美国最高法院认为该再公告专利无效，宣布这种对先前已放弃的权利要求授予专利是一件对公众有巨大欺骗性的事件。[4]可见，作为禁止反悔原则的雏形，莱格特诉艾弗里案在专利授权程序以及授权司法审查程序亦可以适用。禁止反悔原则的发展进程亦没有排除在专利授权程序和专利确权程序中的适用。萨金特诉豪尔安全锁具公司案[5]判决指出，在专利申请被拒绝后，发明人将技术特征和限制性条款加入到专利申请中，该技术特征和限制性条款必须视同为弃权，以对发明人不利、对社会公众有利的方式严格解释。并且，在美国专利审

---

[1] Wagner,R.P., Reconsidering Estoppel:Patent Administration and the Failure of Festo, University of Pennsylvania Law Review, 2002,pp.151–181.

[2] Leggett v. Avery, 101 U.S. 256, 259–60.

[3] Alexander,J., Cabining the Doctrine of Equivalents in Festo: a Historical Perspective on the Relationship between the Doctrine of Equivalents and Prosecution History Estoppel, American University Law Review, 2002,51, p.569.

[4] 〔澳〕布拉德·谢尔曼、〔英〕莱昂内尔·本特利：《现代知识产权法的演进：英国的历程（1760—1911）》，金海军译，北京大学出版社2006年版，第121页。

[5] Sergeant v. Hall Safe & Lock Co., 114 U.S. 63,86.

查指南中亦明确规定，专利申请文件的修改也适用"禁止反悔"原则，即在先程序中放弃的主题不能通过后续程序中进行修改而重新取回。①从概念逻辑角度而言，专利禁止反悔原则可以分为专利审查历史禁止反悔原则（prosecution history estoppel）、专利转让人禁止反悔原则（assignor estoppel）、专利被许可人禁止反悔原则（licensee estoppel）。②其中，专利审查历史禁止反悔原则没有排除在专利授权程序和专利确权程序适用的可能性，③理应理解为可以适用于专利授权程序和专利确权程序中。

就中国而言，禁止反悔原则理应包括授权程序中的禁止反悔、确权程序中的禁止反悔和授权与确权程序之间的禁止反悔。禁止反悔原则属于裁判者查明的范畴，亦即即使当事人并未主张，裁判者亦应当对是否存在禁止反悔的情形加以查明。禁止反悔原则并不是一个需要当事人主张并且举证的积极抗辩，这一观点与美国法律实践一致。④禁止反悔原则不适用于实质审查部门作出的审查意见以及专利复审委员会作出的决定。也就是说，对于实审审查意见、复审决定和无效决定中所认定的权利要求保护范围解释情况，应当属于最高人民法院《关于民事诉讼证据的若干规定》第九条所规定的预决事实。美国司法实践亦如此，对于双方复审程序中认定的事实在侵权诉讼中的适用，需要遵从间接禁止反悔规则（collateral estoppel）⑤，该规

---

① 参见美国专利审查指南第 1412.02 章。
② 郑成思：《知识产权论》，法律出版社 2001 年版，第 79—82 页。
③ Janice M. Mueller, *An Introduction to Patent Law*, CITIC Pubulishing House 2003, pp.247–248.
④ Advanced Cardiovascular Systems Inc. v. Medtron Inc., 41 USPQ 2d 1770,1774.
⑤ Herbert F. Schwartz. *Patent Law and Practice*(Fourth Edition). BNA Books 2003, pp.187–189.

则类似于中国的既判力理论[①]。

（四）专利修改超范围的判断规则与判断步骤

先申请原则和禁止反悔原则是《专利法》第三十三条的立法宗旨，适用《专利法》第三十三条的判断规则如下：以修正的新颖性判定方法为判断基准，结合禁止反悔原则加以修正。以修正的新颖性判定方法为基础。将修改文本与原始文本相比，找出修改文本增加内容的地方及所增加的内容，判断修改的文本相对于原文本是否具有新颖性，如果具有新颖性，则修改超出原始记载的范围，不能被允许；如果不具备新颖性，则可以认为修改没有超出原始记载的范围，修改可以被允许。

由此，可以归纳出判断的步骤如下：首先，将修改后的申请与原始申请比较，找出所有增加的内容；其次，研究每一项增加的内容，并与其替换的段落相比，找出新特征或者新信息；最后，核对原始申请，看其中是否直接或者隐含公开了这些新特征或者新信息。如果是，则修改是允许的；如果不是，则修改是不允许的。针对扩大权利要求保护范围的修改，则需要将申请被改变的内容分离出来，然后判断该改变的内容相对于原申请文件是否具备新颖性。以原始申请文本为基础判断是否存在专利法意义上的反悔。首先区分专利申请文件修改的情形，然后分别判断禁止反悔原则的法律适用。

（五）专利修改的具体情形

专利申请文件的修改情形，根据修改动机区分主动修改和被动修改，根据修改内容区分澄清性修改和调整性修改。也就是说，并非针对审查意见通知书的要求所进行的修改，称为主动修改；针对

[①] 何怀文："辨析中国专利制度中的禁止反悔规则——《最高人民法院关于审理侵犯专利权纠纷案件应用法律若干问题的解释》中关于'无效宣告程序中放弃的技术'的规定及相关案例分析"，载《中国专利与商标》2010年第1期。

审查意见通知书的要求进行的修改,称为被动修改;只是针对审查意见对原始申请文件的内容进一步澄清而进行的修改,称为澄清性修改;为了获得授权而针对审查意见调整专利权保护范围而进行的修改,称为调整性修改。

澄清性修改和调整性修改具有必然性,一项发明的"文字肖像"通常是为了满足专利法的要求而事后撰写出来的,这种从实际机器到文字的转化常常会留下难以填补的间隙,[①]所以必然需要澄清性修改。而专利审查的过程,亦是专利申请人获得与其贡献相适应的专利保护范围的过程,所以必然存在调整性修改。由于澄清性修改所具有的针对审查意见通知书进行修改的特点,被动修改可以体现为澄清性修改和调整性修改,而主动修改仅体现为调整性修改。

(六)调整性修改和澄清性修改的超范围判断

对于调整性修改,应当结合原始申请文件所体现的专利申请人的意思表示以及专利申请人在意见陈述书等方面体现出的意思表示,确定修改内容是否构成专利法意义上的反悔。如果构成专利法意义上的反悔,那么不符合《专利法》第三十三条的规定;反之亦然。

对于澄清性修改的情形,需要在《专利法》第三十三条的法律适用中慎重考虑。一方面,无效程序中针对澄清性修改的修改超范围审查。专利申请人针对审查意见对原始申请文件的内容进一步澄清而进行的修改,尤其是专利申请人在意见陈述书中明确表明其修改系为了进一步澄清并没有改变保护范围的情形,在无效程序中应当慎重适用《专利法》第三十三条。另一方面,实质审查程序中针对澄清性修改的修改超范围审查。在实质审查程序的《专利法》第

[①] 155 USPQ 697(1967). 转引自尹新天:《专利权的保护》,知识产权出版社2005年版,第308页。

三十三条的法律适用中，不应当过于苛刻以至于对澄清性修改一概不予接受。尤其是，不应当既认为权利要求不清楚又不接受任何澄清性修改，使得专利申请人的权利无法得到保障。

具体到"墨盒"发明专利纠纷案中，在授权程序中，专利申请人将"半导体存储装置"主动修改为"存储装置"，体现了其具有"半导体存储装置"和"存储装置"二者含义不同的意思表示，否则上述修改缺乏实际意义；然而，专利权人在无效程序中主张"半导体存储装置"与"存储装置"保护范围一致，可见，修改的过程反映出反悔的存在，那么应当认定将"半导体存储装置"修改为"存储装置"的情形属于反悔，不符合《专利法》第三十三条的规定。

实用新型、外观设计专利的确权

13. 实用新型专利权利要求创造性判断

—— 汕头市晶华粘胶制品有限公司与福清市友谊胶粘带制品有限公司"胶带纸包装结构"实用新型专利无效纠纷案

案件索引：国家知识产权局专利复审委员会第8161号无效宣告请求审查决定

基本案情

在汕头市晶华粘胶制品有限公司与福清市友谊胶粘带制品有限公司实用新型专利无效纠纷案中，涉案专利权利要求1为："一种胶带纸包装结构，使用伸缩膜包装，其特征在于：多卷胶带纸整体叠放包装于伸缩膜内，除位于两端的胶带纸外，每两卷胶带纸之间具有伸缩膜形成的皱褶，该皱褶的轴向长度近似等于胶带纸卷环的径向厚度，位于两端的胶带纸卷的外端面被伸缩膜紧缩包覆。"针对上述实用新型专利权，无效宣告请求人向国家知识产权局专利复审委员会提出无效宣告请求并提交US4020617美国专利说明书复印件及其中文译文（以下简称附件1）作为证据。附件1公开了一种热包装机，其中的图1、2及中文译文第3页第2段公开了一种胶带纸包装结构，披露了如下技术特征：使用伸缩膜来包装胶带卷，多卷胶带纸整体叠放包装于伸缩膜内，除位于两端的胶带纸外，每两卷胶带纸之间具有伸缩膜形成的皱褶。另外，从图4也可以看出，伸缩膜延伸到端部的胶带纸卷之外。

专利权人主张，本专利涉及一种胶带纸包装结构，而附件1涉及一种热收缩包装机，二者属于不同的技术领域，因此附件1不能破坏本专利的创造性。

决定与理由

国家知识产权局专利复审委员会认为，虽然附件1主要涉及一种热收缩包装机，但该包装机的最终成品也是一种胶带纸包装结构，不存在技术领域不同的问题。附件1中的图1、2及中文译文第3页第2自然段公开了一种胶带纸包装结构，使用伸缩膜包装，多卷胶带纸整体叠放包装于伸缩膜内，除位于两端的胶带纸外，每两卷胶带纸之间具有伸缩膜形成的皱褶。从图4可以看出，伸缩膜延伸到端部的胶带纸卷之外，可以推知在离开热收缩炉后，位于两端的胶带纸卷的外端面被伸缩膜紧缩包覆，并且根据一般生活常识，该结构是使这类包装不会散开所必不可少的。与本专利权利要求1相比，附件1没有公开权利要求1中"该皱褶的轴向长度近似等于胶带纸卷环的径向厚度"这一技术特征。但是根据附件1的背景技术部分及中文译文第3页第9—10行的描述，附件1所公开的包装结构是为了防止胶带卷粘在一起，所属技术领域的技术人员在此基础上很容易想到这一区别技术特征，故本专利权利要求1不具有创造性。

评　析

中国《专利法》第二十二条第三款规定："创造性，是指与现有技术相比，该发明具有突出的实质性特点和显著的进步，该实用新型具有实质性特点和进步。"《专利法》对于实用新型专利创造性的要求低于专利法对于发明专利创造性的要求。根据《专利审查指南》的规定，两者在创造性判断标准上的不同，主要体现在现有技术中是否存在"技术启示"。在判断现有技术中是否存在技术启示时，发明专利与实用新型专利存在区别，这种区别体现在技术领域和现有技术的数量方面。

（一）不同国家和地区实用新型创造性判断的基本思路

就实用新型专利创造性判断而言，主要国家和地区存在很大差异。在日本，发明的创造性需要以所属技术领域的技术人员不"容易"想到为条件，而实用新型的创造性则以所属技术领域的技术人员不是"极其容易"想到为条件。日本曾经将公知文献分为外国刊物和国内刊物，实用新型的创造性评价仅能引用国内刊物。但是，这一标准现在已经废止。日本将实用新型的技术领域分为直接所属领域（下称"直接领域"）和间接所属领域（下称"间接领域"），在直接领域中有新颖性，但在间接领域中无新颖性时，实用新型为无创造性；只有在间接领域中也有新颖性时，实用新型才为有创造性。有些情况可以将引用文献的多少作为判断实用新型有无创造性的一个参考因素，但是，如果实用新型是单纯拼凑的技术方案时，也不能认为其具有创造性。①

德国《实用新型法》规定实用新型必须满足创造性高度的要求，立法者在此特意采用"创造性高度"的概念以区别于发明创造性中的"创造性活动"。但是，在《实用新型法》中并没有对"创造性步

---

① 〔日〕吉藤幸朔：《专利法概论》，宋永林、魏启学译，专利文献出版社1994年版，第677—678页。

伐"的概念给出进一步的规定。选择与专利法不同的概念其目的在于，表明实用新型创造性要求较低。首先，德国《实用新型法》中对现有技术的范围作了较窄的定义，其在某种程度上也可以理解为是对创造性要求的降低。根据德国《专利法》第三条第一款第二项，在作为申请之日前通过书面记载、口头描述、使用或其他任何方式可以公开获得的所有知识都属于已有技术。[①]然而，根据德国《实用新型法》第三条第一款，在实用新型法意义上的已有技术只包括在申请日以前、公众通过书面记载或者在实用新型法适用地域内的使用能够公开获取的任何知识。[②]因此，与《专利法》中的已有技术相比，诸如报告、广播或电视等口头公开、以其他方式公开以及在国外的使用公开都不属于实用新型法中的已有技术。此外，根据德国《专利法》第三条第二款，在先申请、在后公开的专利申请也被视为已有技术，可以作为判断新颖性而非创造性的基础。但在德国《实用新型法》中并不将这种在先申请、在后公开的专利申请视为已有技术。

（二）中国实用新型创造性判断的基本思路与法律实践

中国实用新型专利创造性判断思路主要依托发明专利创造性的判断思路，同时，二者创造性高度的差别主要体现在技术领域和现有技术的数量两个方面。对于发明专利而言，不仅要考虑该发明专利所属的技术领域，还要考虑其相近或者相关的技术领域，以及该发明所要解决的技术问题能够促使本领域的技术人员到其中去寻找技术手段的其他技术领域。对于实用新型专利而言，一般着重于考虑该实用新型专利所属的技术领域。但是现有技术中给出明确的启

[①] 国家知识产权局条法司组织翻译：《外国专利法选译（中）》，知识产权出版社2015年版，第865页。

[②] 同上书，第933页。

示，例如现有技术中有明确的记载，促使本领域的技术人员到相近或者相关的技术领域寻找有关技术手段的，可以考虑其相近或者相关的技术领域。对于发明专利而言，可以引用一项、两项或者多项现有技术评价其创造性。对于实用新型专利而言，一般情况下可以引用一项或者两项现有技术评价其创造性，对于由现有技术通过"简单的叠加"而成的实用新型专利，可以根据情况引用多项现有技术评价其创造性。

具体而言，在法律实践中，对于技术领域和现有技术的数量均存在较大争议。首先，技术领域的确定。对比文件与本专利是否属于相同或相近的技术领域，应当从两者的技术方案、技术启示以及所能解决的技术问题等方面综合判断是否属于相同的技术领域。尤其是，需要判断本专利实际解决的技术问题和对比文件实际解决的技术问题，二者之间的关系对于技术领域的判断尤为重要。如果二者相同或者相近，即使发明主题存在差别，亦应当认为属于相同或者相近技术领域。需要补充的是，《国际专利分类表》是为了便于检索及系统地向公众公布或公告专利文献，并非区分是否属于相同技术领域的唯一依据。其次，现有技术的数量。对于实用新型专利而言，一般情况下可以引用一项或者两项现有技术评价其创造性，对于由现有技术通过"简单的叠加"而成的实用新型专利，可以根据情况引用多项现有技术评价其创造性。可见，在实用新型专利创造性判断中，需要判断其是否属于"简单的叠加"而成的实用新型专利。"简单的叠加"，是指在权利要求所限定的技术方案中，能够相对独立地执行一定的技术功能最小技术单元之间，并无相互配合的关系。亦即，上述最小技术单元各自产生相对独立的技术效果。如果最小技术单元之间存在相互配合、不可或缺的关系，则不应当认定为"简单的叠加"。

对于实用新型权利要求的保护范围而言,在实用新型专利创造性的审查中,应当考虑其技术方案中的所有技术特征,包括材料特征和方法特征。对于含有非形状、构造技术特征的实用新型权利要求,应当按照权利要求的文字限定专利权的保护范围,该非形状、构造技术特征在确定实用新型专利权保护范围时应予考虑。

在"胶带纸包装结构"实用新型专利无效纠纷一案中,本专利涉及一种胶带纸包装结构,而附件1是一种热收缩包装机,该包装机涉及用中性或不粘热收缩薄膜包装圆形物品如胶带卷、使得物品容易分开的机器。在附件1中同时公开了热收缩薄膜包装的结构以及利用热收缩包装机形成这种结构的过程,可以作为本专利涉及的胶带纸包装结构这一技术领域的现有技术与本专利进行对比。因此,附件1与本专利属于相同技术领域。

14. 实用新型专利无效宣告中的证据链认定及新颖性判断

——施耐德电气低压（天津）有限公司与正泰集团股份有限公司"一种小型高分子断路器"实用新型专利无效纠纷案

案件索引：国家知识产权局专利复审委员会第8161号无效宣告请求审查决定

基本案情

在施耐德电气低压（天津）有限公司与正泰集团股份有限公司实用新型专利纠纷一案中，正泰集团公司（正泰股份公司前身）于1997年11月11日向国家知识产权局提出实用新型专利申请并于1999年6月2日授权公告，该97248479.5号实用新型专利名称为"一种高分断小型断路器"，专利权人于2006年3月17日变更为正泰集团股份有限公司。2006年8月21日，无效宣告请求人针对上述专利权提出无效宣告请求。9月13日，专利权人对权利要求书进行修改，删除权利要求1并将权利要求2与权利要求3、4分别合并。12月15日、19日和20日，举行口头审理。2007年2月17日，专利权人修改权利要求中的明显打字错误，并将权利要求1中的"包括动铁芯（14）和与（14）相连的顶杆（15）"修改为"包括动铁芯（14）和与动铁心（14）相连的顶杆（15）"。

无效宣告请求人根据证据19（中国机床总公司经销C60系列断路器产品的各类文件复印件及其部分中文译文）、证据20（C65系列和C60系列订货号对照说明表复印件）、证据24（放大的神龙汽车有限公司门牌照片以及产品照片复印件）以及证据25（香港律师邓兆驹签名的订货清单复印件以及发票查询清单及其中文译文），证明C60系列断路器在专利申请日以前已经公开进口和销售，涉案专利不具备新颖性。

专利权人提交了反证1—7证明请求人诉称的在先进口行为和销售行为不存在。反证1的中国机床总公司的营业执照证明中国机床总公司的地址没有变更过，一直在北京市方家胡同19号，第3560、3561号公证对周秉智取证的地址是在北京市东城区雍和宫大街52号，即在北京智能电气有限公司；反证2是公司年检报告书，证明周秉智是法人代表，其下属公司北京智能电子有限公司是施耐德电气（中国）投资有限公司的指定分销商，证明周秉智和请求人之间的利害关系；反证3为北京智能电气有限公司营业执照，证明该公司住所是东城区雍和宫大街52号，周秉智就是法人代表；反证4证明周秉智作为法人代表的北京智能电气有限责任公司曾因作假受过工商行政处罚，说明周秉智的证言公信力低；反证5的照片证明北京智能电子有限公司是施耐德电气（中国）投资有限公司的指定分销商，但在此作出了对中国机床总公司的公证，说明公证本身存在矛盾；反证6涉及神龙汽车有限公司企业基本情况，证明该公司是合资企业，作为法国投资的公司在银行贷款时必须向法国购买设备；反证7是证明控制柜的钥匙有专人管理，非一般公众能够到达控制柜内。

在此基础上，国家知识产权局专利复审委员会作出无效宣告请求审查决定。

决定与理由

国家知识产权局专利复审委员会认为，就进口行为和销售行为的证据链证明专利法意义上的公开，请求人用第五组证据说明 C60 系列断路器在国内公开使用。

为了证明进口行为，请求人使用证人证言、机电产品登记表、申请表、中国机床总公司从施耐德香港分公司进口断路器产品的装箱单和发票、施耐德公司销售的电子存储记录来证明 C60N、C60H、C60L 被进口到国内。国家知识产权局专利复审委员会经查证，第五组证据中缺少证明进口行为的报关单、进口代理合同等必要的有关进口行为的手续证明，无法证明所述产品已经办结海关手续，因此不能通过证明进口行为导致进口产品在国内公开使用。其次，上述证据的真实性也不能确定。证据 19-1 为（2006）京海民证字第 3560 号公证书，该公证书证明了与其相粘连的公证处接谈笔录复印件与原件相符，原件上中国机床总公司之印鉴及周秉智本人签名属实，该公证书所附的周秉智证言的复印件与原件相符，原件上中国机床总公司之印鉴及周秉智本人签名属实，该公证书并没有对公证处接谈笔录中周秉智所陈述事实的真实性及周秉智证言中所述内容的真实性作出评述，因此，接谈笔录中周秉智所述的事实的真实性及周秉智证言中所述内容的真实性均需要其他证据进行佐证。在该组证据中既没有证据能够证明所述产品已经办结海关手续，例如进口报关单、进口代理合同等必要的手续证明，也没有证据能够证明证据19-1的接谈笔录中周秉智所述事实的真实性及周秉智证言中所述内容的真实性，因此该组证据不能被采信。

为了证明中国机床总公司与神龙汽车公司之间的销售行为，请求人用以下一组证据证明中国机床总公司与神龙公司之间的销售行为及所销售产品的结构。国家知识产权局专利复审委员会认为，如果公证书所附合同中的附件明显与该合同不对应，则该合同的附件不能作为定案的依据。上述事实足以表明，证据19-2.3与证据19-2.4前后矛盾，存在瑕疵，因此不能认定材料清单或无名称的8页表格为95DCAC/SN230合同和95DCAC/SN351合同中标明的附件，也不能确定这两份合同与C60系列产品具有关联性。进而，由于涉及上述两份合同的证据19-2.14（即记账凭证、电划贷方补充报单第三联、资金往来专用发票以及进账单）和证据19-2.16（即单位往来明细表单）中均没有产品型号，因此证据19-2.14和证据19-2.16与C60系列产品的关联性均不能确定。

关于新颖性判断，国家知识产权局专利复审委员会认为，本专利的权利要求1要求保护的高分断小型断路器与对比文件1的带安全挡板的断路器不同。本专利涉及断路器手动复位储能操作机构，而对比文件1涉及断路器外壳或底座等零部件；本专利要解决现有断路器在手动复位时动触头闭合速度随手动速度快慢而变化容易引起拉弧、影响触头使用寿命的问题，而对比文件1要解决现有断路器绝缘机壳中的各隔室并非相互独立，如果断开短路电流，机壳内的高压可能会增加通过手柄开口的电离气体的泄漏，危害靠近断路器前面板的人员的安全的问题；本专利中的瞬时动作电流脱扣装置包括动铁芯和与相连的顶杆，在对比文件1中没有描述电磁脱扣装置的具体结构，并且权利要求1中的轴6、锁扣7、心轴8、跳扣9、心轴10在对比文件1中都没有公开，权利要求1中的操作机构还设有套嵌于心轴2和手柄1之间的摇臂3，摇臂3一端设有安装套孔21，另一端顶部为圆弧面22，其旁侧设有曲形限位器23，触头支持4与圆弧面22对应处为相应的圆弧面，在对比文件1中均没有公开；本专利获得的技术效果是克服了人为操作手柄速度快慢不一致对动触头闭合速度的影响，提高了断路器的使用寿命；对比文件1要获得的技术效果是防止在灭弧阶段通过前面板的开口喷出电离气体，通过机壳后板上的排气口排出全部断路气体（参见本专利的权利要求1和对比文件1的说明书第1页和说明书附图第4、5页及其在说明书中的相关文字说明）。

由此可见，本专利权利要求1与对比文件1所涉及的技术领域、所要解决的技术问题、采用的技术方案和获得的技术效果均不相同，因此权利要求1相对于对比文件1具备新颖性。请求人仅依据对比文件1的说明书附图来推测出本专利的多个技术特征，而这些推测出的技术特征在对比文件1的说明书中没有任何的文字描述，也不是能够从附图中直接地、毫无疑义地确定的技术特征，因此上述技术特征不应当作为已公开的内容。

评　析

该专利确权纠纷涉及两项重要法律问题：通过证据链证明使用公开时证明标准的适用问题，尤其是通过证据链证明进口行为和销售行为构成使用公开时证明标准的适用问题；新颖性判断中隐含公开的判断问题。

（一）专利无效宣告程序中证据链认定的基本思路

自由心证制度是现代各国普遍采用的证据制度之一，其指法律不限定证据的证据能力，也不对证据力加以限制，将证据力的判断全部委任于裁判者的证据评价原则。①由于客观的（任何人都具备的）知识是不存在的，再加之法律不可能规定由一个理性的普通人通过表决、问题设置等方式来获得心证，这样的评判之人是事实上根本找不到的，因此，必须由裁判者自由地获得心证。②可以说，自由心证构成证据认定的理论基础之一。但是，到今天，关于自由心证原则内容的解释一般都不忽视其客观的方面，且在理论和实践上出现了更加注重自由心证原则客观基础的明显趋向。③证明标准就是对于裁判者自由心证进行规范的有效手段之一，证明标准目前日趋客观化和具体化。

《专利审查指南》第四部分第八章"无效宣告程序中有关证据问题的规定"基本上借鉴了民事诉讼程序中的事实查明模式、证明标准和证据认定规则。④然而，一般而言，民事诉讼中的诉，指当事人依照法律规定，向人民法院提出的保护其合法权益的请求。⑤因此，无效程序和普通民事诉讼程序存在一些不同。首先，无效宣告程序的设置基础，在于法律上将授予专利这一判断，也就是专利确权，设置为一种由行政机关行使的行政权力。其次，就程序目的而言，无效宣告程序本身是解决某个特定专利有效性的程序。民事诉讼的审理范围在于当事人的权利义务关系，并对争议裁决后，对该

---

① 何家弘：《证据法学研究》，中国人民大学出版社2007年版，第168—169页。
② 〔德〕汉斯·普维庭：《现代证明责任问题》，吴越译，法律出版社2000年版，第97页。
③ 王亚新："刑事诉讼中发现案件真相与抑制主观随意性的问题"，载《比较法研究》1993年第2期。
④ 《专利审查指南》第四部分第八章规定，"无效宣告程序中有关证据的各种问题，适用本指南的规定，本指南没有规定的，可参照人民法院民事诉讼中的相关规定。"
⑤ 常怡：《民事诉讼法学》，中国政法大学出版社2002年版，第87页。

权利义务关系进行判断。再次，就当事人制度而言，无效程序中无"正当当事人"或"适格当事人"这一概念。而在民事诉讼程序中，由于审理对象是处于争议中的法律关系，要求对声称并进入程序中的当事人是否可主张该法律关系进行判断。最后，就程序架构而言，无效程序中请求人和专利权人只是将各自意见向决定专利是否有效的行政机关陈述意见，而民事诉讼程序中当事人之间具有直接相关的程序法律关系。从而，无效程序中的证明标准，应当以上述高度盖然性标准为基础，并充分考虑无效程序与民事诉讼之间的上述制度差异，在具体案件中加以适当调整。

（二）进口行为构成公开的证明标准与举证责任

以本案为例，施耐德公司以证据19、证据25等证明中国机床总公司从施耐德香港分公司进口C60系列产品的主张。

首先，从证明标准的角度而言，第五组证据中缺少证明进口行为的报关单、进口代理合同等必要的有关进口行为的手续证明，无法证明产品已经办结海关手续。在缺少报关单、进口代理合同等必要的有关进口行为的手续证明的情况下，仅凭证人证言、机电产品登记表、申请表、中国机床总公司从施耐德香港分公司进口断路器产品的装箱单和发票、施耐德公司销售的电子存储记录来证明C60N、C60H、C60L被进口到国内，构成进口行为的可能性并不大于不构成进口行为的可能性，从而无法达到高度盖然性标准。

就高度盖然性标准的把握方面，上述证据中，证据19-2.5的机电产品进口登记表、证据19-2.6、证据19-2.7、证据19-2.8中并没有涉及C60系列的型号，仅在证据19-2.7中型号规格一栏中有"C***H/N"，与该型号对应的产品名称是断路器，而证据19-2.8第3页左侧表格与商品名称"空开"对应的商品编号是"MG15306"。第177790号发票中与型号24198-C对应的规格是C60N 2P 3A C，第168446号发票中与型号24198对应的规格是MULTI，第168447号发票中与型号24198对应的规格是C60N，第168448号发票中与型号24198对应的规格是MG。可见，上述证据中存在型号与规格不一致的问题。如在证据19-2.10中，没有24198这一型号，与规格C60N 2P 3A C对应的型号是24333；证据25（即香港施耐德公司销售断路器的存储记录）中施耐德公司保留的销售记录中没有第177790号发票；又如，证据25中与第168448号发票对应的规格、编号分别是24198、C60N 2P 3A MCB，而在第168448号发票中与24198对应的规格是MG；除了第177790号发票上盖有公章外，其余发票上均无正式的公章；装箱单（即证据19.10）中的编号与证据19-2.13中第177790号发票中的编号不一致等。在存在上述相互矛盾、不对应等问题的情况下，难以使得裁判者之事后主观盖然性认定高于法律所要求之最低证明度盖然性标准。[①]也就是说，无法形成进口行为得以发生的裁判者内心确信。

其次，就证明责任的角度而言，请求人具有进一步提供报关单、进口代理合同等必要的有关进口行为的手续证明的证明责任，如果未能履行上述证明责任，那么应当承担举证不能的不利诉讼后果。

（三）销售行为构成公开的举证责任与证明标准

以本案为例，施耐德公司以下一组证据证明中国机床总公司与神龙公司之间的销售行为及所销售产品的结构：证据19-2.3、证据19-2.4、证据19-2.14、证据19-2.16、19-2.17、证据24。

首先，就证明责任的角度而言，证据20是C65系列和C60系列订货号对照说明表复印件，请求人并没有具体陈述该证据的出处

[①] 参见大陆法系普遍遵循的"贝氏决定理论"。引自黄国昌：《民事诉讼理论之新开展》，北京大学出版社2008年版，第61—64页。

以及如何使用该证据,且专利权人也对该证据的真实性提出了异议,请求人没有提供其他的证据对其真实性进行佐证,因此,证据20在无其他证据对其真实性进行佐证的情况下也不能被采信。也就是说,当事人具有说明或者证明证据来源的证明责任,当未能完成上述证明责任的情况下应当承担不利的诉讼后果。

其次,就证明标准的角度而言,证据19-2.3与证据19-2.4前后矛盾,存在瑕疵,因此不能认定材料清单或无名称的8页表格为95DCAC/SN230合同和95DCAC/SN351合同中标明的附件,也不能确定这两份合同与C60系列产品具有关联性。进而,由于涉及上述两份合同的证据19-2.14(即记账凭证、电划贷方补充报单第三联、资金往来专用发票以及进账单)和证据19-2.16(即单位往来明细表单)中均没有产品型号,因此证据19-2.14和证据19-2.16与C60系列产品的关联性均不能确定。也就是说,如果公证书所附合同中的附件明显与该合同不对应,并且尚未形成销售行为之完整证据链,那么不能使得裁判者形成内心确信认定销售行为的成立,尚不能达到高度盖然性之标准要求。

(四)新颖性判断中隐含公开的认定

新颖性的判断标准在于,"属于现有技术"或者"同样的发明或者实用新型"。同时,"属于现有技术"或者"同样的发明或者实用新型"要求,技术领域、所解决的技术问题、技术方案和预期效果均实质相同。但是,在上述构成要素中,技术方案是核心要素,应当首先加以判断。通常而言,一项技术方案所能解决的技术问题和达到的技术效果是客观存在的,针对不同现有技术所要解决的技术问题和达到的预期效果会不同。在新颖性判断中,并不能仅仅依据说明书对于所要解决的技术问题和预期效果的描述进行判断,而是应当根据上述所属领域技术人员的判断水平加以判断。在进行新颖性判断时，应当将权利要求中所记载的所有技术特征作为一个整体加以考虑，而不能仅仅针对特征部分的技术特征进行对比判断。

具体到本案而言，首先，就技术领域而言，本专利的权利要求1要求保护的高分断小型断路器与对比文件1的带安全挡板的断路器不同；本专利涉及断路器手动复位储能操作机构，而对比文件1涉及断路器外壳或底座等零部件。其次，就所要解决的技术问题而言，本专利要解决现有断路器在手动复位时动触头闭合速度随手动速度快慢而变化容易引起拉弧、影响触头使用寿命的问题，而对比文件1要解决现有断路器绝缘机壳中的各隔室并非相互独立，如果断开短路电流，机壳内的高压可能会增加通过手柄开口的电离气体的泄漏，危害靠近断路器前面板的人员的安全的问题。再次，就技术方案而言，本专利中的瞬时动作电流脱扣装置包括动铁芯和与相连的顶杆，在对比文件1中没有描述电磁脱扣装置的具体结构，并且权利要求1中的轴6、锁扣7、心轴8、跳扣9、心轴10在对比文件1中都没有公开，并且权利要求1中的操作机构还设有套嵌于心轴2和手柄1之间的摇臂3，摇臂3一端设有安装套孔21，另一端顶部为圆弧面22，其旁侧设有曲形限位器23，触头支持4与圆弧面22对应处为相应的圆弧面，在对比文件1中均没有公开。最后，就技术效果而言，本专利获得的技术效果是克服了人为操作手柄速度快慢不一致对动触头闭合速度的影响，提高了断路器的使用寿命；对比文件1要获得的技术效果是防止在灭弧阶段通过前面板的开口喷出电离气体，通过机壳后板上的排气口排出全部断路气体。可见，从技术领域、所要解决的技术问题、技术方案和技术效果四个方面加以分析，权利要求1要求保护的技术方案与对比文件1所公开的技术方案在上述四个方面都不构成"实质相同"，故二者不属于"同样的实用新型"，权利要求1具备新颖性。

现有技术所公开的技术内容不仅包括明确记载在对比文件中的内容，而且包括对于所属技术领域的技术人员来说，隐含的且可直接地、毫无疑义地确定的技术内容。但是，不得随意将对比文件的内容扩大或缩小。也就是说，对于隐含公开的内容，应当按照本领域技术人员直接地、毫无疑义地确定的内容加以判断。只有在下述情况下方能构成隐含公开：上述技术特征是相关技术方案必不可少的组成部分，并且只要提高该技术方案，本领域技术人员必然想到该技术特征并且不存在其他疑义。

具体到本案而言，权利要求1中的瞬时动作电流脱扣装置包括动铁芯和与相连的顶杆，在对比文件1中没有描述电磁脱扣装置的具体结构，并且权利要求1中的轴6、锁扣7、心轴8、跳扣9、心轴10在对比文件1中都没有公开，并且权利要求1中的操作机构还设有套嵌于心轴2和手柄1之间的摇臂3，摇臂3一端设有安装套孔21，另一端顶部为圆弧面22，其旁侧设有曲形限位器23，触头支持4与圆弧面（22）对应处为相应的圆弧面，在对比文件1中均没有公开。下面需要判断上述技术特征是否在对比文件1中构成隐含公开。由于对比文件1附图中的若干部件没有文字描述，本领域技术人员通过阅读对比文件1的附图5等说明书附图，无法从说明书附图中直接地、毫无疑义地确定这些技术特征的内容。亦即，根据对比文件1的说明书附图，并不能排除其他可能性。因此，上述内容亦不构成隐含公开。

15. 实用新型专利权利要求保护范围的解释时机确定

——康谊（昆山）塑胶制品有限公司、林添大、广州宝洁有限公司丝宝精细化工（武汉）有限公司与丁要武"乳液泵防进水机构"实用新型专利无效纠纷案

案件索引：国家知识产权局专利复审委员会第6495号无效宣告请求审查决定

基本案情

在康谊（昆山）塑胶制品有限公司、林添大、广州宝洁有限公司丝宝精细化工（武汉）有限公司与丁要武专利权无效纠纷案中，涉案专利权利要求1为："一种乳液泵防进水机构，它包括一只押头、一根连接导管和一只汽缸盖，在所述押头上设有一个管接头，在所述汽缸盖的中央设有一只通孔，所述押头通过其上的管接头套接在所述连接导管的上端，所述汽缸盖通过其上的通孔套在所述连接导管的下部上，其特征在于在所述汽缸盖的通孔的孔壁上位于该汽缸盖与所述连接导管相配合处沿所述连接导管的外壁向上延伸形成一个与所述汽缸盖连体的并且高出该汽缸盖的上平面的防进水导向套管。"

无效宣告请求人认为，本专利权利要求不符合《专利法》第二十二条第二款等规定，请求宣告本专利的全部无效，并提交了日本专利特开平 8-84944 及其译文（以下简称对比文件1）等证据。专利权人认为，对比文件1没有公开本专利权利要求1的必要技术特征"在所述汽缸盖的通孔的孔壁上位于该汽缸盖与所述连接导管相配合处沿所述连接导管的外壁向上延伸形成一个与所述汽缸盖连体的并且高出该汽缸盖的上平面的防进水导向套管"，所以该证据公开的内容并不能破坏本专利的新颖性。

决定与理由

国家知识产权局专利复审委员会认为，将涉案专利权利要求1所述的技术方案与对比文件1的图7所示的技术方案相对比可以看出，二者技术领域相同，均涉及一种乳液泵机构。涉案专利在所述汽缸盖的通孔内增设防进水导向套管所要解决的技术问题在于防止污水进入乳液瓶内；对比文件1的图7所示的技术方案设置裙状密封片所要解决的技术问题之一也在于防止污水进入瓶内，因此，二者所要解决的技术问题相同。涉案专利权利要求1的防进水导向套管沿所述连接导管的外壁向上延伸，与所述汽缸盖连体，并且高出该汽缸盖上平面；对比文件1的图7所示的裙状密封片也与汽缸盖连体，并且高出汽缸盖上平面，其区别在于，本专利的防进水导向套管没有限定具体的形状，而对比文件1的裙状密封片是在高出汽缸盖平面时开始向活塞杆倾斜，而在低于汽缸盖平面时垂直向下，二者均是采用高出汽缸盖上平面的方式，防止污水沿连接导管（活塞杆）流入乳液瓶内，对比文件1的裙状密封片为本专利所述套管的一种具体形式。因此，本专利权利要求 1 的技术方案与对比文件 1 的图 7 所示的技术方案相同。并且，本专利权利要求 1 的技术方案与对比文件 1 的图 7 所示的技术方案所要达到的技术效果均是防止污水进入瓶内，避免污染瓶内液体，因此，二者的预期效果相同。

  本专利中的乳液泵与对比文件 1 中的乳液泵虽然在平衡瓶内外气压的具体方式上有些微差异，但对上述为了解决防污水的技术问题所提出的技术方案本身并没有影响，从这个意义上来说，本专利与对比文件 1 的背景技术实质上也是相同的，均为"没有设置防污水进入结构的乳液泵"。本专利与对比文件 1 的改进方向和思路是完全相同的，即均是在连接导管的外壁上形成一个向上延伸的且高出汽缸盖上平面的防进水导向套管，通过该导向套管阻隔污水进入乳液瓶内。本专利权利要求书仅记载，"在所述汽缸盖的通孔的孔壁上位于该汽缸盖与所述连接导管相配合处沿所述连接导管的外壁向上延伸形成一个与所述汽缸盖连体的并且高出该汽缸盖的上平面的防进水导向套管"，而对于防进水导向套管的具体形状并未进行限定，而对比文件 1 的图 7 所示的裙状密封片就是套管形状的一种具体形式，"管"的概念即是对形状的具体限定这一主张不能成立。关于本专利的补气结构及补气方式问题，在本专利的权利要求书和说明书中均未记载，故不能作为评价本专利权利要求 1 具有新颖性的依据。

评　析

  中国《专利法》第五十九条第一款规定，发明或者实用新型专利权的保护范围以其权利要求的内容为准，说明书及附图可以用于解释权利要求的内容。使用说明书及其附图解释权利要求的首要问题是，权利要求保护范围解释的时机。亦即，在何种情况下可以使用说明书及其附图对权利要求的保护范围进行解释。通常而言，权利要求保护范围的解释应当是积极和主动的，但是，不能使用说明书对于权利要求书的保护范围加以限制。在权利要求的术语存在特定含义、权利要求的术语存在多种含义，或者说明书明确放弃某些技术方案等情况下，应当借助说明书对于权利要求加以解释。

（一）不同国家和地区权利要求保护范围解释时机判断的基本思路

总结日本、欧洲和美国在权利要求保护范围解释方面的理论和实践情况可以看出，欧洲和美国对于权利要求保护范围的解释没有前提条件，也就是说，在任何情况下都需要对于权利要求的保护范围进行解释。

美国联邦巡回上诉法院飞利浦案满席审理判决[1]对于权利要求保护范围解释的七个根本性问题进行了论述，具有深远影响。该判决书指出，专利的权利要求书界定专利权人独占权的范围，这是专利法的基本原则。……权利要求书必须根据说明书进行阅读。……专利说明书披露了专利权人对于权利要求书保护范围的有意舍弃或者限制，这时专利权利要求的正确范围根据专利权人的意思进行确定。专利的授权程序也使说明书与权利要求书之间的关联性进一步增强。专利商标局在确定专利申请的保护范围时，不只是看权利要求中的文字，还根据本领域技术人员依据说明书对权利要求书所给出的最广义的合理解释。所以，对于权利要求进行解释时严重依赖说明书是完全正确的。

然而，日本权利要求保护范围的解释则以权利要求不清楚或者

---

[1] Phillips v. AWH Corp., 363 Fed Cir 2005.

没有明确的唯一含义作为前提。

(二)中国权利要求保护范围解释时机判断的基本思路

总结中国权利要求保护范围解释方面的司法实践可以看出,上述两种观点在司法实践中同时存在。最高人民法院在"机芯奏鸣装置音板"案的判决中指出,在确定专利权的保护范围时,既不能将专利权保护范围仅限于权利要求书严格的字面含义上,也不能将权利要求书作为一种可以任意发挥的技术指导。说明书和附图只有在权利要求书记载的内容不清楚时,才能用来澄清权利要求书中模糊不清的地方,说明书和附图不能用来限制权利要求书中已经明确无误记载的权利要求的范围。[1]可以说,该判决限定了对于权利要求进行解释的前提条件。北京市高级人民法院(2011)高行终字第307号行政判决书也指出:"在依据权利要求书能够确定发明或者实用新型专利所保护的技术方案时,通常无需引用说明书及附图来解释发明或者实用新型所保护的技术方案。即使在使用说明书及附图解释发明或实用新型所保护的技术方案时,也不能将仅记载在说明书及附图中而未明确记载在权利要求中的技术内容作为确定发明或实用新型所保护的技术方案的技术特征。"

从法理的角度而言,从专利申请人(专利权人)、审查员和法官三个角度加以分析可以得知,专利申请人在撰写权利要求书的时候,根据说明书以及现有技术的情况进行撰写;审查员并非仅对权利要求书进行审查,而是将权利要求书和说明书等材料结合加以审查;法官在进行侵权判断时也并非仅以权利要求书为依据。权利要求的术语存在特定含义、权利要求的术语存在多种含义,或者说明书明

---

[1] 宁波市东方机芯总厂诉江阴金铃五金制品有限公司案,参见最高人民法院(2001)民三庭第1号民事判决书。

确放弃某些技术方案等情况下,根据垄断与公开之间的平衡,应当使用说明书对于权利要求加以解释。

(三)以合同法为视角分析权利要求保护范围的解释时机

可资借鉴的是,合同法领域同样存在基于"目的解释"与"文义解释"之间平衡的合同解释。《德国民法典》以降,直至中国《合同法》第一百二十五条规定,"当事人对合同条款的理解有争议的,应当按照合同所使用的词句、合同的有关条款、合同的目的、交易习惯以及诚实信用原则,确定该条款的真实意思。"可见,客观主义为主,主观主义为辅,是中国法采取的合同解释原则之一。在双方对合同用语理解不同的场合,裁判者应以一个理性人处于缔约环境对合同用语的理解为准探寻合同用语的含义;在双方对合同用语并未赋予特定含义的情况下,裁判者可以客观合理性标准解释合同用语的含义,而根本不根据双方的任何意图。可见,合同解释的价值支点在于,基于真实意思的权利人利益保护与基于表示意思的相对人信赖利益保护之间的平衡。从罗马法、《法国民法典》、《德国民法典》等的演进历程而言,现代民法在上述价值判断过程中更为倾向于保护基于当事人表示意思的信赖利益,因为上述信赖利益的保护构成交易安全的基础。合同的解释正是从上述支点出发实现"目的解释"与"文义解释"之间平衡。

与合同解释相对比,专利法意义上权利要求保护范围的解释的价值支点亦在于,基于真实意思的权利人利益保护与基于表示意思的社会公众信赖利益保护。也就是说,通过"目的解释"的方式引入说明书内容对权利要求保护范围加以解释,旨在于保障基于真实意思的权利人利益;通过"文义解释"的方式慎用说明书内容对权利要求保护范围加以解释,旨在于保障专利权的公示作用,从而保障社会公众的信赖利益。专利法意义上权利要求保护范围的解释正是从上述支点出发实现"目的解释"与"文义解释"之间的平衡。

由于相对于合同解释而言，权利要求保护范围的解释中所涉及的是社会公众信赖利益保护，较之合同解释中所涉及的相对人信赖利益保护更为重要，所以就利益平衡选择的角度而言，应当给予更高的关注。也就是说，在合同法解释中以客观上表示价值作为认定意思表示内容的准据的前提下，权利要求保护范围的解释应当对于权利要求保护范围的解释时机更为严格。

具体到"乳液泵防进水机构"实用新型专利权无效纠纷案而言，权利要求保护范围的解释不同于权利要求保护范围的理解，权利要求保护范围的解释应当具有时机限制，并非任何情况下都可以使用说明书中的相关记载对权利要求保护范围进行限制。本案不存在权利要求的术语存在特定含义、权利要求的术语存在多种含义，或者说明书明确放弃某些技术方案等情况，不应用说明书限制权利要求的保护范围。

16. 外观设计保护客体判断

——揭阳市榕城区桦泰食品厂与李奕鸿"包装罐（B）"外观设计专利无效纠纷案

案件索引：国家知识产权局专利复审委员会第20941号无效宣告请求审查决定

基本案情

在揭阳市榕城区桦泰食品厂与李奕鸿外观设计专利权无效纠纷一案中，涉案外观设计专利如下图所示。无效宣告请求人提出，"美国厨师"的设计是中文汉字，该文字并非外观设计要素，并非《专利法》第二条第四款所述的色彩、形状、图案或者其二者任意的组合。同时，无效宣告请求人提出，"美国厨师"不能被个人独占。因此，涉案外观设计不符合《专利法》第二条第四款和第五条的规定。另外，无效宣告请求人指出，有关"男性厨师形象"和"玉米实物"图案要素的设计都指明该专利产品所包装的食品，起到

图2 涉案外观设计主视图

了标识性作用，对平面印刷品的图案、色彩或者二者的结合作出的主要起标识作用的设计是不授予专利权的，涉案专利不符合《专利法》第二十五条第一款第六项的规定。

决定与理由

国家知识产权局专利复审委员会认为，经查，涉案专利的包装罐为圆柱体形状，圆周面上有图案，涉案专利简要说明记载"请求保护的外观设计包含有色彩"，因此涉案专利是形状、图案与色彩的结合，图案中"美国厨师"的文字仅是图案的一个构成元素。故涉案专利符合《专利法》第二条第四款的规定。根据涉案专利的附图以及简要说明，涉案专利要求保护的是形状、图案和色彩的结合作出的设计，其中没有违反法律、社会公德或者妨碍公共利益的内容。尽管涉案专利中使用了"美国厨师"四个字，但涉案专利的实施不会构成对"美国厨师"的独占。同时，国家知识产权局专利复审委员会认为，适用《专利法》第二十五条第一款第六项规定的首要条件是设计的载体为平面印刷品，其次是其中图案、色彩或二者的结合设计主要起标识作用。就本案而言，涉案专利产品是圆柱体形状的立体产品，尽管其表面用到了平面印刷品，但显然涉案专利不属于平面印刷品，因此其符合《专利法》第二十五条第一款第六项的规定。

评　析

中国《专利法》第二条第四款规定，外观设计，是指对产品的形状、图案或者其结合以及色彩与形状、图案的结合所作出的富有美感并适于工业应用的新设计。这是对于外观设计保护客体的要求。

(一）不同国家和地区外观设计保护客体判断的基本思路

主要国家和地区在外观设计保护客体构成要件方面存在很大差异。在美国，如果外观设计满足新颖性、原创性和装饰性的要求，则可以获得外观设计专利权保护。外观设计专利不需要满足实用性的要求，如果外观设计仅仅由功能考虑所决定，那么不应当被被授予专利权。美国在类似中国外观设计保护客体判断的方面，主要考虑外观设计专利申请是否符合设计的定义和产品的定义。

在欧盟，外观设计是指，由线条、轮廓、颜色、形状、质地和/或有产品本身的材料和/或产品装饰等特征形成的产品整体或者部分外观。欧盟外观设计注册和有效的条件是：申请针对的是指令中的"设计"，设计是新的，设计是独特的，设计不是由唯一只能依靠技术功能决定的内容组成的，设计不是机械界面，设计不违反公共政策和社会道德，申请人是该设计的权利人。欧盟在类似中国外观设计保护客体判断的方面，主要考虑外观设计审定是否符合"设计"的要求以及是否由唯一只能依靠技术功能决定的内容组成的。

在日本，外观设计是指，实物……的形状、模样或者色彩以及它们的结合物，即通过视觉给人美感的有形物。日本《意匠法》第二条规定："外观设计是指能够引起视觉上美感的物品（含物品的构成部分）的形状、图案、色彩或者其结合"。日本部分外观设计制度是1998年《意匠法》修改过程中增加的法律制度，上述定义括号中强调的"物品的构成部分"即指部分外观设计。日本要求外观设计专利申请具备实物性，可视性，美感性，形状、模样以及色彩，工业上可利用性；同时不能是违反公序良俗的外观设计、可能引起出处混同的外观设计以及为确保实物机能不可或缺的形状构成的外观设计。

(二) 中国外观设计保护客体判断的基本思路

根据《专利法》第二条第四款的规定,外观设计保护客体具有以下构成要件:产品的外观设计,产品的形状、图案或者其结合以及色彩与形状、图案的结合,富有美感,适于工业应用,新的设计,并非主要起标识作用的平面印刷品以及不属于违反法律、社会公德或者妨害公共利益的发明创造。

1. 产品的外观设计

外观设计专利权的保护客体必须是产品的外观设计。外观设计是产品的外观设计,其载体是产品,不能脱离产品而单独存在。可以说,外观设计专利权保护的是设计而不是产品,但是该设计要应用于产品。美国、欧盟、日本等均要求外观设计必须以产品为载体,但是对"产品"的界限有不同的界定。在美国,只有在产品上实现的设计才具有可专利性。[1]根据美国《专利法》第一百七十一条的规定,外观设计必须体现在工业产品载体之中,并且与工业产品载体不可分离。"单独存在的图形不能获得外观设计保护,区别一个单独的图形与外观设计法上的保护客体的因素是设计是否体现在工业产品上"。[2]美国对于"产品"给予非常宽泛的解释。[3]1909年,美国第二巡回上诉法院在克赖耶诉因内斯一案[4]中,维持产品名称为"石棺纪念碑"的外观设计专利权有效,没有接受当事人关于该石棺纪念碑是特定类型建筑物而非产品的主张。1927年,在哈登案[5]中,美国哥伦比亚上诉法院撤销了一份驳回决定,该驳回决定驳回了产品名称为"正面看

---

[1] 参见美国专利商标局《专利审查程序手册》(M.P.E.P.)第 §1504.01 节。

[2] Ex Parte Strijland, 26 U.S.P.Q.2d 1259, P2. 1992 WL470727(Bd. Pat. App. & Interf.).

[3] Donald S. Chisum. *Chisum on Patents* (Chapter 23 Design Patents)§23.03[1] [M].M. Bender, 2007,pp.23–10,23–11.

[4] Crier v. Innes, 170 F.324(2d Cir. 1909).

[5] In re Hadden, 20 F.2d 275(D.C. Cir.1927).

台（现代体育场馆）"的外观设计专利申请。哥伦比亚上诉法院认为，尺寸和固定性并非"产品"认定的标准。1967年，在赫鲁比案①中，涉案外观设计专利申请是喷泉的外观设计。专利审查员驳回该外观设计专利申请后，申请人向美国专利商标局复审委员会提出复审请求。大多数专利复审委员会委员认为，由于喷泉是"具有喷嘴装置的短暂作品"，因此不是产品。当事人向美国关税与专利上诉法院提起诉讼，案件的争议焦点即为"完全由动态的水构成的喷泉的一部分，是否构成专利法意义上的'产品'"。美国关税与专利上诉法院则认为，"'产品'是由人的双手对原材料加工形成的任何物品，无论是采用手工方式还是器械方式或者人工方式。当然，喷段是由人的双手对原材料加工形成的。……由水形成的设计与产生这一设计的装置之间的依赖性，与是否构成'产品'没有必然联系。许多外观设计有赖于外部因素产生观看者看到的外观。灯罩的外观设计在电灯不亮的情况下无法显现。女士丝袜的外观设计在没有穿在腿上的时候无法显现。充气制品的外观设计在没有充入气体产生形状的时候无法显现，例如玩具气球、水上玩具、充气床垫，正如此处水压使得喷泉的形状得以显现一样。"

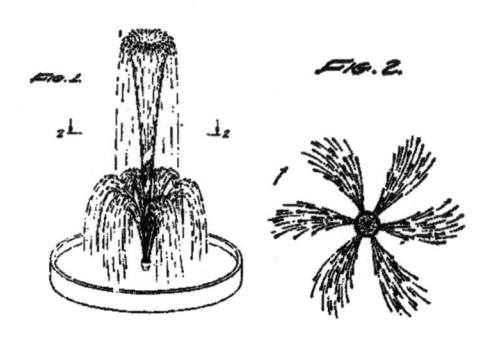

图3 赫鲁比案附图

---

① In re Hruby, 373 F.2d 997(CCPA 1967).

欧盟外观设计制度中的"产品"是指，任何工业产品或者手工业制品、包括包装、样式、图形符号和印刷字体，还有用以装配成组合物的部件，但是计算机程序除外。第一，欧盟外观设计制度中的"产品"范围宽广，不区分装饰性和功能性。[1]第二，欧盟注册外观设计不予保护的客体包括，隐形零部件的外观设计、由技术功能限定的设计、备件外观设计等。[2]隐形零部件的外观设计，主要是最终用户正常使用过程中无法观察到的零部件外观设计，其中正常使用不包括维护和维修，例如钟表装置内部可见的零部件、电话机或者激光打印机内部可见的零部件不能获得欧盟注册外观设计保护。对不作为隐形零部件的产品内部构造能否获得外观设计保护，还存在一定争议。由技术功能限定的设计，例如钥匙齿等。备件外观设计主要是为了恢复原始外形、修理复杂产品而使用的零件的外观设计，如果产品并非仅仅用于恢复原始外形，而是带来了新的外形设计，那么该产品并非备件而是附件，可以获得外观设计制度保护，例如汽车轮毂可以获得外观设计保护。对于备件外观设计排除在注册外观设计保护客体之外这一点，欧盟内部有不同观点，例如德国国内法对备件外观设计给予保护。第三，产品的界定包含了图形和印刷文图，因此商标、书的封面设计和版式设计、卡通人物等均可以获得外观设计保护。第四，产品的定义是否包含大件建筑物的外观设计，目前尚存争议。有学者认为，鉴于无法确定建筑物属于工业品或者手工品，因此难以得到外观设计保护，但是该观点并未在欧盟内部市场协调局审查实践的确认。最后，欧盟外观设计制度中的"产品"

---

[1] Guy Tritton etc. *Intellectual Property in Europe* (Third Edition), Sweet & Maxwell 2008, p.19.

[2] 李明德等：《欧盟知识产权法》，法律出版社 2010 年版，第 402—403 页。

是指一个产品。例如，在第 ICD 000002913 号审查决定①中，欧盟内部市场协调局指出，第一张图和第四张图均有 16 根垂直管，第二张图和第三张图则有 13 根垂直管，第五张图则显示了 11 根垂直管，因此"无效宣告请求人和专利权人都同意所示的该注册制共同体外观设计标示了至少两个不同的设计，从而该外观设计并未满足一个产品的外观设计的要求"，基于此，以涉案外观设计不符合《欧盟理事会共同体外观设计保护条例》第 3（a）条为由，宣告该外观设计权无效。

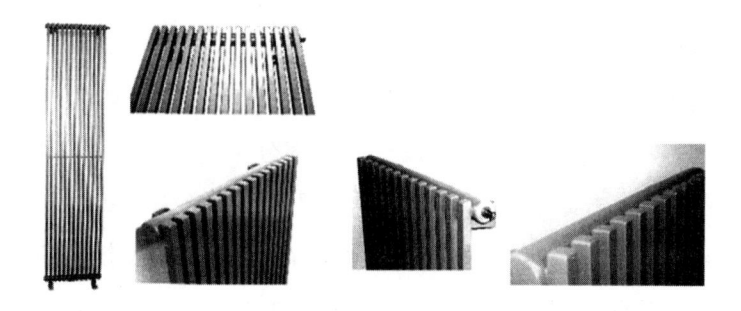

图 4　ICD 000002913 案附图

日本要求外观设计专利申请具备实物性。也就是说，物品与形态成一体不可分，脱离物品的形态创作例如单纯图案或色彩的创作不属于外观设计的保护客体。日本《意匠法》保护的产品外观设计，应当是"实物……的形状、模样或者色彩以及它们的结合物"，其中的"实物"应当是有形物，通常是在市场流通的动产。对所创作的与实物的物理性制约无关的设计（例如电脑制图），只给予著作权法

---

①　欧盟内部市场协调局第 ICD 000002913 号审查决定 [EB/OL], http://oami.europa.eu/pdf/design/invaldec/ICD％202913％20％28EN％29.pdf，最后访问时间：2014 年 7 月 1 日。

保护即可，没有必要给予意匠法保护。①根据日本《意匠法》和《外观设计审查基准》的规定，作为外观设计载体的"实物"原则上应当是动产，所谓土地及其固定物的不动产不认定为"实物"。但是，使用时即使成为不动产，工业上可批量生产，在销售时作为动产处置的例如门、装配的有游廊的平房认定为"实物"。另外，电、光、热等无体物不认定为"实物"，即使是有体物，气体、液体等具有其固有形态的产品也不认定为"实物"。粉状物、粒状物等即使构成的各产品为固体且具有一定的形态，但由于作为其集合体不具有特定的形态，不认定为"实物"。但是，构成的各物即使为粉状物或粒状物，其集合体也具有固定的形态，例如方砂糖，则认定为"实物"。另外，针对实物的组成部分，一般认为，若不破坏则不能分离的部分、通常交易状态不作为独立标的加以交易的部分不应认定为"实物"。如图5所示，作为"袜子"一部分的"袜跟"不认定为"实物"。但是，如果构成成品一部分并且具有互换性，在通常交易状态下可以作为独立制品交易时，则可以认定为《意匠法》意义上的"实物"。

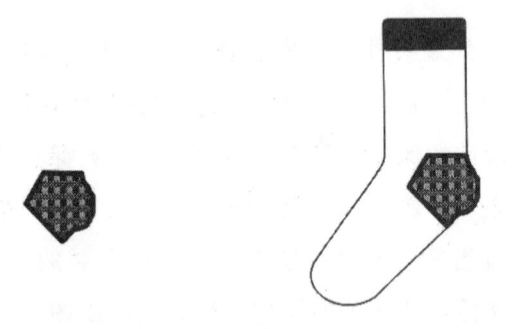

图5 袜跟外观设计示例

---

① 〔日〕田村善之：《日本知识产权法》，周超、李雨峰、李希同译，知识产权出版社2011年版，第355页。

美国、欧盟、日本等均要求外观设计必须以产品为载体,但是对"产品"范围的界定各有不同,同时,美国、欧盟、日本均将产品的组成部分纳入外观设计保护客体范围之内。美国认为,单独存在的图形不能获得外观设计保护,区别一个单独的图形与外观设计法上的保护客体的因素是设计是否体现在工业产品上欧盟认为,外观设计制度中的"产品"范围较宽,不论分装饰性和功能性均能够符合外观设计制度中的"产品"的要求。日本则将有形物中的动产作为可以保护的"实物"的界限,同时将不破坏则不能分离的部分、通常交易状态不作为独立标的加以交易的部分排除在外。

就中国法律实践而言,产品是构成外观设计专利保护客体的必要条件。外观设计不能脱离产品存在,如果脱离产品的设计那么应当作为著作权法的保护客体,而非外观设计专利制度的保护客体。作为外观设计载体的"产品"具有三种类型:以装饰性为主的产品、以功能性为主的产品以及装饰性和功能性相结合的产品。[1]以装饰性为主的产品例如摆设、花瓶等,装饰性和功能性相结合的产品例如产品零部件、机器设备等,以功能性为主的产品例如电器、家具等。就外观设计专利制度基本上属性而言,虽然和发明、实用新型相比同属智力活动创造的成果,但是外观设计追求的是耳目一新的视觉印象,发明和实用新型追求的是技术上的改进和功能上的完善,外观设计制度与发明制度、实用新型制度在价值定位方面存在根本不同。因此,外观设计载体的"产品"的判定中,需要考虑外观设计设计性和功能性结合的特征,装饰性和功能性相结合的产品外观设计通常而言属于外观设计保护客体,以装饰性为主的产品外观设

---

[1] 张鹏、徐晓雁:《外观设计专利制度原理与实务》,知识产权出版社 2015 年版,第 92—93 页。

计是否构成外观设计保护客体，需要判断外观设计专利权保护客体与著作权保护客体之间的界限，以功能性为主的产品外观设计需要考虑该设计是否完全由功能所决定，如果该类外观设计完全由功能所决定，则不属于外观设计专利制度保护客体。最后，不能重复生产的农产品、畜产品、自然物不能作为外观设计的载体，纯属美术、书法、摄影范畴的作品不应当作为外观设计保护客体，包括以纯属美术范畴的绘画、书法、摄影等作品为基础通过临摹、印刷等方式制作而成的产品，如卡通画、扑克牌、鼠标垫等平面产品，以及以"纯属美术作品"结合"常规几何形状"的立体产品。

2. 富有美感

就富有美感和适于工业应用而言，美国对外观设计专利申请具有"装饰性"的要求。一项外观设计专利申请必须具有装饰性才能被授予专利权，该外观设计必须"从视觉上让人感到漂亮"。[1]装饰性判断中的一个重要问题就是装饰性与功能性的关系。在好莱坞布雷斯克雷特诉联合塑料案[2]中，涉案外观设计是塑料水罐的外观设计，第二巡回法院基于缺少"必不可少的发明必要部分"宣告专利权无效，同时根据"另一原因"宣告专利权无效。第二巡回法院认为，"为了获得专利权，外观设计除了要具有新颖性和创新性之外，必须具有装饰性。这意味着外观设计专利申请必须是审美能力和艺术构思的产物……涉案水罐在线条、形状、颜色或者其他方面没有特别的美学作用。其无论在细节方面还是在整体方面都没有任何艺术意

---

[1] Bliss v. Gotham Indus., Inc., 316 F.2d 848,851(9th Cir. 1963)(pitcher "is not ornamental and does not appeal to the eye as a thing of beautify; does not relate more to appearance and to matters of ornament than to utility and does not appeal to the asthetic emotion.").see also Warbern Packaging Indus., Inc. v. Cut Rate Plastic Hangers, Inc., 652 F.2d 987,988.

[2] Blisscraft of Hollywood v.United Plastics Co., 294 F.2d at 696.

念。它的盖子、罐体、手柄和基座在相互结合使用的时候各自具有独立的特征，没有结合产生任何新的美学效果。水罐激发的反应仅仅体现在通常的、有用的但是没有吸引力的厨房用具上。该设计未能满足专利法关于装饰性的要求。"该案中，第二巡回法院认为没有必要考虑水罐的实用性功能特征是否占主体地位以至于其无法获得外观设计专利权保护，也就是说，装饰性不仅仅是要单纯避免功能性。

中国法律实践采用的观点与克林公司案[1]类似，与好莱坞布雷斯克雷特诉联合塑料案[2]采用不同观点。也就是说，中国对外观设计的美感持有相对宽松的解释，一般认为，《专利法》第二条第四款规定外观设计应当"富有美感"的主要意图，就在于将外观设计专利权保护客体的属性与发明和实用新型专利权保护客体的属性区分开来，表明前者是一种使人产生视觉感受的设计方案。目前，中国在外观设计初步审查和无效宣告请求审查中没有出现过关于美感程度的判断，国家知识产权局对是否"富有美感"只作定性判断，不作定量判断，从来没有以一项外观设计"不够美"、"不好看"、"很难看"之类理由驳回一份外观设计专利申请或者宣告一项外观设计专利权无效。[3]

使用中不可见的产品外观设计是否具有美感的判断。美国法院曾在大量案件中以使用中遮蔽的、不可见的产品外观设计以不具备装饰性为由宣告专利权无效。[4]在韦伯一案[5]中，涉案外观设计系假

---

[1] In re Koehring, 17 C.C.P.A. 774, 37 F.2d 421.

[2] Blisscraft of Hollywood v.United Plastics Co., 294 F.2d 694, 131 U.S.P.Q. 55.

[3] 尹新天：《中国专利法详解》，知识产权出版社 2011 年版，第 29 页。

[4] See In re Stevens, 173 F.2d 1015(CCPA 1949), In re Cornwall, 230 F.2d 457,459(CCPA 1956), Ex parte Jaffe, 147 USPQ 45(1964), Ex parte Hansen, 10 USPQ2d 1399, 1400(Bd. Pat. App. & Int'f 1988), Metrokane, Inc. v. Wine Enthusiast, 185 F. Supp.2d 321,327(S.D.N.Y. 2002).

[5] In re Webb, 916 F.2d 1553(Fed. Cir. 1990).

肢外观设计。美国专利商标局以"在实际使用中不可见"为由驳回了该外观设计专利申请,联邦法院认为,专利商标局错误地适用了"本身违法原则"[①],如果在商业生命周期之内外观是考虑因素之一,那么该外观设计符合装饰性的要求,因此假肢外观具有外观设计保护的可能性。在康泰沙食品诉康尼格拉案[②]中,联邦法院认为外观设计专利侵权判定中要考虑产品正常使用任何时间的可见部分设计。中国法律实践中所持的观点类似,对最终消费者而言实际使用中不可见的产品外观设计,例如型材的外观设计,通常不会以不具备美感为由不授予外观设计专利权。

3. 适于工业应用

中国适于工业应用判断的法律实践如下。首先,不能应用于产业上并形成批量生产的手工艺品不属于外观设计专利制度的保护客体。手工艺品是否属于外观设计专利制度的保护客体应以其是否能够应用于产业上并形成批量生产为判断原则。能够批量生产的手工艺品,如花篮、带有装饰图案的竹凉席等,属于外观设计专利制度的保护客体。不能应用于产业上并形成批量生产的手工艺品,例如根雕,不属于外观设计专利制度的保护客体。其次,取决于特定地

---

① 本身违法原则(per se rule)本身是反垄断法适用的一个重要原则;根据这个原则,对市场上某些类型的反竞争行为不管其产生的原因和后果,均得被视为非法。适用本身违法原则对案件至少可以产生两方面的影响:第一,原告极有可能胜诉;第二,审理案件的法院或者行政执法机关不必对案件作很多调查和研究,就可以认定某个违法行为,从而可以节约判案时间和费用。根据各国反垄断的立法和实践,适用本身违法原则的限制竞争行为主要有价格卡特尔、生产数量卡特尔和分割销售市场的卡特尔。此外,纵向价格约束一般也被视为本身违法。其形成经历了一系列判例,在1940年"索科尼真空石油公司案"中最终得以确定。因此,只要一个垄断行为被认定为本身违法,就没有必要通过其反竞争的后果证明其违法性,也不用考虑当事人实施垄断行为的主观状态,便可认定其行为为非法。

② Contessa Food Products v. Conagra Inc., 282 F.3d 1370(Fed. Cir. 2002).

理条件、不能重复再现的固定建筑物、桥不属于外观设计专利制度的保护客体，能够重复再现的建筑物、各种可移动的活动房屋，例如普通别墅、住宅楼、活动报刊亭等，属于外观设计专利制度的保护客体。最后，缺乏专业的细节设计、实用性差、明显不适于工业应用的外观设计不属于外观设计专利制度的保护客体。

4. 新的设计

就"新的设计"而言，《专利法》第二十三条对外观设计的新颖性和类似创造性作出了明确的规定，是结合现有设计判断外观设计是否符合确权条件的直接法律依据。因此，此处"新的设计"用于界定能够获得外观设计专利权保护的设计方案的性质，并不意味着《专利法》第二条第四款包含了新颖性的要求，不具备新颖性就不构成设计方案。也就是说，《专利法》第二条第四款不是判断外观设计的新颖性和类似创造性的具体审查标准。在法律实践中，明显不属于"新的设计"的情况包括，所属领域司空见惯的几何形状，常规几何形状结合简单文字、图案的设计，由国家标准规定的螺纹紧固件等类产品，仿真设计，明显抄袭现有设计，明显以现有设计图案为主要内容的设计，直接运用知名动漫形象的设计。其中，仿真设计是指模仿自然物原有形态的设计。完全模仿自然物原有形态、非常逼真的仿真设计，例如完全模仿自然物原有形态的玩具、工艺品等产品外观设计，完全模仿自然物原有形态并且用于替代自然物原有用途的产品外观设计，不是新设计。

（三）图形用户界面作为外观设计保护客体的情形

关于图形用户界面的外观设计保护问题，主要国家和地区存在较大差异。从美国、欧盟、日本和韩国法律实践情况可以得知，图形用户界面外观设计保护与部分外观设计专利制度具有紧密关联。根据世界知识产权组织的问卷调查显示，在参与调查的42个国家和地区中，有 31 个国家和地区保护部分外观设计，24 个国家和地区同时保护图形用户界面。[1]有研究成果将美国、欧盟、日本和韩国法律规则状况用下表加以综述：

表1 各主要国家和地区的图形用户界面保护现状[2]

类型	欧盟	美国	韩国	日本
专用设备显示的界面	○	○	○	△
通用设备的操作系统界面				×
软件的图形用户界面				×
网页				×
电子屏幕壁纸				×
图标			△	△

注：○表示全部保护，△表示有条件的保护，×表示不给予保护。

中国自 2006 年版《专利审查指南》以来，一直将包括图形用户界面在内的产品通电后显示的图案排除在保护客体之外，该规定同时列举了电子表表盘显示的图案、手机显示屏显示的图案、软件界面等作为排除保护的示例。如此规定的原因在于，"产品通电后才能显示的图案不是产品的外观固有的图案，该图案的设计不属于产品外观设计的固有部分，不符合《专利法实施细则》第二条第三块的

---

[1] SCT（WIPO 商标、工业品外观设计和地理标志法律常设委员会）会议材料：Summary of Replies to the Questionaires(Part I and Part II) on Industrial Design Law and Practice(SCT/18/7 and SCT/18/8 rev.)，转引自国家知识产权局专利局外观设计审查部组织编写，吴溯、孟雨、陈晓：《设计之战：移动终端工业设计的知识产权博弈》，知识产权出版社 2014 年版，第 253 页。

[2] 国家知识产权局专利局外观设计审查部组织编写，吴溯、孟雨、陈晓：《设计之战：移动终端工业设计的知识产权博弈》，知识产权出版社 2014 年版，第 255 页。

规定。"①2008年《专利法》第三次修改后，2010年版《专利审查指南》保留了这一规定。学术界一般认为,《专利审查指南》中的这一规定，是否与专利法中关于外观设计的上位的定义存在矛盾，的确值得商榷；同时由于国际上并没有针对外观设计的统一实体规定，将GUI排除在外观设计保护客体之外并不违背国际层面的规定。②

2014年3月12日，国家知识产权局公布《国家知识产权局关于修改〈专利审查指南〉的决定》（第六十八号局令），对2010年版《专利审查指南》进行修改，将部分图形用户界面纳入外观设计专利权客体范围。一是关于纳入保护客体的规定。首先，删除2010年版《专利审查指南》第一部分第三章第7.2节中的"产品的图案应当是固定的、可见的，而不应是时有时无的或者需要在特定条件下才能看见的"。其次，将2010年版《专利审查指南》第一部分第三章第7.4节不授予专利权的情形中的"产品通电后显示的图案。例如，电子表表盘显示的图案、手机显示屏上显示的图案、软件界面等"修改为"游戏界面以及人机交互无关或者与实现产品功能无关的产品显示装置所显示的图案，例如，电子屏幕壁纸、开关机画面、网站网页的图文排版"。二是关于申请要求的规定。首先，在2010年版《专利审查指南》第一部分第三章第4.2节第三段之后新增一段，"就包括图形用户界面的产品外观设计而言，应当提交整体产品外观设计视图。图形用户界面为动态图案的，申请人应当至少提交一个状态的上述整体产品外观设计视图，对其余状态可仅提交关键帧的视图，所提交的视图应当能唯一确定动态图案中动画的变化趋势。"其次，

---

① 参见国家知识产权局专利局审查业务管理部：《审查指南修订导读2006》，知识产权出版社2006年版，第92页。
② 李小武、马云鹏、连冠：《电子产品图形用户界面（GUI）的外观设计保护》，知识产权出版社2014年版，第177页。

在 2010 年版《专利审查指南》第一部分第三章第 4.3 节第三段第（6）项之后新增一项，内容如下："(7) 对于包括图形用户界面的产品外观设计专利申请，必要时说明图形用户界面的用途、图形用户界面在产品中的区域、人机交互方式以及变化状态等。"三是关于确权的规定。在 2010 年版《专利审查指南》第四部分第五章第 6.1 节第二段第（4）项之后新增一项，"(5) 对于包括图形用户界面的产品外观设计，如果涉案专利其余部分的设计为惯常设计，其图形用户界面对整体视觉效果更具有显著的影响。"

综合分析这些规定，修改后的《专利审查指南》力图在不改变外观设计定义（尤其是外观设计定义中"产品"要件）的前提下，将图形用户界面放入到包含图形用户界面的整体产品中，就该包含图形用户界面的整体产品给予外观设计保护。同时，在外观设计确权和侵权判定中，鉴于整体产品其余部分的设计为惯常设计，图形用户界面对整体视觉效果具有更加显著的影响，从而达到间接保护图形用户界面设计的法律效果。可以说，这是在《专利法》第二条未做修改的前提下能够做出的制度设计。同时，需要看到的是，就比较法而言，保护图形用户界面外观设计的国家和地区基本上均为运用部分外观设计制度加以保护；就法理而言，将图形用户界面看做产品做成部分更符合图形用户界面的本身属性；就实践而言，将图形用户界面绑定在整体产品上加以保护的方式在确权和侵权判定中存在诸多障碍。因此，本书建议，在《专利法》修改中引入部分外观设计制度，[①]在部分外观

[①] 国家知识产权局报请国务院审议的《专利法修订草案（送审稿）》第二条第四款规定："外观设计，是指对产品的整体或者局部的形状、图案或者其结合以及色彩与形状、图案的结合所作出的富有美感并适于工业应用的新设计。"参见《国务院法制办公室关于〈中华人民共和国专利法修订草案（送审稿）〉公开征求意见的通知》，http://www.chinalaw.gov.cn/article/cazjgg/201512/20151200479591.shtml，最后访问时间：2016 年 2 月 16 日。

设计制度下划定可以获得外观设计专利权的图形用户界面设计范围，例如将"人机交互"和"功能相关"作为划界标准。

　　带有图形用户界面的产品外观设计通常包括如下类型：带设备专用界面的产品外观设计、带通用操作系统界面的产品外观设计、带应用软件界面的产品外观设计、带网页应用的产品外观设计、带图标的产品外观设计、带网站网页图文排版的产品外观设计、带电子屏幕壁纸（及屏保动画）的产品外观设计、带开关机动画的产品外观设计以及带游戏界面的产品外观设计。将"完整产品"、"人机交互"和"功能相关"是带有图形用户界面的产品外观设计获得保护的必要条件。[①]带网站网页图文排版的产品外观设计由于与实现产品功能无关，不属于电子界面外观设计专利权保护的适格客体。带电子屏幕壁纸（及屏保动画）的产品外观设计由于与实现产品功能无关并且未实现人机交互功能，不属于电子界面外观设计专利权保护的适格客体。带开关机动画的产品外观设计由于与实现产品功能无关并且未实现人机交互功能，不属于电子界面外观设计专利权保护的适格客体。带游戏界面的产品外观设计属于法定排除的对象，不属于电子界面外观设计专利权保护的适格客体。

　　中国对带有图形用户界面的产品外观设计专利申请的审查。带有图形用户界面的产品外观设计专利申请的产品名称应当采用"带有……界面的产品"的表述形式，例如带有交互界面的手机、带有图标的手机等。不能采用图形用户界面的内容作为产品名称，也不能仅仅采用图形用户界面的物理载体作为产品名称，例如，图标、手机这样的产品名称不符合带有图形用户界面的产品外观设计专利

[①] 张鹏、徐晓雁：《外观设计专利制度原理与实务》，知识产权出版社2015年版，第131—135页。

申请产品名称的要求。带有图形用户界面的产品外观设计专利申请的产品视图应当是带有图形用户界面的整体产品的外观设计视图，要清楚完整地显示图形用户界面以外的产品部分，不能仅仅提交图形用户界面本身的视图，也不能将图形用户界面之外的产品部分用虚线的方式表示。图形用户界面比例较小，则采用局部放大图的方式展现，如下图示例。涉及动态图形用户界面，应当至少提交一个状态的上述整体产品外观设计视图，对其余状态可仅提交关键帧的视图，所提交的视图应当能唯一确定动态图案中动画的变化趋势，也就是说，用变化状态图的方式说明图形用户界面起始关键帧图形。

17. 外观设计清楚表达判定

——王秀丽与海尔集团公司、青岛海尔股份有限公司"冰箱（三门）"外观设计专利无效纠纷案

案件索引：国家知识产权局专利复审委员会第 20311 号无效宣告请求审查决定

基本案情

在王秀丽与海尔集团公司、青岛海尔股份有限公司外观设计无效纠纷一案中，无效宣告请求人所主张的与设计 4 相关无效宣告请求理由包括，涉案专利授权公告的视图存在下列绘制问题：（1）设计 4 的主视图和 A 部放大图中可以看出，冰箱门左、右两侧竖直边缘的内侧都还分别画有一条与外侧边相互平行的竖直线条，而其他视图均无对应结构的表达；（2）设计 4 的左视图和右视图中，仅上门侧面采用了扣手形结构，而在俯视图中表达为该扣手形结构是从上至下贯穿整个冰箱三个门的侧面。上述两方面视图问题导致涉案专利的保护范围存在不确定的情形，因此涉案专利均不符合《专利法》第二十七条第二款的规定。

设计4左视图　设计4主视图　设计4右视图　设计4后视图

设计4仰视图　设计4俯视图　设计4A部放大图

图6 "冰箱（三门）"外观设计

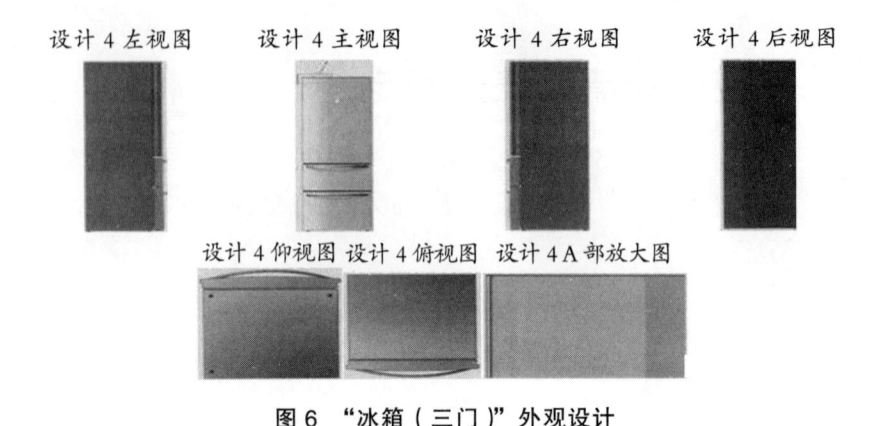

决定与理由

国家知识产权局专利复审委员会认为，对于上述视图问题（1）而言，根据涉案专利设计4主视图，尤其是A部放大图的表达，冰箱门左、右两侧竖直边缘的内侧的确各存在一条与外侧边相互平行的竖直线条，但这两条平行竖直线之间的距离非常接近，即这两条平行竖直线构成的镶边非常细窄，在A部放大图中才可以相对明显地看出其宽度，并且从其俯视图、仰视图可以看出冰箱门表面并无明显突起弧度，因此当该镶边非常薄且并非明显突出于冰箱门表面时，按照正投影视图规则，结合视图绘图时采用的线条粗细情况和产品整体尺寸比例情况，在其他视图上该镶边与产品外轮廓线难免会产生线条重合，这并不属于视图绘制错误。

对于上述视图问题（2）而言，在设计1和设计4的俯视图、仰视图中冰箱门板外轮廓线形状类似字母"T"，根据正投影规则其表达的冰箱门应当为至上而下三个门侧面均为具有长条状凹槽的扣手形结构，而在右视图、左视图中冰箱门侧面表达为上门为具有长条状凹槽的扣手形结构、中门和下门为无凹槽的平面结构，显然上述视图在冰箱门侧面结构的表达上存在不一致。但结合冰箱门侧面的惯常设计以及设计的合理性考虑，三门冰箱通常不会采用左视图、右视图表达的此种中门和下门与上门侧面凹槽不一致的设计，而是可以根据俯视图、仰视图推断出冰箱三个门侧面采用了相同的扣手形结构。因此设计1和设计4在冰箱门侧面扣手形结构上的视图的不对应属于绘制瑕疵，其并不影响其产品外观设计保护内容的确定，因此不能据此认定涉案专利的授权图片未清楚地显示要求专利保护的产品的外观设计。

综上所述，无效宣告请求人关于涉案专利不符合《专利法》第二十七条第二款的无效宣告理由不成立。

评　析

中国《专利法》第二十七条规定，申请外观设计专利的，应当提交请求书、该外观设计的图片或者照片以及对该外观设计的简要说明等文件。申请人提交的有关图片或者照片应当清楚地显示要求专利保护的产品的外观设计。这是对外观设计专利申请文件的根本要求。首先需要指出的是，在《专利法》第二十七条成为无效条款之前，在外观设计未能清楚表达的情况下，依据外观设计的定义做出无效宣告请求审查决定。在2010年修改前的《专利法实施细则》第二条第三款的审查中，应判断所要求保护的外观设计是否是适用于工业应用的新设计。对于外观设计视图的错误或瑕疵，应考虑视图错误或瑕疵对产品整体表达的影响程度，由此视图错误或瑕疵是否导致其外观设计专利产品不能适于工业应用。如果视图错误或瑕疵不足以从整体上影响到该外观设计产品在工业上的生产制造，则不应认为该外观设计专利不符合《专利法实施细则》第二条第三款的规定。现在，则可以根据《专利法》第二十七条加以判断。

（一）不同国家和地区外观设计清楚表达判断的基本思路

主要国家和地区均具有外观设计清楚表达的要求。美国《专利法》第一百一十二条有关充分公开和保护范围清楚的要求同样适用于外观设计专利。美国外观设计专利申请包含权利要求书、说明书和图片。外观设计专利和实用专利的最大区别在于，说明书、附图以及权利要求书的相对重要性不同。对实用专利而言，说明书和权利要求书最为重要，说明书附图的作用其次。对外观设计专利而言，情况正好相反：说明书和权利要求书是形式上的，说明书附图是确定保护范围的最重要依据。① 在鲁宾菲尔德案②中，美国关税和专利上诉法院指出，外观设计专利申请可以包含多个实施例但是仅有一项权利要求。

美国专利商标局非常强调外观设计专利申请中适当的视图的重要性。③ 1997 年之前，美国专利商标局要求图片"必须包含充足数量的视图以完整揭示产品外观"④。1997 年，美国专利商标局修改了审查规则，改为要求图片"必须包含充足数量的视图以完整揭示产品设计的外观"⑤。如果视图并不充分，应当依据专利法第 112 条的规定宣告该外观设计专利无效。在菲尔科公司诉高尔察克公司案⑥

---

① In re Daniels, 144 F.3d 1452,1456, 46 USPQ2d1788,1790(Fed.Cir.1998).
② In re Rubenfield, 270 F.2d 391, 123 USPQ 210(CCPA 1959).
③ US Patent and Trademark Office, Manual of Patent Examining Procedure §§15.03.20.
④ 37 C.F.R. §1.152.
⑤ 37 C.F.R. §1.152（a）.
⑥ Philco Corp. v. Admiral Corp., 119 F.Supp. 797,801, 131 USPQ 413(D. Del 1961).

中，由于该电视机是便携式的并且由于纤细型效果有赖于背部设置，因此美国法院以涉案外观设计缺乏后视图为由宣告纤细型便携式电视机外观设计专利权无效。在摩尔诉斯图尔特案[①]中，美国法院认为，尽管视图仅仅展现了多音火车两面并且没有描述该多音火车是对称的，该视图描述是充分的。在斯威涅案[②]中，美国法院指出，外观设计视图充分披露必须做到"充分地、清楚地描述实现外观设计的产品的完整外观，如此明确以至于本领域技术人员能够制造该产品"。

根据美国《专利审查手册》第1503.02节的规定，外观设计专利申请人应当提交足够数量的绘制视图或者照片视图以充分公开要求保护的外观设计，视图可包括主视图、后视图、俯视图、仰视图、左视图和右视图。建议提交透视图，以清楚地显示三维设计的外观。在提交有透视图的情况下，如果某些面在该透视图中已可清楚地为人理解和充分公开，此时可以不用提交这些面的其他视图。与外观设计其他视图相同的视图或者涉及没有表面装饰的平面视图，如在说明书中已对上述情形进行了清楚的说明，可以省略上述视图。例如，外观设计的左边和右边是相同或者呈镜像对称，则可以仅提交其中一面的视图，并在绘图说明中说明另一面是相同或者对称的。如果外观设计底面是一个平面，并且在说明书中有该产品的底面是平面且没有任何的表面装饰的说明，则可以省略该底面的视图。"无装饰性的"的术语不应当用来描述含有非扁平结构的可见面。[③]仅用于显示外观设计的内部结构或者功能/机械特征的剖面图并不必要提交，

---

① Moore v. Stewart, 600 F. Supp.655,660, 225USPQ 313,315(W.D. Ark. 1985).
② Ex parte Sweeney, 123 USPQ 506,507(USPTO Board of Appeal 1959).
③ Philco Corp. v. Admiral Corp.,199 F.Supp. 797,131 USPQ 413(D.Del.1961).

其可能导致要求外观设计保护范围不确定。① 审查员应当依据35 U.S.C.112第二段的规定拒绝这样的视图并要求将其删除。然而，如要求保护的外观设计外表面的精确轮廓和外形未在视图上清楚显示，也并非出于显示内部结构特征的目的，可以允许加入一个外观设计的剖面图以便更清楚地说明该设计的外形。②

（二）中国外观设计清楚表达判断的基本思路

中国外观设计清楚表达的法律适用与美国存在不同之处，主要包括以下方面。

1. 视图数量充足性的判定

就立体产品的外观设计而言，产品设计要点涉及六个面的，应当提交六面正投影视图；产品设计要点仅涉及一个或几个面的，应当至少提交所涉及面的正投影视图和立体图，并应当在简要说明中写明省略视图的原因。就平面产品的外观设计而言，产品设计要点涉及一个面的，可以仅提交该面正投影视图；产品设计要点涉及两个面的，应当提交两面正投影视图。必要时，申请人还应当提交该外观设计产品的展开图、剖视图、剖面图、放大图以及变化状态图。此处的"必要时"通常是指表面有凹凸变化、存在局部细节、存在变化状态等情形。另外，申请人可以提交参考图，参考图通常用于表明使用外观设计的产品的用途、使用方法或者使用场所等。可以省略的视图包括相同或对称面以及大型设备的底面。

平面产品外观设计通常应提交两面正投影视图。扁平的立体产品外观设计应提交主视图、剖面图或者立体图。使用时部分被遮挡的产品外观设计是否需要提交被遮挡部分的视图在法律实践中存在

---

① In re Tucker,1901 C.D.140,97 O.G.187(Comm'r Pat.1901); Ex parte Kohler,1905 C.D.192,116 O.G.1185(Comm'r Pat.1905).

② In re Lohman,1912 C.D. 336,184 O.G.287(Comm'r Pat.1912).

争议,这一点与外观设计确权和侵权中的判定主体有密切关系,如果将判定主体界定为产品使用者,那么显然使用时部分被遮挡的部分对整体视觉效果影响很小;如果将判定主体界定为产品购买者,那么显然使用时部分被遮挡的部分对整体视觉效果可能有一定的影响。表面有凸凹变化的产品外观设计应当展现出凸凹变化的状况。例如,包装袋外观设计属于平面产品外观设计,应当提交两面正投影视图;带凹凸花纹的门,应当提交主视图、剖面图或者清楚显示凹凸结构及侧面厚度的立体图,如果缺乏剖视放大图,则不符合《专利法》第二十七条的规定。

2. 视图清晰度的判定

图片应当参照中国技术制图和机械制图国家标准中有关正投影关系、线条宽度以及剖切标记的规定绘制,并应当以粗细均匀的实线表达外观设计的形状。不得以阴影线、指示线、虚线、中心线、尺寸线、点画线等线条表达外观设计的形状。可以用两条平行的双点画线或自然断裂线表示细长物品的省略部分。图面上可以用指示线表示剖切位置和方向、放大部位、透明部位等,但不得有不必要的线条或标记。图片可以使用包括计算机在内的制图工具绘制,但不得使用铅笔、蜡笔、圆珠笔绘制,也不得使用蓝图、草图、油印件。对于使用计算机绘制的外观设计图片,图面分辨率应当满足清晰的要求。各视图比例应当一致。

需要注意的是,绘制视图线条应当符合规定,均匀清晰;渲染视图分辨率应当满足清晰。照片应当清晰,避免因对焦等原因导致产品的外观设计无法清楚地显示。照片背景应当单一,避免出现该外观设计产品以外的其他内容。产品和背景应有适当的明度差,以清楚地显示产品的外观设计。照片的拍摄通常应当遵循正投影规则,避免因透视产生的变形影响产品的外观设计的表达。照片应当避免因强光、反光、阴影、倒影等影响产品的外观设计的表达。照片中的产品通常应当避免包含内装物或者衬托物，但对于必须依靠内装物或者衬托物才能清楚地显示产品的外观设计时，则允许保留内装物或者衬托物。需要注意的是，照片视图不能过暗或者过曝，照片视图应当避免反光和倒影，照片视图细节也应当清晰。

3.视图正确性与申请文件一致性的判定

视图正确性的要求是，图片或者照片符合正投影规则，视图的投影光源必须与三维坐标轴平行。申请文件一致性的要求是，结合外观设计图片或者照片判断产品名称及简要说明的描述是否准确一致需要指出的是，在专利确权程序中，外观设计清楚表达的判断需要区分视图错误和视图瑕疵。

如果构成视图错误，那么应当根据《专利法》第二十七条的规定宣告专利权无效；如果仅仅构成视图瑕疵，那么无须根据《专利法》第二十七条的规定宣告专利权无效。视图错误和视图瑕疵的区分，关键是结合惯常设计以及设计合理性的考虑，判断视图存在的问题是否会影响涉案外观设计专利保护范围的确定。[①]如果视图不一致或尺寸不对应的情况符合照片拍摄的正投影规则，那么显然符合《专利法》第二十七条的规定。同时，如果属于结合其他视图判断属于明显笔误并明显可以通过其他附图予以弥补的情形，那么一般消费者结合其所具有的知识能够明确外观设计专利权的保护范围，通常不应当根据《专利法》第二十七条的规定宣告专利权无效。

就"冰箱（三门）"外观设计无效纠纷案而言，结合冰箱门侧面的惯常设计以及设计的合理性考虑，三门冰箱通常不会采用左视图、

---

① 张鹏、徐晓雁：《外观设计专利制度原理与实务》，知识产权出版社2015年版，第150—152页。

右视图表达的此种中门和下门与上门侧面凹槽不一致的设计，而是可以根据俯视图、仰视图推断出冰箱三个门侧面采用了相同的扣手形结构，因此设计 1 和设计 4 在冰箱门侧面扣手形结构上的视图的不对应属于绘制瑕疵，其并不影响其产品外观设计保护内容的确定，因此不能据此认定涉案专利的授权图片未清楚地显示要求专利保护的产品的外观设计。

18. 外观设计设计空间的认定与应用

——浙江今飞机械集团有限公司与浙江万丰摩轮有限公司"摩托车车轮"外观设计专利无效纠纷案

案件索引：国家知识产权局专利复审委员会第 13657 号无效宣告请求审查决定

基本案情

在浙江今飞机械集团有限公司与浙江万丰摩轮有限公司外观设计专利权无效纠纷一案中，无效宣告请求人使用在先设计证明涉案专利不符合《专利法》第二十三条[①]的规定，其中涉案专利如下图左侧图所示，在先设计如下图右侧图所示。

图7 "摩托车车轮"外观设计专利无效纠纷一案附图

---

① 本案适用 2000 年修正后的《专利法》。

决定与理由

国家知识产权局专利复审委员会认为,摩托车车轮基本上均由轮辋、辐条、轮毂三部分组成,圆形轮辋应当属于车轮的惯常设计,相对轮辋,辐条的形状设计通常对车轮的整体视觉效果更具有显著的影响。涉案专利与在先设计在辐条表面凹槽和平滑的差异属于细微变化,对整体视觉效果不具有显著影响。因此,涉案专利不符合《专利法》第二十三条的规定。

北京市第一中级人民法院和北京市高级人民法院均认为,在判断外观设计是否近似时,应当考虑外观方面存在变化空间的大小,对于外观变化空间较小的产品,其设计差异更容易对整体视觉效果产生显著的影响。摩托车车轮均为轮辋、辐条、轮毂组成,受其所设定的功能的限制,外观变化的空间有限。在设计空间有限的车轮产品上,涉案专利与在先设计存在的不同已经对整体视觉效果产生显著的影响。最高人民法院认为,即使摩托车车轮均由轮辋、辐条、轮毂组成,且受到设定功能限制的情况下,其辐条的设计只要符合受力平衡的要求,仍可以有各种各样的形状,存在较大的设计空间,一、二审判决以摩托车车轮的设计空间有限为前提得出涉案专利与在先设计的区别致使二者不相同也不相近似的结论缺乏事实依据。[1]

---

[1] 参见北京市第一中级人民法院(2009)一中知行初字第 2719 号行政判决书、北京市高级人民法院(2010)高行终字第 467 号行政判决书和最高人民法院(2010)行提字第 5 号行政判决书。

评 析

中国《专利法》第二十三条第一款规定，授予专利权的外观设计，应当不属于现有设计；也没有任何单位或者个人就同样的外观设计在申请日以前向国务院专利行政部门提出过申请，并记载在申请日以后公告的专利文件中。中国《专利法》第二十三条第二款规定，授予专利权的外观设计与现有设计或者现有设计特征的组合相比，应当具有明显区别。在适用《专利法》第二十三条第一、二款判断外观设计专利权的有效性时，在进行外观设计是否与现有设计相同、实质相同或者具有明显区别的判断时，设计空间是经常需要加以考虑的重要因素。

设计空间，是指设计空间是指外观设计的设计者创作特定产品外观设计时的自由度。具体而言，在产品实用功能、技术条件、现有设计等因素制约下，设计师可进行设计的范围，即允许产品外观发生设计变化的设计内容。[1]决定设计空间的主要因素为产品本身的实用功能和现有设计的状况，但对于具体的产品而言，有时还需要考虑社会因素、法律法规规定的产品设计标准等诸多因素。设计空间随着技术的发展而不断发生变化。在产品外观设计的设计过程中，具有两种工业设计思路：功能驱动型创新模式与设计驱动型创新模式。在功能驱动型创新模式下，首先设定产品所需要具备的功能，工业设计的设计人员需要在上述功能的限制下对外观设计进行设计。

---

[1] 吴大章主编：《外观设计专利实质审查标准新讲》，知识产权出版社 2013 年版，第 6 页。

在设计驱动型创新模式下，首先由设计人员对于工业设计不受约束地加以设计，然后技术人员根据上述工业设计的设计情况实现相关功能。也就是说，上述功能驱动型创新模式与设计驱动型创新模式分别代表了功能优先和设计优先的设计理念。本书认为，目前中国工业设计主要采用功能驱动型创新模式，随着中国工业设计产业的发展，未来会逐步采取功能驱动型创新模式与设计驱动型创新模式并行的方式。

（一）不同国家和地区设计空间认定的基本思路

欧盟以有经验的用户（Informed User）作为判断主体，判断外观设计的整体印象与现有设计是否相同，如果不同则认为外观设计具有独特性。在独特性的判定中，欧盟考虑开发设计时所享有的自由度。例如在游戏圆片案[1]中，欧盟内部市场协调局无效决定认为，设计人员在设计游戏圆片时的设计自由度较大，但是本专利与在先设计具有相同的基本特征，均具有呈圆形围绕中心区的边缘，二者的整体印象相同，二者的差别仅在于中央区域的表面轮廓突起的变化，但对经验用户而言，并未产生不同于在先设计的整体印象，因此本专利与在先设计冲突，应予宣告无效。专利权人不服无效决定，向申诉委员会提起申诉。申诉委员会经审理认为，设计人员的自由度受到较大的限制，由于经验用户在评价两个外观设计时通常不必考虑本案产品中所属种类产品的惯常的、普通的设计，而更关注独特的或不寻常的特征，因此本案中横截面上的差异，足以使本专利和在先设计产生不同的整体印象。申诉委员会撤销了无效决定。无效请求人不服申诉委员会作出的决定向欧盟初审法院提起诉讼。法

---

[1] Grupo Promer Mon Graphic, SA. v. Office for Harmonisation in the Internal Market(OHIM), Case C-281/10P.

院经审理认为,设计人员的设计自由度受到实现产品或部件的技术功能的特征的限制,或者受到产品必须符合的法定标准的限制。就本案而言,游戏片呈扁平小盘是该类产品的一个普遍特征,盘边缘卷起是由于该产品供儿童玩耍,为满足安全性要求而受到的限制,它们均不会受到经验用户的注意。在上述限制的制约下,中心部分的设计具有较大自由度,除了圆形外,完全可以采用三角形、六角形,甚至方形或椭圆形。其设计变化易于受到经验用户的关注。而本设计和在先设计的中心凸起均呈圆形。虽然本专利的中心部分向上隆起,在先设计的中心部分相对平坦,但是由于圆盘较薄并且中心凸起形成的弯曲程度较轻,特别是从上方观察的时候,其弯曲程度的差异不会被经验用户轻易觉察到。因此,二者在设计自由度较大部位的相似点更吸引经验用户的关注,会给经验用户留下二者相同的整体视觉印象。因此,本设计没有独特性。

美国运动鞋案[1]可以体现出对设计空间思路的运用。该案涉及专利号为299081的运动鞋(下称本专利),专利权人为洛杉矶吉尔公司(L. A. Gear, Inc.)。这种运动鞋在商业上大获成功。此后,其他几家公司也开始生产同样款式的运动鞋(下称被控侵权产品)。洛杉矶吉尔公司以侵犯外观设计专利权为由将汤姆麦克恩公司(Thom Mcan Shoe Co.)起诉至法院。被告在侵权诉讼中认为本专利是功能性的,不符合装饰性的授权要求,应当宣告专利权无效。被告将本专利逐一分解成若干独立单元进行分析,认为运动鞋中的三角形翼为足部提供了支撑并加强了穿鞋带的鞋孔部分,运动鞋两侧的网状织物也是起到支撑足部的作用,运动鞋后跟部的齿状物是用于肌腱的缓冲垫等,上述这些单元以其自身的功能完全按照运动鞋整体功

---

[1] L. A. Gear Inc. v. Thom McAn Shoe Co., 988 F.2d 1117(Fed. Cir. 1993).

能的要求组成运动鞋。一审法院认定，构成鞋的每个分解单元的确具有确定的实用功能，但是实现每一项功能的单元都有可供选择的其他设计方案。这里暗含着法院认为，如果形状是由功能唯一确定的、没有选择的，则不存在美学考虑。反之则不能排除形状的选择包含着对美学的考虑。由此，一审法院认为涉案运动鞋的外观设计是出于美学的考虑，美学方面的设计属于外观设计保护的范畴。上诉法院支持了一审法院在这一问题上的观点。在产品的实用功能方面，运动鞋具有的设计自由度主要体现在各个组成部分可以设计成不同的形态。法院的下一步程序是确认本专利是否符合授权标准，与现有设计的区别是否属于本领域设计人员显而易见的范畴。法院确定本案的本领域普通设计人员应该是运动鞋的设计者。被告提交了22项相关的现有设计，都是运动鞋的形态变化设计，用以证明本专利的无效性。法院认定现有设计中不存在一项与本专利设计特征基本相同的设计。这个案例指明了美国在外观设计专利性判断中对功能的考虑，同时给出了判定方法。

（二）中国设计空间认定的基本思路

就中国设计空间的认定而言，属于一种类似于司法认知的行政认知行为，亦即，设计空间之于特定产品的一般消费者，与众所周知的事实之于一般民众，其法律地位实属相同。从而，设计空间的说明性证据与设计空间之间的关系，属于认知关系，而非证明关系。在功能驱动型创新模式下，设计空间在认定过程中，需要考虑如下因素：实用功能和技术实现等对产品外观的限制。[1]也就是说，在设计空间的认定中，确定产品类别之后，需要确定该类别产品所具有

---

[1] 张鹏、徐晓雁：《外观设计专利制度原理与实务》，知识产权出版社2015年版，第214—216页。

的实用功能,以及上述实用功能对于设计自由度的限制。一般而言,偏重于产品实用功能的产品,如机械设备、零件产品等的设计空间相对较小,以审美、装饰功能为主的产品,例如装饰品在形式上的设计空间更大。[1]

在"摩托车车轮"外观设计专利权无效纠纷案中,即使摩托车车轮均由轮辋、辐条、轮毂组成,且受到设定功能限制的情况下,其辐条的设计只要符合受力平衡的要求,仍可以有各种各样的形状,存在较大的设计空间。

---

[1] 吴大章主编:《外观设计专利实质审查标准新讲》,知识产权出版社2013年版,第33页。

19. 外观设计专利权与在先权利冲突的判断

——美国扑克牌公司与曾庆松"标贴"外观设计专利无效纠纷案

案件索引：国家知识产权局专利复审委员会第15530号无效宣告请求审查决定

基本案情

在美国扑克牌公司与曾庆松外观设计专利无效纠纷案中，涉案外观设计专利如下图左侧所示。2010年2月1日，美国扑克牌公司（下称无效宣告请求人）以上述外观设计专利与其在先就"Bee"商标（如图8右侧图所示）取得并享有的注册商标专有权相冲突为由向专利复审委提出宣告涉案专利无效的请求。无效宣告请求人认为，以相关公众的一般注意力而言，涉案专利与其在先商标极易混淆，已构成相近似，因此涉案专利的实施将会误导相关公众并导致其产生混淆，从而损害商标所有人的相关合法权利，构成权利冲突。而专利权人则认为，涉案专利与在先商标核定使用的产品不同，不能对在先商标跨类保护，并且从"Bee"到"3cc"要进行复杂的变换，请求人关于两者容易混淆的主张具有很强的主观性，涉案专利与在先商标权不相冲突。

图8 "标贴"外观设计专利无效纠纷一案附图

决定与理由

国家知识产权局专利复审委员会认为，对于中国境内的相关公众而言，会首先将"3cc"和"Bee"这样的外文标识认知为字母、符号的组合标志；其次，"Bee"商标本身具有较强的显著性，而涉案专利使用的"3cc"标识自身缺乏确切含义，其文字字体设计、排列和整体的表现形式也与"Bee"商标非常近似且涉案专利还使用了蜜蜂作为背景图案。在此情况下，仅凭两个标识在呼叫和含义上的差别难以在整体上将二者明显的区分开来，在相关公众仅施以一般注意力的情况下，易于将涉案专利中的"3cc"标识与在先商标混淆，进而导致对相关产品的来源产生误认。在实际使用过程中，本专利会起到表明产品来源的作用，其中使用了与在先注册商标相近似的设计，在相关公众施以一般注意力的情况下，易于同在先商标发生混淆，导致对产品来源的误认，故涉案专利的实施将会误导相关公众，损害在先商标所有人的合法权益，遵循诚实信用和保护在先取得的合法权利的原则，应判定其与在先商标权相冲突。因此，宣告涉案专利无效。

评 析

中国《专利法》第二十三条第三款规定，授予专利权的外观设计不得与他人在申请日以前已经取得的合法权利相冲突。由于客体非物质性，专利权常常与其他知识产权的保护客体相互交叉重叠，尤其是外观设计专利权。当相互交叉重叠的专利权归属不同民事主体时，容易产生不同民事主体之间的权利冲突，该条文致力于解决这一问题。

（一）不同国家和地区外观设计权利冲突判断的基本思路

多数国家和地区建立了外观设计权利冲突制度。《美国外观设计审查程序手册》第1512部分是关于"外观设计专利与版权、商标权之间的关系"的专门规定。关于版权与专利权的冲突，《美国外观设计审查程序手册》明确规定：一件装饰性设计既可以作为一件艺术作品受到版权的保护，也可以作为外观设计专利的保护客体。但是，含有版权的外观设计，应在说明书的开始有一个版权声明，即专利文件公开的部分包含有版权，版权持有人对任何人就专利文件的复制没有异议。有关商标权与外观设计专利权的冲突，《美国外观设计审查程序手册》明确规定：在一定条件下，申请中可以包含有注册商标，但是，这一使用依据联邦商标法应是合法利用。另外，如果申请外观专利权利要求的一部分是某人在先注册的一个商标，则说明书上必须附有该商标权利人认可的声明及其签名。否则，专利申请应被驳回。[①] 由此可见，美国在外观设计专利审查过程中对于是否

---

① See MPEP 608.01(V).

构成权利冲突加以审查。

1921年日本《外观设计法》规定了申请专利权的外观设计不得与商标权相冲突,在1959年修订的日本《外观设计法》第五条规定:"有与他人业务相关物品发生混淆之虞的外观设计"不能取得外观设计注册。日本《外观设计法》第二十六条、《商标法》第二十九条、《专利法》第七十二条中均规定:当在后取得的权利与他人在先取得的合法权利(专利权、注册外观设计权、实用新型权、注册商标权)产生冲突时,权利人、排他许可权人或非排他许可权人都不得在商业上使用该在后取得的权利。日本外观设计权利冲突制度主要适用于外观设计专利权与商标权、著作权之间的冲突。对于在先权利是驰名商标权或著作权的情况,在后的外观设计不论与在先权利的产品种类是否相同,都可以依据《外观设计法》第五条认定二者相冲突,但在无效程序中或诉讼程序中,在先权利人需要举出大量证据证实自己在先权利的驰名性。[1]对于在先权利不是驰名商标权或著作权的情况,如果申请注册的相似的外观设计使用的产品与在先权利涉及的产品是同一类产品,则认定为二者权利相冲突,否则,外观设计申请不能以《外观设计法》第五条为由驳回或宣告无效。[2]

《共同体外观设计法》第二十五条规定,权利冲突为宣告共同体外观设计无效的法定理由。《共同体外观设计法》第八十四条第二款规定,依照权利冲突的无效理由提起诉讼或者反诉只能由该条规定的人提起该诉讼或者反诉,原告必须是在先权利人或者合法继受人。欧盟内部市场协调局ICD000001014号无效决定将汽车展厅的外观

---

[1] 参见日本最高法院9511/1993号判决,关于00866095号注册外观设计权名称为"娃娃"的无效宣告请求案中权利冲突的认定。

[2] 某案中,263261号名称为"衬衫"的注册外观设计与在先的684246号分类在第26组印刷物类的注册商标不构成权利冲突。

设计与在先作品进行对比，图9左侧系涉案外观设计，右侧是享有在先著作权的建筑作品。决定认定由于门的朝向及走廊的设计不同，二者相比并非实质性相似，所以并不构成与在先著作权相冲突。

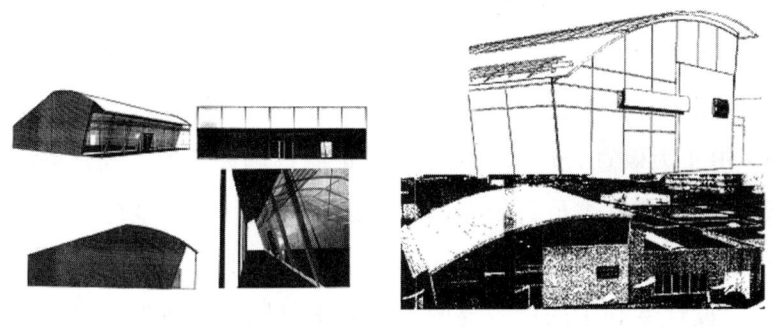

图9 欧盟内部市场协调局ICD000001014号无效决定附图

（二）中国外观设计权利冲突制度的演进

1984年《专利法》、1993年修改的《专利法》第二十三条的规定均为："授予专利权的外观设计，应当同申请日以前在国内外出版物上公开发表过或者国内公开使用过的外观设计不相同或者不相近似。"2008年修改后的《专利法》将第二十三条修改为："授予专利权的外观设计，应当同申请日以前在国内外出版物上公开发表过或者国内公开使用过的外观设计不相同和不相近似，并不得与他人在先取得的合法权利相冲突。"可见，在2008年《专利法》第二次修改中引入了外观设计专利权与在先合法权利冲突制度。但是，当时的《专利法实施细则》第六十五条第三款规定："以授予专利权的外观设计与他人在先取得的合法权利相冲突为理由请求宣告外观设计专利权无效，但是未提交生效的能够证明权利冲突的处理决定或者判决的，专利复审委员会不予受理。"这一规定的本意是使专利复审委员会在对权利冲突进行认定时有充分的依据，但是，由于在外观设计专利权与在先权利构成权利冲突的时候，在先权利人几乎无法拿到生效的能够证明权利冲突的处理决定或者判决，由此导致《专利法》所设置的外观设计权利冲突解决机制几乎完全无法发挥作用。

以《专利法》修改前审理的 LV 案为例。本案中，申请人王军的 02367907.7 号外观设计专利授权后，路易威登公司立即以该外观设计与其拥有的包括"LV"、"路易威登"等驰名商标在内的多项在先商标权相冲突为由向专利复审委员会提出无效宣告请求（参见下图）。由于无效宣告请求人无法提供证明权利冲突的生效判决或处理决定，专利复审委员会依据当时的法律规定，最终维持该外观设计有效。①路易威登公司遂向人民法院提起侵权诉讼。一审法院以王军的外观设计专利中的最主要的设计要素与原告的在先注册商标相同或相近似，该外观设计产品与原告的注册商标指定使用商品为同类商品，一旦投入使用足以造成消费者的误认，判定王军申请该外观设计专利的行为侵犯了原告的商标权。王军上诉后，二审法院以基本相同的理由维持了一审判决。②

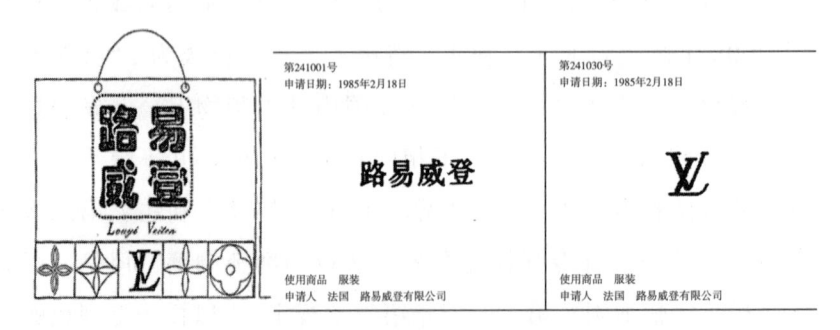

图 10　LV 案的在先商标和在后外观设计

---

① 参见国家知识产权局专利复审委员会第 9273 号无效宣告请求审查决定。
② 参见北京市高级人民法院（2008）高民终字第 114 号民事判决书、北京市第一中级人民法院（2007）一中民初字第 4873 号民事判决书。

2008年修改后的《专利法》第二十三条第三款规定："授予专利权的外观设计不得与他人在先取得的合法权利相冲突。"同时，2010年修订后的《专利法实施细则》第六十六条第三款规定："以不符合专利法第二十三条第三款的规定为理由请求宣告外观设计专利权无效，但是未提交证明权利冲突的证据的，该无效宣告请求不予受理。"由此，《专利法》第二次修改后对外观设计专利权与在先合法权利冲突制度设定的"提交生效决定或者判决"的要求被取消，从而该制度得以广泛适用。

（三）中国外观设计权利冲突制度的基本思路

关于外观设计权利冲突的概念，在学理上始终存在不同观点，概括起来有如下几种学说：侵权说、抵触说、重叠说和即发侵权说。中国法律实践采取即发侵权说，与欧盟法律实践类似。依据该学说，"相冲突"是指，未经权利人许可，外观设计专利使用了在先合法权利的客体，从而导致专利权的实施将会损害在先权利人的相关合法权利或者权益。基于《专利法》第六十六条关于专利侵权诉前禁令的规定，在允许诉前禁令的前提下，认定构成侵权几乎是必然后果，否则诉前禁令不具有实际意义。所以上述规定的外延可以理解为包括"即将发生的侵权"。

外观设计专利权与在先合法权利冲突的判断。根据《专利审查指南》第四部分第五章规定，判断外观设计权利冲突是否成立，以外观设计专利权的行使是否将会侵犯在先权利为准，并不以外观设计专利权的行使作为前提条件，即：不考虑外观设计专利的授予是否实际上侵犯了他人的专有权利，在享有和行使权利上是否产生抵触，也不考虑是否存在不同权利的权利客体彼此重叠交叉。外观设计专利权权利冲突的判断，采用"将会发生的侵权"作为判断标准，亦即即发侵权说，较为准确客观地反映了权利冲突的立法本意，为《专利审查指南》所采用。

外观设计专利权与在先合法权利冲突的判断步骤。判断外观设计专利权权利冲突，通常采用下述步骤：第一，根据在先权利的相关法律规定对在先权利进行认定，并对在先权利保护客体进行客观描述；第二，根据本专利图片表示的内容，结合简要说明对本专利外观设计进行客观描述；第三，根据在先权利保护范围，将本专利相关设计与在先权利客体进行比较，基于上述比较进行分析判断，得出结论。请求人对于在先权利的有效性负有举证责任，专利权人对于使用在先权利客体的合法权源[①]负有举证责任。也就是说，请求人需要举证证明在先权利的有效性。根据《专利审查指南》第四部分第三章的规定："以授予专利权的外观设计与他人在申请日以前已经取得的合法权利相冲突为理由请求宣告专利权无效的，请求人限于在先权利人或者利害关系人。其中，在先权利人是享有在先商标权、著作权、企业名称权、知名商品特有包装或者装潢使用权等合法权利或者合法利益的民事主体。"

（四）中国外观设计权利冲突制度的法律适用

1. 外观设计专利权与商标权相冲突的判断

外观设计专利权与在先商标权的权利冲突是外观设计权利冲突制度中最为常见的案件类型。下面首先分析外观设计专利权与在先商标权权利冲突的构成要件，然后解读相同或者相近类别的判断、相同或者相似的判断，最后进一步分析为相关公众广为知晓商标的认定与保护。以"将会发生的侵权"作为判断标准，则外观设计专利权与商标权形成权利冲突的构成要件是，该外观设计专利权一旦行使将会侵犯在先商标权。相应地，仅当同时满足如下构成要件时，

[①] 例如获得在先权利人许可等。

才应当认定专利权与在先商标权相冲突：（1）涉案专利产品与在先商标所使用的商品属于相同或者相近种类；（2）涉案专利中使用了与在先商标相同或者相似的设计；（3）易于造成相关公众将涉案专利设计与在先商标混淆，从而误导相关公众。其中，下述情形均构成混淆：易使相关公众认为本专利权系由商标权人所有；易使相关公众误认为本专利产品的来源与使用在先商标的商品的来源存在特定的联系。就判断主体而言，上述相关公众，是指与商标所标识的某类商品或者服务有关的消费者和与前述商品或者服务的营销有密切关系的经营者。商品/服务类别是否相同或者相近，以在商品或者服务中使用相同的商标是否会导致相关公众误认为商品或者服务来自于同一市场主体或者有某种联系的市场主体判断标准。使用商标的商品与使用外观设计的产品种类是否相近的判断因素[①]包括：商品的功能用途、商品的原材料成分、商品的销售渠道和场所、商品整体与零部件的关系、商品的生产者和消费者、消费习惯和其他因素。[②]使用商标的服务与使用外观设计的产品种类是否相近的判断因素包括：产品与服务之间联系的密切程度、用途和通常效用上的一致性、用户上的一致性、销售渠道和销售习惯的一致性。

---

① 参见《商标审理基准》《商标民事纠纷案件适用法律若干问题的解释》中的相关规定。

② 参见北京市第一中级人民法院（2006）一中民初字第926号判决书。法院认定，原告在第3类商品上注册"海润"文字商标，核定使用商品范围是防皱霜、化妆剂、化妆品等。被告的"纯海水珍珠粉"、"纯珍珠粉（胶囊）"和"珍珠祛皱系列"礼盒中的"纯珍珠粉"产品，成分均为纯珍珠粉，使用方式为口服，所以功能用途系医用营养品。由于医用营养品多为口服，化妆品多为外用，并且二者销售柜台亦有所区别。所以，被告商品与使用"海润"商标的化妆品是不相同且不类似种类商品。另参见北京市第一中级人民法院（2006）一中民初字第14892号判决书、国家工商行政管理总局商标评审委员会2007商标异字01933号商标异议裁定书、2007商标异字01908号商标异议裁定书、2007商标异字01922号商标异议裁定书等。

判断类别是否相同或者相近的步骤，第一步：确定该商标的所使用商品或者服务类别；第二步：参考产品的名称、国际外观设计分类以及产品销售时的货架分类位置，确定外观设计产品的种类；第三步：综合考虑商品的功能用途、原材料成分、销售渠道和销售场所、商品与零部件关系、商品的生产者和消费者、消费习惯等因素，主要关注是否会导致相关公众误认为商品或者服务来自于同一市场主体或者有某种联系的市场主体，判断该外观设计产品类别是否属于该商标所使用的商品或者服务的类别范围。另外，商标分类表的地位与作用在于，以相关公众对商品或者服务的一般认识对相同／相似类别进行综合判断时，可以参考《商标注册用商品和服务国际分类表》和《类似商品和服务区分表》。

相同或者相似的判断。外观设计中所使用的商业性标识与在先商标是否相同或者相似的判断，应当遵循如下规则：第一，权利客体对比规则。仅就在先商标与外观设计中与商标权客体对应的部分进行对比，并非将在先商标与外观设计整体进行对比。例如，涉案外观设计为饮料杯，该杯体的杯盖部具有商业性标识，那么在外观设计专利权与商标权权利冲突的判断中，应当仅就在先商标与该杯盖部的商业性标识进行对比，不能将在先商标与饮料杯整体进行对比。第二，整体观察兼顾显著部分对比规则。从商标本身的形、音、义和整体表现形式等方面，以相关公众的一般注意力为标准，进行整体观察；相同与相近似对比时，应重点考虑显著部分；显著部分通常包括文字部分（文字呼叫作用在商品流通中具有重要地位）、首字、占据主要位置和篇幅的图形等。第三，单独对比规则。仅就外观设计中的商标与在先商标进行对比，不能将几个在先商标与外观设计中的商标进行组合对比。例如，涉案商标系"SHEEP绵羊＋图形"组合商标，被告在包装盒的不同侧面分别使用了绵羊图形、"SHEEP"

和"绵羊"文字,将其分别与原告组合商标进行对比均不近似,未构成混同误认。[1]将外观设计中的多项商标组合后与在先商标比对的观点,不应予以支持。[2]第四,客观对比规则。客观比对外观设计相关部分与在先商标,不考虑外观设计申请人的主观恶意。第五,结合知名度判断规则。鉴于消费者对商标的认知度很大程度上取决于商标的知名度,具有一定知名度的商标更容易出现混淆误认的可能性。[3]根据《专利审查指南》第四部分第五章第7.1节的规定,对于在中国境内为相关公众广为知晓的注册商标,在判定权利冲突时可以适当放宽产品种类。基于"将会发生的侵权"的判断标准,首先需要确定在先商标权的保护范围,然后看在后外观设计专利权的行使是否将会侵犯在先商标权。对"在中国境内为相关公众广为知晓的注册商标"的认定,是一项事实认定,是确定在先商标权的保护范围的必需环节。

2. 外观设计专利权与著作权相冲突的判断

外观设计专利权与著作权相冲突的判断,需要首先判断在先著作权的合法性,然后判断是否与在先著作权构成冲突。外观设计专利权与著作权的权利冲突的认定,采用如下步骤:(1)判断专利权人是否获得在先权利人的许可;(2)如果未经许可,判断专利权人是否接触或者可能接触过作品;(3)如果能够证明专利权人接触或者可能接触过作品,那么判断在先作品与外观设计相关部分是否相同或者实质性相似。

---

[1] 参见北京市第一中级人民法院(1998)一中民初字第21号判决书。
[2] 参见北京市第一中级人民法院(2002)一中民初字第7321号判决书。
[3] 参见国家工商行政管理总局商标评审委员会2007商标异字第01903号商标异议裁定书,商标评审委员会认为,被异议商标"猎雕 LIEDIAO"比在先注册商标"雕"仅多一个汉字,鉴于引证商标具有一定知名度,被异议商标的注册和使用容易使消费者发生混淆、误认。

在先著作权合法性的判断,包括主体合法性和客体合法性。就主体合法性而言,作者和其他根据法律规定能够享有著作权的公民、法人和其他组织是著作权主体。如无相反证明,在作品上署名的公民、法人或者其他组织视为作者。[1]在先享有著作权的事实可由下列证据材料予以证明:著作权登记证书、在先公开发表该作品的证据、在先创作完成该作品的证据,或者通过继承、转让等方式取得著作权的证据等。对生效裁判文书中确认的当事人在先享有著作权的事实,在没有相反证据足以推翻的情况下,应当予以认可。

其次,就客体合法性而言,作品成为著作权客体的条件在于具备独创性,与专利法规定的新颖性不同,著作权法要求的独创性,仅仅要求作者独立完成而非抄袭。有证据证明涉案专利确系专利权人独立创作完成的,即使涉案专利与享有在先著作权的作品构成实质性相似,也不应当判定认为二者权利相冲突。基于"将会发生的侵权"的判断标准,判断外观设计专利权与著作权冲突,应当采用"接触+实质性相似"的判断标准。其中,接触,是指有接触作为著作权客体的作品的可能性,例如,作品已经在涉案专利申请日之前展示过。需要指出的是,从平面到立体/从立体到平面仍然可以构成实质性相似。[2]

---

[1] 参见北京市第一中级人民法院(2006)一中民初字第1497号判决书,法院认为,美术作品《蔡官》由原告独立创作完成,并在作品上署名,原告依法享有著作权。另见(2005)一中民初字第5761号判决书,法院认为,《论中国的逻辑教学》等三篇作品署名均为"王路",在没有相反证据的情况下,应认定上述作品的作者均为王路。

[2] 参见北京市第一中级人民法院(2000)一中知终字第185号判决书,其中认为,北京国际汽车展所设展位侵犯其设计的展位图纸。将平面艺术作品制作成立体的建筑造型并予以再现,属于复制。将建筑作品等立体作品转化为平面设计作品的行为在可以证明唯一对应关系的情况下,亦构成实质性相似。

3. 外观设计专利权与企业名称权、知名商品特有名称包装或者装潢使用权相冲突的判断

外观设计专利权与企业名称权冲突的构成要件是，外观设计中所涉及的企业名称与在先企业名称权客体构成混淆误认。[①]判断外观设计上的文字是否构成与他人企业名称混淆，需要考量商业活动习惯，应从消费者或者相关市场需求者的角度，而非从经营者自身角度考虑。在判断中，主要考虑经营场所、消费对象、经营渠道等因素。

外观设计专利权与知名商品特有名称、包装或者装潢使用权冲突的构成要件为：（1）涉及商品是知名商品。认定知名商品通常应当综合考虑商品销售持续的时间、地域范围、相关商品广告的投入及地域、相关公众对商品的知晓程度以及作为知名商品受保护的情况；[②]（2）涉及的内容是该商品特有的名称、包装、装潢。认定中主要考虑该名称、包装、装潢能否体现商品来源；[③]（3）外观设计相关部分与知名商品特有名称、包装、装潢近似，使得一般购买者混淆误认。主要根据主要部分和整体印象是否构成相同或者近似，一般购买者施以普通注意力是否会发生误认等情况综合分析认定。

4. 外观设计专利权与其他合法权利、权益相冲突的判断

《专利审查指南》第四部分第五章规定，"合法权利，是指依照中华人民共和国法律享有并且在涉案专利申请日仍然有效的权利或者权益。包括商标权、著作权、企业名称权（包括商号权）、肖像权以及知名商品特有包装或者装潢使用权等。"《侵权责任法》第二条规定，"侵害民事权益，应当依照本法承担侵权责任。本法所称民事

---

① 参见北京市第一中级人民法院（2006）一中民初字第1865号判决书、北京市高级人民法院（2002）高民终字第441号判决书。
② 参见（2003）一中民初字第8895号判决对于"《高等数学》"的认定。
③ 参见（2003）一中民初字第7908号判决对于"小肥羊"的认定。

权益，包括生命权、健康权、姓名权、名誉权、荣誉权、肖像权、隐私权、婚姻自主权、监护权、所有权、用益物权、担保物权、著作权、专利权、商标专用权、发现权、股权、继承权等人身、财产权益"。据此，中国《侵权责任法》对民事权利和民事利益在保护程度和侵权构成要件上没有作出区分，[①]从而构成与外观设计专利权相冲突的在先权利包括权利和利益。

外观设计专利权与肖像权构成权利冲突是指，未经权利人许可，外观设计专利中含有与专利权人以外的在世自然人肖像相同或近似的肖像，该专利的实施将会导致消费者混淆误认。近似，是指涉案专利中的他人肖像与他人的主要形象特征相同，在社会公众的认知中指向该肖像权人。由于自然人的民事权利能力始于出生、终于死亡，[②]所以只有在世自然人才具有享有民事权利的资格，故外观设计专利权与肖像权的冲突限于在世自然人所享有的肖像权。

在"标贴"外观设计专利无效纠纷案中，仅凭两个标识在呼叫和含义上的差别难以在整体上将二者明显的区分开来，在相关公众仅施以一般注意力的情况下，易于将涉案专利中的"3cc"标识与在先商标混淆，进而导致对相关产品的来源产生误认。因此，涉案外观设计专利与在先合法权利构成权利冲突。

[①] 全国人大常委会法制工作委员会民法室：《〈中华人民共和国侵权责任法〉条文说明、立法理由及相关规定》，中国法制出版社 2010 年版，第 4—9 页。
[②] 《民法通则》第九条规定："公民从出生时起到死亡时止,具有民事权利能力,依法享有民事权利，承担民事义务。"

专利行政保护

20. 专利假冒的认定与查处

——"九味肝泰"宣传册假冒专利案

案件索引：长沙市知识产权局假冒专利行为行政处罚公告（长知法查字〔2014〕68号）①

基本案情

2014年4月，长沙市知识产权局收到中国（长沙）知识产权维权援助中心移送举报材料，举报人称湖南康尔佳药业有限公司、湖南康尔佳制药有限公司发布的"九味肝泰胶囊"系列产品宣传页中的产品配方与其中介绍的ZL93117585.2专利技术方案不一致，构成假冒专利。

ZL93117585.2专利名称为"肝泰宝胶囊及其生产工艺"，专利申请日期为1993年9月24日，原专利权人为肖某，2009年11月变更为某制药集团公司，2010年11月变更为湖南康尔佳药业管理集团有限公司，该专利于2012年9月24因未缴年费专利权终止。湖南康尔佳药业有限公司、湖南康尔佳制药有限公司两单位系专利

---

① 在长沙市知识产权局网站可以查询假冒专利行为行政处罚公告，http://csipo.changsha.gov.cn/xzzf/zfgg/jmzlaj/201406/t20140606_592684.htm，最后访问时间：2016年3月9日。

权人湖南康尔佳药业管理集团有限公司旗下子公司，湖南康尔佳制药有限公司被授权在"九味肝泰胶囊"产品中使用 ZL93117585.2 专利的生产工艺，并由湖南康尔佳药业有限公司经营该产品。

决定与理由

长沙市知识产权局查明，在"九味肝泰胶囊 36 粒 / 瓶"宣传彩页中记载湖南康尔佳药业有限公司已独家受让该专利，并配有该专利的发明证书图片。该产品宣传彩页 2011 年初开始印制并随产品投放二级分销商，公司称其于专利权终止前停止了该"九味肝泰"胶囊产品的宣传册的印制，但在二、三级分销商还存有"九味肝泰"胶囊产品的宣传册。另查明，专利 ZL93117585.2 权利要求书中记载的肝泰宝胶囊由"郁金、田三七、姜黄"等 13 味中药配比制成，而经批准后的"九味肝泰胶囊"产品说明书的处方为"三七、郁金、姜黄"等 9 味中药。

长沙市知识产权局认为，根据《专利法实施细则》第八十四条第一款第五项之规定，湖南康尔佳药业有限公司、湖南康尔佳制药有限公司在产品宣传页中宣传与产品实际配方不一致的专利技术，且在专利权终止后继续使用上述宣传资料，使公众混淆认为该产品采用了专利技术的行为，构成假冒专利。长沙市知识产权局根据《专利法》第六十三条及《专利行政执法办法》第四十三条第二项之规定，作出如下行政处罚：湖南康尔佳药业有限公司、湖南康尔佳制药有限公司立即停止在"九味肝泰胶囊 36 粒 / 瓶"产品宣传彩页上标注 ZL93117585.2 专利，并停止发放该材料，销毁尚未发出的宣传彩页。

评　析

中国《专利法》第六十三条规定："假冒专利的，除依法承担民事责任外，由管理专利工作的部门责令改正并予公告，没收违法所得，可以并处违法所得四倍以下的罚款；没有违法所得的，可以处二十万元以下的罚款；构成犯罪的，依法追究刑事责任。"因此，管理专利工作的部门有权对假冒专利行为进行行政处罚。中国《专利法》第六十四条规定："管理专利工作的部门根据已经取得的证据，对涉嫌假冒专利行为进行查处时，可以询问有关当事人，调查与涉嫌违法行为有关的情况；对当事人涉嫌违法行为的场所实施现场检查；查阅、复制与涉嫌违法行为有关的合同、发票、账簿以及其他有关资料；检查与涉嫌违法行为有关的产品，对有证据证明是假冒专利的产品，可以查封或者扣押。管理专利工作的部门依法行使前款规定的职权时，当事人应当予以协助、配合，不得拒绝、阻挠。"

（一）专利假冒认定的基本思路

由于假冒专利行为具有侵犯专利权人合法权益、欺骗广大消费者和扰乱国家正常专利秩序等不良后果，[①]中国对假冒专利行为加以规制由来已久。1984年《专利法》第六十三条规定："假冒他人专利的，依照本法第六十条的规定处理，情节严重的，对直接责任人员比照《中华人民共和国刑法》第一百二十七条的规定追究刑事责任。"当时的1979年《刑法》并未将假冒专利列为犯罪，仅仅规定了"违反商标

[①] 全国人大常委会法制工作委员会经济法室编著：《〈中华人民共和国专利法〉释解及实用指南》，中国民主法制出版社2009年版，第116页。

管理法规，工商企业假冒其他企业已经注册的商标的，对其责任人员，处三年以下有期徒刑、拘役或者罚款"。当时认为假冒他人专利的行为与假冒他人注册商标的行为具有相似性质，因此1984年《专利法》比照《刑法》第一百二十七条的规定追究假冒他人专利行为的直接责任人的刑事责任。[①] 1992年《专利法》在保留"假冒专利行为"的同时增加了"冒充专利行为"，增加第六十三条第二款，"将非专利产品冒充专利产品的或者将非专利方法冒充专利方法的，由专利管理机关责令停止冒充行为，公开更正，并处以罚款。"然而，1992年《专利法》和《专利法实施细则》并未对假冒他人专利行为和冒充他人专利行为给出定义。2000年《专利法》将"假冒专利行为"和"冒充专利行为"分为两条，2001年《专利法实施细则》对二者分别给出定义。2008年《专利法》将二者予以合并形成现有条文。

就假冒专利行为的认定而言，《专利法实施细则》第八十四条规定："下列行为属于专利法第六十三条规定的假冒专利的行为：（一）在未被授予专利权的产品或者其包装上标注专利标识，专利权被宣告无效后或者终止后继续在产品或者其包装上标注专利标识，或者未经许可在产品或者产品包装上标注他人的专利号；（二）销售第（一）项所述产品；（三）在产品说明书等材料中将未被授予专利权的技术或者设计称为专利技术或者专利设计，将专利申请称为专利，或者未经许可使用他人的专利号，使公众将所涉及的技术或者设计误认为是专利技术或者专利设计；（四）伪造或者变造专利证书、专利文件或者专利申请文件；（五）其他使公众混淆，将未被授予专利权的技术或者设计误认为是专利技术或者专利设计的行为。专利权终止前依法在专利产品、依照专利方法直接获得的产品或者其包装上标注

[①] 尹新天：《中国专利法详解》，知识产权出版社2011年版，第717页。

专利标识，在专利权终止后许诺销售、销售该产品的，不属于假冒专利行为。销售不知道是假冒专利的产品，并且能够证明该产品合法来源的，由管理专利工作的部门责令停止销售，但免除罚款的处罚。"

（二）专利假冒行为的判断

在"九味肝泰"宣传册假冒专利案中，涉及的主要法律问题在于，被控侵权人的行为是否构成《专利法》第六十三条和《专利法实施细则》第八十四条规定的假冒专利行为。也就是说，专利权人在专利权终止之后在产品宣传册中使用专利证书、标注专利标识的行为，是否构成假冒专利行为。《专利法实施细则》第八十四条第一款第一、二项中所述的情形涉及在产品或者其包装上标注专利号或者专利标识的情形，本案中，被控侵权人将专利证书和专利标识在产品宣传册中加以使用，不属于严格意义上的在产品或者其包装上加以标注。《专利法实施细则》第八十四条第一款第三项中所述的情形则主要涉及在产品说明书等材料中将未被授予专利权的技术或者设计称为专利技术或者专利设计、将专利申请称为专利或者未经许可使用他人的专利号，并未涉及"专利权被宣告无效后或者终止后"的继续使用行为。

从《专利法》第八十四条第一款第一、二项的文意解释而言，"专利权被宣告无效后或者终止后"的继续使用行为与"在未被授予专利权的材料上"的使用行为属于不同的行为。据此，有观点认为，《专利法》第十七条规定发明人有署名权、专利权人标明专利标识的权利，专利权人希望公众将其视为特定技术的所有人，从而确立其特殊身份或享有社会赞誉，在产品宣传册上印制专利权已终止的专利证书是当事人的表达自由，具有合理性，不属于假冒专利的行为。[①]本书

[①] 谭啸："'九位肝泰'宣传册假冒专利案"，http://csipo.changsha.gov.cn/xzzf/alpx/201501/t20150126_690310.htm，最后访问时间：2016年1月16日。

认为，专利标识只是专利权行使的表征，不是专利权的权能。理由是，首先，就专利标识的本质属性而言，专利标识本质上是一种符号，具有识别性、指引性和法律约束性，专利标识旨在于传递专利产品具有一定竞争优势的信息，[1]专利标识权是专利权人在自己的专利产品或者该产品的包装上标明专利标识的权利。[2]专利保护的是发明的内容而不是专利标记或者专利号。假冒专利行为不同于专利侵权行为，假冒专利行为是一种侵犯公共利益的行为，[3]侵犯专利标识权和侵犯专利权具有不同的两种侵权后果。

就《专利法实施细则》第八十四条的逻辑解释而言，第一款第五项中的"其他使公众混淆，将未被授予专利权的技术或者设计误认为是专利技术或专利设计的行为"应当视为兜底性条款，[4]亦即只要在客观上造成公众混淆、误认的行为都会构成假冒专利的行为。具体到"九味肝泰"宣传册假冒专利案而言，在产品宣传册上印制权利已终止的专利证书会产生"使公众混淆，将未被授予专利权的技术误认为是专利技术"的结果，所以应当认定为假冒专利行为，即符合《专利法实施细则》第八十四条第一款第五项的规定。

---

[1] 陈向军："中国专利标识权利分析"，载《延边大学学报（哲学社会科学版）》2014年第3期。

[2] 安建：《中华人民共和国专利法释义》，法律出版社2009年版，第41页。

[3] 李国庆："论假冒专利行为——对2008年《专利法》第63条的一点看法"，载《天津法学》2011年第1期。

[4] 国家知识产权局条法司："关于假冒专利方面的修改"，载《电子知识产权》2010年第6期。

21. 专利侵权纠纷行政处理程序及现场勘验的适用

——VMI荷兰公司（VMI Holland B.V)诉揭东县双骏橡胶机械有限公司"具有翻边装置的轮胎成型鼓"发明专利侵权纠纷案

案件索引：广东省知识产权局粤知执处字［2014］第9号专利纠纷案件处理决定书

基本案情

VMI荷兰埃珀公司于2001年3月16日申请了名称为"具有翻边装置的轮胎成型鼓"的发明专利，并于2008年6月4日获得授权，专利号为"ZL01806616.X"，该专利目前有效。2013年2月26日，原专利权人VMI荷兰埃珀公司名称变更为现专利权人VMI荷兰公司（即本案请求人），办理了变更登记。请求人就其与被请求人揭东县双骏橡胶机械有限公司的专利侵权纠纷向广东省知识产权局请求处理。

请求人主张，近来发现被请求人未经请求人的许可，擅自生产、销售、许诺销售本案专利的产品，给请求人造成了经济损失。请求人请求责令被请求人立即停止制造、销售、许诺销售侵权产品。为支持其主张，请求人在提出请求前购买了被控侵权产品 16 寸 "VMI 机械鼓" 1 台，并分别通过北京市长安公证处、广东省广州市广州公证处对购买和收货过程进行了证据保全，并向广东省知识产权局提交了北京市长安公证处（2014）京长安内经证字第 3163 号公证书和广东省广州市广州公证处（2014）粤广广州第 057716 号公证书。

2014 年 6 月 27 日，广东省知识产权局执法人员到被请求人揭东县双骏橡胶机械有限公司进行了现场勘验，现场发现涉嫌侵权轮胎鼓 1 台，载有涉嫌被控侵权产品内容的双骏橡胶机械有限公司广告册 1 本。在现场勘验时，该公司现场负责人蔡俊妙称：公司一共生产过 2 台名称为 "VMI 机械鼓" 的产品，一台规格是 16 寸，已经卖给香港合和贸易；另一台规格是 18 寸，即是现场勘验发现的这一台。两种机械鼓除了尺寸不同，其他均相同。

在本案处理期间，本案被请求人于 2014 年 7 月 8 日向国家知识产权局专利复审委员会提出无效宣告请求。2014 年 12 月 4 日，国家知识产权局专利复审委员会第 24507 号无效宣告请求审查决定书维持本案专利权有效。

2014 年 7 月 29 日，广东省知识产权局进行了第一次口头审理，双方当事人均进行了充分的陈述和申辩。在质证后，被请求人承认生产了两台涉嫌侵权产品，但是否认侵犯涉案专利权。2015 年 1 月 23 日，广东省知识产权局对本案再次进行审理。广东省知识产权局主持双方当事人在位于广州市越秀区环市西路 159 号的广州火车站货场进行了侵权比对，现场演示了涉案 16 寸 "VMI 机械鼓" 的工作状态。

请求人认为，通过现场演示，被控侵权产品包含权利要求 1 的全部技术特征。被请求人认为，被控产品与请求人的专利权利要求 1 并不完全相同，不同点在于：1. 请求方在现场演示中增加的 "主轴、外接管路、支架、空气压缩机、气缸、活塞"设备等不应当视为被控侵权产品的组成部分。被控侵权产品说明书中的系统配件图,仅用于定义被控侵权产品的可能应用场景供具体客户参考,不能将这些附加部件解释成被控侵权产品的组成部分。2.被控侵权产品没有"轮胎构件、加强帘线和胎边芯"。3.被控侵权产品没有"中心轴线"。权利要求的中心轴线应该是具有实体装置的中心轴,而不是几何中心轴。4.被控侵权产品没有"用于径向展开位于所述环形部件之间的轮胎构件部分的装置"。5.被控侵权产品没有"用于使每一组臂沿轴向和径向从第一位置移动到展开的第二位置的装置"。6.本案的翻边装置跟其所述的"第一翻边装置"完全不同,也不可能形成"封闭的环"。滚轮之间具有明显的间隙,不可能形成"封闭的环"。7.被控侵权产品的支撑表面是一个平面,其组合形成的是多面体,不可能形成涉案专利的"圆柱形表面"。

决定与理由

广东省知识产权局查明,被请求人从 2013 年 12 月份开始一共生产了两台被控侵权产品,一台是 16 寸"VMI 机械鼓",销售给"香港合和国际贸易公司",单价为 40 万元,另一台为 18 寸"VMI 机械鼓",两台机械鼓仅尺寸不同,结构完全相同。请求人的代理人于 2014 年 2 月 26 日在北京市长安公证处的现场监督下向被请求人购买了 16 寸"VMI 机械鼓"一台,价格为 40 万元,并于 2014 年 4 月 21 日在广东省广州市广州公证处现场监督下接收了货物。双骏橡胶机械有限公司广告册对被控侵权产品进行了宣传。请求人代理人购买的 16 寸"VMI 机械鼓"中,附有产品合格证和原理图。合格证上产品名称为"VMI机械鼓"。原理图中记载有"20缸体"、"19下活塞"、"18上活塞"、"16内气缸盖"、"21活塞体"等装置。在现场演示时,通过固定装置、充气装置辅助,该机械鼓即可以正常工作,可用于轮胎成型。在现场调查时,被请求人方厂长蔡俊妙介绍,"机械鼓中间部分支撑块可以在高压充气时可以拱起,支撑板可以沿铰接装置移动","机械鼓配有汽缸作为动力装置"。现场演示的结果和蔡俊妙的介绍一致。双方当事人对于被请求人生产、销售、许诺销售被控侵权产品的事实并无异议,广东省知识产权局予以确认。

涉案专利的权利要求1的内容为,"用于未硫化轮胎成型的具有翻边机构的轮胎鼓,所述轮胎具有橡胶制成的轮胎构件或设有加强帘线及两个可以设有或没有胎边填充条的胎边芯的轮胎构件,其中该轮胎鼓具有中心轴线,位于轴线周围且彼此间隔开用于支撑边芯的两个环形部分,用于径向展开位于所述环形部分之间的轮胎构件部分的装置,其中该轮胎鼓在所述环形部分的每一外侧分别设有一组轴向延伸的铰接臂,其中每一臂分别设有朝向所述环形部分的一端部,该端部具有第一翻边装置,该轮胎鼓还具有用于使每一组臂沿轴向和径向从第一位置移动到展开的第二位置的装置,在第一位置,所述那组臂的第一翻边装置形成实际上封闭的环,以便将位于所述环形部分外侧的轮胎构件部分压在位于所述环形部分之间的展开的轮胎构件部分上,其特征在于,所述臂在靠近第一翻边装置的端部设有可移动的支撑表面,该支撑表面在第一位置形成一实际上封闭的圆柱形表面,用于支撑所述轮胎构件,并且相对于臂是可移动的。"

上述权利要求1所描述的技术方案,可以分解为以下10个必要技术特征:A.用于未硫化轮胎成型的具有翻边机构的轮胎鼓;B.所述轮胎具有橡胶制成的轮胎构件或设有加强帘线及两个可以设有或没有胎边填充条的胎边芯的轮胎构件；C.轮胎鼓具有中心轴线；D.位于轴线周围且彼此间隔开用于支撑边芯的两个环形部分；E.用于径向展开位于所述环形部分之间的轮胎构件部分的装置；F.环形部分的每一外侧分别设有一组轴向延伸的铰接臂；G.每一臂分别设有朝向所述环形部分的一端部，该端部具有第一翻边装置；H.轮胎鼓有用于使每一组臂沿轴向和径向从第一位置移动到展开的第二位置的装置；I.所述那组臂的第一翻边装置形成实际上封闭的环，以便将位于所述环形部分外侧的轮胎构件部分压在位于所述环形部分之间的展开的轮胎构件部分上；J.靠近第一翻边装置的端部设有可移动的支撑表面，该支撑表面在第一位置形成一实际上封闭的圆柱形表面，用于支撑所述轮胎构件，并且相对于臂是可移动的。

经过现场演示被控侵权产品，分析其形状、结构和工作原理，被控侵权产品具有以下技术特征：a.用于未硫化轮胎成型的具有翻边机构的轮胎鼓；b.所述轮胎具有橡胶制成的轮胎构件或设有加强帘线及两个可以设有或没有胎边填充条的胎边芯的轮胎构件；c.轮胎鼓具有中心轴线；d.位于轴线周围且彼此间隔开用于支撑边芯的两个环形部分；e.用于径向展开位于所述环形部分之间的轮胎构件部分的装置；f.环形部分的每一外侧分别设有一组轴向延伸的铰接臂；g.每一臂分别设有朝向所述环形部分的一端部，该端部具有第一翻边装置；h.轮胎鼓有用于使每一组臂沿轴向和径向从第一位置移动到展开的第二位置的装置；i.所述那组臂的第一翻边装置形成实际上封闭的环，能够将位于所述环形部分外侧的轮胎构件部分压在位于所述环形部分之间的展开的轮胎构件部分上；j.靠近第一翻边装置的端部设有可移动的支撑表面，该组支撑表面在第一位置形成一实际上封闭的近似圆柱形表面的正多面形表面，用于支撑所述轮胎构件，并且相对于臂是可移动的。被控侵权产品的技术特征a、b、 c、d、e、f、g、h、i 与涉案专利权利要求 1 的技术特征 A、B、C、D、E、F、G、H、I 完全相同。被控侵权产品的技术特征 j 与涉案专利权利要求 1 的技术特征 J 有区别。

本案中请求人请求保护的技术方案为权利要求 1 所记载的技术特征。将被请求人制造的 16 寸"VMI 机械鼓"技术方案所对应的全部技术特征与 ZL01806616.X 的发明专利权利要求 1 技术特征进行比对，被控侵权产品技术方案具有与请求人专利权利要求 1 记载的全部技术特征相同或等同的技术特征，因此，被请求人制造的"VMI 机械鼓"落入了 ZL01806616.X 发明专利的保护范围。

针对双方当事人在技术比对中存在的争议，广东省知识产权局认为：1.涉嫌侵权产品为生产机器，在现场演示时，使用固定装置固定机器、给机器施以动力使其工作也是必要的，在现场技术特征对比中也并未考虑辅助装置的技术特征。2.涉案专利为轮胎成型鼓，涉案专利对于轮胎的描述属于公知常识，是对产品用途的说明，被控侵权产品的用途也是用于轮胎的成型，能和涉案专利对应。3.被控侵权产品整体呈圆柱形，具有几何中心轴线，即圆柱体的中心轴线，权利要求 1 中描述的也是"中心轴线"，而不是实体中心轴。4.被控侵权产品有"用于径向展开位于所述环形部件之间的轮胎构件部分的装置"。通过现场演示、被控产品原理图，被请求人方厂长蔡俊妙的笔录可以印证，证明被控产品包含气路、连接气路的管线等部件，只需要施以动力就可以工作，上述装置可以用于径向展开位于环形部分的轮胎构件。5.同上，被控产品也有"用于使每一组臂沿轴向和径向从第一位置移动到展开的第二位置的装置"。6.被控侵权产品铰接臂端部翻边装置使用滚轮，各滚轮间虽然具有间隙，但是间隙极小，42 个滚轮为环状排列，实际上形成了封闭的环。7.被控侵权产品的技术特征 j，其各支撑表面虽组合成正多边体，但该正多面体的边有42条之多，各支撑表面组合构成近似圆柱体。该技术特征 j 与涉案专利相对应技术特征相比，属于以基本相同的手段、实现基本相同的功能、达到基本相同的效果，是所属技术领域的普通技术人员无须经过创造性劳动就能够想到的，两者构成等同技术特征。

  基于此，广东省知识产权局认定，请求人拥有的"ZL01806616.X"发明专利权真实有效，应当受到法律保护。被控侵权产品"VMI机械鼓"与请求人专利产品"具有翻边装置的轮胎成型鼓"，功能和用途相同，都是用于轮胎的成型，属于同类产品。被请求人未经专利权人许可，在请求人拥有的ZL01806616.X发明专利权有效期内制造、销售、许诺销售与该发明专利技术方案相同的产品，构成侵犯专利权，应当承担相应的法律责任。请求人请求认定被请求人侵犯专利权、责令立即停止侵权符合法律规定，应当予以支持。依据《专利法》第十一条第一款、第五十九条第一款、第六十条，《广东省专利条例》第二十三条和国家知识产权局《专利行政执法办法》第十六条、第十七条的规定，认定被请求人侵犯了名称为"具有翻边装置的轮胎成型鼓"、专利号为ZL01806616.X的发明专利权；责令被请求人立即停止侵权行为，即停止制造、销售、许诺销售与ZL01806616.X发明专利技术方案相同的侵权产品。

评　析

  中国《专利法》第六十条规定："未经专利权人许可，实施其专利，即侵犯其专利权，引起纠纷的，由当事人协商解决；不愿协商或者协商不成的，专利权人或者利害关系人可以向人民法院起诉，也可以请求管理专利工作的部门处理。管理专利工作的部门处理时，认定侵权行为成立的，可以责令侵权人立即停止侵权行为，当事人不服的，可以自收到处理通知之日起十五日内依照《中华人民共和国行政诉讼法》向人民法院起诉；侵权人期满不起诉又不停止侵权行为的，管理专利工作的部门可以申请人民法院强制执行。进行处理的管理专利工作的部门应当事人的请求，可以就侵犯专利权的赔偿数额进行调解；调解不成的，当事人可以依照《中华人民共和国民事诉讼法》向人民法院起诉。"可以说，专利权人就专利侵权纠纷可以请求管理专利工作的部门加以处理，是中国专利权保护的重要特点。

（一）专利侵权纠纷行政处理的基本思路

根据《专利法实施细则》第七十九条的规定："专利法和本细则所称管理专利工作的部门，是指由省、自治区、直辖市人民政府以及专利管理工作量大又有实际处理能力的设区的市人民政府设立的管理专利工作的部门。"省、自治区、直辖市人民政府以及专利管理工作量大又有实际处理能力的设区的市人民政府设立的管理专利工作的部门，亦即地方知识产权局，享有执法权。国家知识产权局对地方知识产权局处理专利侵权纠纷、查处假冒专利行为、调解专利纠纷进行业务指导。

根据《专利法》第六十条和第六十三条、《专利法实施细则》第八十五条以及《专利行政执法办法》的规定，管理专利工作的部门所享有的执法权包括处理专利侵权纠纷、调解专利纠纷以及查处假冒专利行为。具体而言，包括责令停止专利侵权行为、调解专利侵权损害赔偿数额、调解关于专利临时保护期间费用的纠纷、调解专利申请权纠纷、调解专利权属纠纷、调解职务发明创造的发明人或者设计人与单位之间发生的奖金或者报酬纠纷、调解发明人或者设计人资格纠纷、查处假冒专利行为。其中，对专利侵权纠纷的处理是管理专利工作部门的重要职责。

（二）专利侵权纠纷行政处理的主要特点

首先，专利侵权纠纷行政解决途径具有快捷性。专利侵权纠纷的行政解决途径立案快、查处快、结案快，程序简便。正是由于专利行政执法的快捷性，所以针对中国进出口商品交易会（广交会）等展会中发生的专利侵权纠纷，专利行政执法具有较大优势。

其次，专利侵权纠纷行政解决途径具有便民性。专利侵权纠纷的行政解决途径中普遍采用现场勘验程序，并且可以由执法主体主动调查取证，在特定情形下可以采用封存、暂扣等强制措施，降低了民事主体的举证难度，具有方便解决纠纷的特点。专利侵权纠纷的行政解决途径的立案费用较低。

还有，专利侵权纠纷行政解决途径具有体系性。管理专利工作的部门可以与公安部门、工商管理部门等联合开展执法，可以与其他地区的专利行政部门开展执法合作，从而形成各部门协同的行政执法，便于专利行政执法的社会效果的发挥。专利侵权纠纷的行政途径可以以专利权的保护为核心，延伸涵盖到创造、运用和管理等其他方面。专利行政执法可以与协会知识产权保护、展会知识产权保护紧密结合，通过专利行政执法，结合地方专利管理政策，推动行业协会知识产权保护与纠纷调解机制的建立，推动良好市场秩序的建立。例如在"剥线机"专利侵权纠纷一案中，台湾创群机械有限公司于2010年11月5日以东莞市的某自动化设备厂涉嫌侵权其专利号为ZL200420118265.3、ZL200620007519.3、ZL200620007520.6的三项专利权为由，请求广东省知识产权局立案处理。这三宗涉及电学、机械学领域的涉台专利侵权纠纷复杂案件，执法人员对相关案情进行了充分研究之后进行现场勘验，最终促使双方达成了和解，充分体现了专利行政执法的三大优势：一是案件处理时间短，这三宗案件从立案到达成和解协议，仅用了17天；二是维权成本低，和解结案，为当事人节约了维权成本；三是社会效益明显。①

（三）专利侵权纠纷行政处理的基本程序

就专利行政执法程序而言，通常包括案件受理、调查收集证据（包括现场勘验等）、案件审理（通常包括口头审理等）和结案程序。尤其需要指出的是，管理专利工作的部门在立案后可以依法对案件进行现场勘验，现场勘验时执法人员数量不少于2人，对被请求人有关被控侵权产品的生产、销售等进行调查，以便于查清案件事实和核实相关证据。结案的形式包括，作出处理决定、调解结案和撤销案件等。在专利侵权纠纷案件结案后，管理专利工作的部门可以通过互联网等方式公开案件处理结果。

具体到"具有翻边装置的轮胎成型鼓"发明专利侵权纠纷案，2014年6月27日，广东省知识产权局执法人员到被请求人揭东县双骏橡胶机械有限公司进行了现场勘验，并在现场勘验时听取了被请求人现场负责人蔡俊妙的陈述，这对于查明案件事实、进行技术特征比对都具有非常关键的作用。2014年7月29日、2015年1月23日，广东省知识产权局进行了两次口头审理，双方当事人均就案件的事实和法律问题进行了充分的陈述和申辩。在此基础上，广东省知识产权局作出处理决定。

---

① 广东省知识产权局发挥行政执法优势快速处理涉外专利纠纷案件，http://www.gdipo.gov.cn/shared/news_content.aspx?news_id=6593，最后访问时间：2016年2月9日。

22. 销售行为的认定及受数值范围参数特征限定的权利要求保护范围的确定

——里特机械公司诉常州市同和纺织机械制造有限公司"在牵伸机构上采用导向器的吸辊的纺纱方法和精纺机"发明专利侵权纠纷案

案件索引：江苏省知识产权局苏知法处字（2013）33号专利侵权纠纷处理决定书

基本案情

1995年7月24日，本案请求人里特机械公司向国家知识产权局申请名称为"在牵伸机构上采用导向器的吸辊的纺纱方法和精纺机"的发明专利，2000年1月12日获得授权（专利号为ZL95108623.5）。该专利涉及一种在牵伸机构上采用导向器的吸辊的纺纱方法以及精纺机，其中主要通过吸辊的径向吸风区吸入空气来使纤维带被压成紧密的纤维条。

请求人里特机械公司发现被请求人常州市同和纺织机械制造有限公司未经其许可，在展会上展出侵犯其专利权的产品，还向新疆某纺织公司供应了被控侵权产品。据此，请求人向江苏省知识产权局提出处理请求，请求责令被请求人立即停止制造、销售、许诺销售侵权产品的行为，同时要求被请求人保证不再使用涉案专利方法。

请求人认为，纤维带从牵伸机构经过预定路段，被输送到阻捻口，进入纺纱设备；在吸辊的外圆周上设置有比纤维带宽一些的径向吸风区，通过从外向内吸入吸辊的空气，产生凝聚作用，使经过牵伸而没有加上捻度的纤维带凝聚成一条宽度不大于1.5mm的紧密纤维条。涉案纺纱方法完全覆盖了涉案专利权利要求1的保护范围，构成侵权。相类似地，涉案的精纺机完全覆盖了涉案专利权利要求3的保护范围，构成侵权。同时请求人提交经公证的被请求人的产品宣传册，结合纺织行业的公知常识证据确定由涉案方法凝聚出的纤维条宽度小于1.5mm。

被请求人认为涉案方法与涉案专利存在三个区别特征：1.涉案方法在吸辊外圆周上设置的径向吸风区比纤维带宽很多，并不是权利要求1中所述的"宽一些"；2.涉案方法对纤维带凝聚后，其凝聚后的纤维条宽度大于1.5mm，并不是权利要求1中所述的纤维条宽度不大于1.5mm；3.涉案方法对纤维条产生凝聚效果是通过相对吸辊的径向风以及沿吸辊圆周方向相对的两个切向风和相对吸辊的轴向风共同作用，使纤维条产生凝聚，并不是涉案专利所述产生相当大的轴向风量使纤维条产生凝聚效果。因此，涉案方法与涉案专利的权利要求1不相同，相应的，被控侵权的精纺机与涉案专利的权利要求3也不相同，均不构成侵权。此外，被请求人还提出，其向新疆某纺织公司提供的是产品试用样机，不构成销售或许诺销售的行为。

决定与理由

江苏省知识产权局认为，涉案产品为紧密纺织机，涉案方法为把粗纱引入多级牵伸机构，输送到吸辊圆周上，经过吸辊与阻捻反压辊形成的阻捻口进入纺纱设备，吸辊沿圆周方向上设置有轴向宽度比纤维带宽的小圆孔区，吸辊径向方向上安装的导向罩与吸辊上对应的小圆孔区域为径向吸风区，产生凝聚作用，使经过牵伸而没有加上捻度的纤维带凝聚成一条宽度不大于1.5mm的紧密纤维条。

针对被请求人主张的三个区别特征，江苏省知识产权局认为，涉案专利权利要求所述的"宽一些"为不定量限定表达方式，根据涉案专利说明书的描述、请求人提供的经公证的展会照片和被请求人提供的吸辊和导向罩实物看出，涉案产品中吸辊圆周上的"径向吸风区"宽度与吸辊圆周上带孔区域的轴向宽度一致，并且比纤维带宽一些，与涉案专利权利要求1中的相应技术特征相同。根据请求人提供的经公证的被请求人的产品宣传册中有关机械原理的描述可知，纤维带沿吸辊圆周方向通过，要使纤维带在吸风区形成集聚效果，进入吸辊的空气必须相对于吸辊产生轴向风量，否则纤维带不会产生凝聚效果。依据请求人提供的经公证的被请求人的产品宣传册中记载的适纺线密度参数，结合公知常识证据《棉纺手册》中的计算公式可知，按照被控侵权产品所凝聚出的纤维条符合涉案专利所述的宽不大于1.5mm的技术特征。

江苏省知识产权局认为，涉案产品使用了涉案专利的纺纱方法，构成方法专利侵权；涉案产品的技术特征与涉案专利权利要求3的技术特征相同，构成产品专利侵权。被请求人提供给新疆某纺织公司试用样机的行为构成销售行为。据此，责令被请求人立即停止制造、销售侵犯请求人专利权产品的行为，被请求人立即停止对上述侵权产品的许诺销售行为，销毁尚未散发的涉及侵权产品宣传的宣传册。

评 析

中国《专利法》第十一条规定:"发明和实用新型专利权被授予后,除本法另有规定的以外,任何单位或者个人未经专利权人许可,都不得实施其专利,即不得为生产经营目的制造、使用、许诺销售、销售、进口其专利产品,或者使用其专利方法以及使用、许诺销售、销售、进口依照该专利方法直接获得的产品。"

(一)专利侵权行为的基本特征

从《专利法》第十一条的规定来看,实施专利的构成包括主观上的生产经营目的和客观上的实施行为。主观上的生产经营目的主要是指生产经营活动的商业性或营利性,客观上的实施行为是指中国《专利法》第十一条规定的具体实施行为。

根据中国《专利法》第十一条的规定,侵犯专利权的行为应当具有法定性和目的性。首先,侵犯专利权行为具有法定性,也就是说,侵犯专利权的行为都是法律具体规定的行为态样,如侵犯发明和实用新型专利权的行为是制造、使用、许诺销售、销售、进口其专利产品的实施行为,或者使用其专利方法以及使用、许诺销售、销售、进口依照该专利方法直接获得的产品的行为;侵犯外观设计专利权的行为是制造、许诺销售、销售、进口其外观设计专利产品的实施行为。法律没有规定的行为态样,都不是侵犯专利权的行为。其次,侵犯专利权行为具有目的性。也就是说,侵犯专利权的行为都是出于生产经营的目的,都是以营利或者说谋取商业利益为目的的行为。

(二)销售行为认定的基本思路

销售行为是最为常见的侵权行为。销售行为是指因销售侵权产品构成侵权的行为。销售通常是指转让被销售商品所有权的交易行为。销售侵权产品的行为被认定为是侵权，主要是因为侵权产品被制造出来后，销售是保障侵权产品的制造商获取利润的主要方式，将销售侵权产品的行为作为侵权行为予以规范，有利于遏制侵权产品制造商的获利渠道，从商业利益上打击侵权，有效制止侵权行为的发生和蔓延。对于提供试用样品的行为是否构成销售行为，应当立足《专利法》第十一条的立法本意，结合合同法学原理，结合具体案情综合判断。尤其是，当试用协议的真实目的仅在于销售产品时，这种提供试用样品的行为构成销售行为，主要理由如下。

首先，从中国《专利法》第十一条的立法本意出发，侵犯专利权的行为都是以生产经营为目的的实施行为，都是营利性实施行为。提供试用样品的行为虽然对消费者来说可能是免费的，但销售者实施的提供试用样品的行为多是出于推广宣传其产品或服务的目的，且销售者在销售某种商品或提供某种服务时，提供试用样品的行为也有助于其销售该商品或服务。因此，当试用协议的真实目的仅在于销售产品时，提供试用样品的行为同样出于生产经营目的，其与其他商品或服务的销售行为具有紧密关联性，故可以被视为一种特殊的销售行为。

其次，从合同法基本原理角度出发，就《中华人民共和国合同法》（以下简称《合同法》）规定的十五种有名合同而言，专利法意义上的销售行为并不限于买卖合同，通常买卖合同构成专利法意义上的销售行为。根据中国《合同法》的规定，试用买卖合同被看作买卖合同的一种类型加以规范。例如，《合同法》第一百七十条规定，"试用买卖的当事人可以约定标的物的试用期间。对试用期间没有约定或者约定不明确，依照本法第六十一条的规定仍不能确定的，由出卖人确定。"《合同法》第一百七十一条规定："试用买卖的买受人在试用期内可以购买标的物，也可以拒绝购买。试用期间届满，买受人对是否购买标的物未作表示的，视为购买。"可见，通常而言，试用样品的行为构成试用买卖合同，尤其是在试用协议的真实目的仅在于销售产品情况下。这一情况下可以作为尝试买卖合同，就是买受人喜欢了再买的买卖，这样的契约也可以成为买卖的预约，但是被称为尝试买卖的是以买受人喜欢为停止条件成立的买卖契约，出卖人一般有义务给买受人"试试看"的机会，买受人因不喜欢而不购买时，除非有特别约定，对于尝试不需要承担支付对价的义务。[1]也就是说，就试用协议而言，可能构成买卖的预约，也可能构成买卖合同。如果将买受人喜欢作为停止条件，那么构成买卖合同。如果在试用协议的真实目的仅在于销售产品情况下，那么显然将买受人喜欢作为停止条件，因此构成买卖合同，应当认定为专利法意义上的销售行为。

因此，在"在牵伸机构上采用导向器的吸辊的纺纱方法和精纺机"发明专利侵权纠纷案中，被请求人其向新疆某纺织公司产品试用样机的行为，构成销售行为。作为补充的是，在相关法律制度中也体现了类似观点。例如，《中华人民共和国企业所得税法实施条例》第二十五条规定："企业发生非货币性资产交换，以及将货物、财产、劳务用于捐赠、偿债、赞助、集资、广告、样品、职工福利或者利润分配等用途的，应当视同销售货物、转让财产或者提供劳务，但国务院财政、税务主管部门另有规定的除外。"即视同销售是指在会计上不作为销售核算，而在税收上作为销售，确认收入计缴税金的商品或劳务的转移行为。也就是说，提供试用样品的行为在国家税

---

[1] 〔日〕我妻荣：《我妻荣民法讲义：债权各论（中卷一）》，徐进、李又又译，中国法制出版社2008年版，第102—103页。

收层面属于视同销售行为。

对于受数值范围参数特征限定的权利要求，需要判断被控侵权产品或方法中的相应参数是否落入该权利要求所记载的数值范围之内。在执法实践中，通常需要借助合适的手段对被控侵权产品或方法的参数进行合理的分析和推算。在"在牵伸机构上采用导向器的吸辊的纺纱方法和精纺机"发明专利侵权纠纷案中，对于权利要求中记载的纤维条宽度是否大于1.5mm存在争议。

江苏省知识产权局根据请求人提供的经公证的涉案产品展会宣传册中记载的所述产品适纺线密度参数［其适纺线密度为16—120（Ne）］，结合公知常识证据《棉纺手册》中记载的针对该类型产品的加捻棉纱直径常用计算公式［d=0.038/Ne，d为棉纱直径，Ne为适纺线密度。经计算，其纱线的直径d应为0.09—0.24（mm）］，需要注意的是该公式是针对加捻成纱直径的计算，d为加捻成纱线的直径，并非凝聚后的纤维条宽度，对此，再结合公知常识证据《棉纺手册》中的介绍，"紧密纺纱的基本原理是在传统环锭细纱机牵伸装置前面再设置一个集聚机构……用空气负压和机械传输相结合的方法，来控制在主牵伸完成之后、加捻作用之前过程中的纤维运动，使从前罗拉输出的须条得到集聚伸直，结构紧密，宽度与成纱直径相近的过程……"通过合理的逻辑分析和常规计算得出涉案方法所凝聚出的纤维条宽度不大于1.5mm，符合涉案专利所述的相应技术特征。

在被请求人没有证据表明上述分析和推算存在瑕疵或无法成立，且亦无法提供证据直接表明涉案方法所凝聚的纤维条宽确实大于1.5mm的情况下，可以认定被控侵权产品或方法中的相应参数是否落入该权利要求所记载的数值范围之内。

23. 外观设计专利侵权判断主体的把握及相近似判断

——本田技研工业株式会社诉江苏众星摩托有限公司侵犯"轻型摩托车"外观设计专利侵权纠纷案

案件索引：江苏省知识产权局苏知法处字（2013）35号专利侵权纠纷处理决定书

基本案情

请求人本田技研工业株式会社于2009年10月30日向国家知识产权局申请了名称为"轻型摩托车"的外观设计专利，2010年7月14日获得授权，专利号为ZL200930263300.9。请求人就被请求人江苏众星摩托有限公司侵犯其外观设计专利权纠纷向江苏省知识产权局请求处理，其认为被请求人未经其许可，制造、销售、许诺销售与其ZL200930263300.9外观设计专利相同的"魔战ZX125T-10C"踏板助力车、摩托车产品，为此，请求江苏省知识产权局责令被请求人立即停止侵权行为，即立即停止以生产经营为目的而制造、销售、许诺销售涉案专利产品的行为。

被请求人辩称，该公司生产魔战ZX125T-10C助力车使用的外观件（塑件、灯具、货架、坐垫等）系从市场上购买，非其生产涉案产品魔战助力车外观件由其配套单位提供，并且配套单位还向其提供了该车的外观设计专利，专利号为：ZL201130208927.1；摩托车脚踏板便条总成外观设计专利，专利号为：ZL201130379910.2；摩托车前护罩总成外观设计专利，专利号为：ZL201130379916.X；摩托车前大板外观设计专利，专利号为：ZL201130379917.4。公司在 2012 年 6 月试生产了 10 辆，因价格高，市场上销售不动，所以停产了。收到侵权通知后，公司立即对其网站上魔战 ZX125T-10C 的宣传图片等信息进行了删除，同时对公司使用和散发的魔战 ZX125T-10C 广告彩页进行回收和销毁。

2013 年 11 月 21 日，江苏省知识产权局依职权到被请求人处进行了调查取证，将请求人提交的法律文书面送给被请求人，现场制作询问笔录 1 份，现场拍摄涉嫌侵权的助力车照片 7 张。涉案专利与被控侵权产品图片如下。2014 年 3 月 5 日，江苏省知识产权局公开开庭审理本案。

图 11 涉案专利与被控侵权产品

决定与理由

江苏省知识产权局在庭审中组织对双方当事人提交的证据和江苏省知识产权局执法人员依职权调取的证据进行了质证。被请求人对请求人提交的证据一至六的真实性无异议。请求人对被请求人提供的上述四件外观设计专利的真实性认可，对其关联性有异议，认为这四份专利的申请日均晚于涉案专利的公告日，不能成为被请求人抗辩的依据。双方当事人对江苏省知识产权局调取的证据均无异议，被请求人称对江苏省知识产权局取证照片的真实性和关联性均予认可，照片中反映的产品就是该公司生产的产品"魔战 ZX125T-10C"，这个产品已经停产，所反映的是展厅内的样品，是给顾客看的。

江苏省知识产权局认为，被控侵权产品"魔战 ZT125T-10C"踏板助力车与涉案外观设计专利摩托车，对于一般消费者而言，其使用功能、消费对象、经营渠道等均无多大差异，根据中国专利局第七号公告，两者均属专利申请用外观设计分类表的第 12-11 小类，属于相同种类产品。

被请求人有涉嫌制造、销售、许诺销售涉案专利产品的事实存在。从涉案产品与该外观设计专利的各视图及其立体图进行对比观察，从整体视觉效果进行综合判断，涉案产品与涉案外观设计专利相比较，该类产品最容易引起一般消费者注意的部分是整体形状设计、车前部及车后座部的形状设计应为外观设计判断的要部，车座后承物架、消声器的护罩筒等局部形状设计，属于一般消费者施以一般注意力不能察觉到的细部设计差异，不足影响其对整体视觉效果的判断。因此，从一般消费者角度判断，两者在整体视觉效果上并无实质性差异，容易引起一般消费者混淆，二者外观设计相近似。被请求人制造、许诺销售、销售该产品的行为侵犯了涉案外观设计专利权。

据此，江苏省知识产权局作出专利侵权纠纷处理决定书，责令被请求人立即停止侵犯请求人名称为"轻型摩托车"专利号为ZL200930263300.9的外观设计专利权的行为，即停止以生产经营为目的制造、销售、许诺销售涉案专利产品的行为，并且不得许诺销售、销售尚未售出的侵犯该专利权的产品或者以任何其他形式将其投放市场。

评　析

在进行被控侵权产品是否落入外观设计专利权保护范围的判断中，首先需要解决的问题是应当以何种主体的眼光和审美观察能力为标准判断被控侵权产品与外观设计专利是否相同或者近似。显然，不同专业背景知识、不同认知能力、不同观察注意程度的主体对相同的判断对象会得出截然不同的结论。

（一）外观设计专利侵权判断主体的基本理解

所谓判断主体，是指在作侵权判断时，裁判者应该将自己放置在何种立场去判断是否成立外观设计侵权。[①] 外观设计专利侵权判定的主体是"一般消费者"，不应以该外观设计专利所属领域的专业设计人员的审美观察能力为标准。一般消费者作为一个特殊消费群体，

---

① 应振芳、林建军、梁朝玉等："外观设计专利授权标准和保护范围"，载《〈专利法〉及〈专利法实施细则〉第三次修改专题报告》，知识产权出版社2006年版，第472页。

是指该外观设计专利同类产品或者类似产品的购买群体或者使用群体，不能将现实生活中的实际消费者直接认定为一般消费者。

就"一般消费者"的基本属性而言，一般消费者是法律拟制的"人"，不是具体的某个人或某类人。其次，就"一般消费者"的基本能力而言，一般消费者对被诉侵权行为发生日之前相同或者相近种类产品的外观设计状况具有常识性的知晓，对外观设计产品之间在形状、图案以及色彩上的区别具有一定的分辨力，但不会注意到产品的形状、图案以及色彩的微小变化，同时，一般消费者不具有设计能力。

通常情况下，一般消费者是该外观设计专利相同或者相近种类产品的购买群体或者使用群体。对于一般消费者的认定，管理专利工作的部门重点审查一般消费者对于相关外观设计状况的知识水平和认知能力，不应当拘泥于具体的消费者类别。当事人对一般消费者所具有的知识水平和认知能力有争议的，应当举证证明。不能将一类人作为某种产品外观设计的一般消费者，也不能把和某种产品毫不相关的主体认定为这类产品的一般消费者。

（二）落入外观设计专利权保护范围判定的基本思路

在对是否落入外观设计专利权保护范围作出判定时，首先要确定被诉侵权产品与专利产品是否属于同类产品。在随后判定被诉侵权设计是否落入涉案专利的保护范围，应当采用整体观察、综合判断方法，以一般消费者的知识水平和认知能力为标准判断两者是否相同或者近似。在外观设计侵权判定中，需要确定专利产品与被控侵权产品的用途、种类是否相同或相近似。只有在二者产品用途完全相同、部分相同或者相近似的情况下，才能进一步判断是否侵犯了外观设计专利权人的权利。不应当将比对的尺度放宽到所有产品上。产品种类是否相同或相近似的依据是外观设计产品的用途，相同种类产品是指用途完全相同的产品。相近种类的产品是指用途相近的产品。当产品具有多种用途时，如果其中部分用途相同，而其他用途不同，则二者应属于相近种类的产品。产品的用途可以参考外观设计的简要说明、国际外观设计分类号、产品的功能以及产品销售、实际使用的情况等因素综合考虑。虽然在外观设计实质性授权条件中增加了对外观设计的转用的要求，[1]但是外观设计专利侵权判定仍然限定在涉案专利种类相同或相近的种类上进行。

在判定被诉侵权设计是否落入涉案专利的保护范围时，应当采用整体观察、综合判断方法，以一般消费者的知识水平和认知能力为标准判断两者是否相同或者近似。中国实务界主流观点认为，整体观察、综合判断是外观设计侵权判断的主要方式。[2]外观设计是否相同或者近似的判断，以外观设计的整体视觉效果为基础进行。如果被诉侵权设计与授权外观设计在整体视觉效果上无差异的，人民法院应当认定两者相同；在整体视觉效果上无实质性差异的，应当认定两者近似。在进行整体视觉效果是否无实质性差异时，不仅要考虑差别在整体设计中所占比例，同时需要考虑区别于现有设计的

---

[1] 《专利审查指南》第四部分第五章规定："根据专利法第二十三条第二款的规定，授予专利权的外观设计与现有设计或者现有设计特征的组合相比，应当具有明显区别。涉案专利与现有设计或者现有设计特征的组合相比不具有明显区别是指如下几种情形：（1）涉案专利与相同或者相近种类产品现有设计相比不具有明显区别；（2）涉案专利是由现有设计转用得到的，二者的设计特征相同或者仅有细微差别，且该具体的转用手法在相同或者相近种类产品的现有设计中存在启示；（3）涉案专利是由现有设计或者现有设计特征组合得到的，所述现有设计与涉案专利的相应设计部分相同或者仅有细微差别，且该具体的组合手法在相同或者相近种类产品的现有设计中存在启示。对于涉案专利是由现有设计通过转用和组合之后得到的，应当依照（2）、（3）所述规定综合考虑。应当注意的是，上述转用和/或组合后产生独特视觉效果的除外。"

[2] 罗东川主编：《中国专利案例精读》，商务印书馆2013年版，第232—233页。

设计特征、新功能产生的整体视觉效果变化、材质和制作工艺产生的整体视觉效果变化、区别点所处的位置是否为视觉关注以及设计要点和惯常设计的影响等。就"整体观察、综合判断"过程中如何考虑设计要点的问题，一般而言，被诉侵权设计未包含授权外观设计的任何设计要点的，可以推定被诉侵权设计与授权外观设计在整体视觉效果上存在差异或者实质性差异；被诉侵权设计包含授权外观设计的全部设计要点的，可以推定该全部设计要点相对于其他设计特征对于整体视觉效果更具有影响。也就是说，在整体观察观察、综合判断原则的法律适用中，设计要点绝非以前要部判断原则所述的"要部"。设计要点系当事人在提出外观设计专利申请时对其投入智力劳动和在美学上创造应用的部分，①是当事人认为该外观设计专利申请区别于现有设计之处。在进行是否落入外观设计专利权保护范围的判定时，仍然应当站在"一般消费者"的角度进行整体观察、综合判断。也就是说，在进行是否落入外观设计保护范围的判断中，通常在被控侵权产品包含了涉案外观设计的创新点并且从整体上与涉案外观设计构成相同相近似的情况下，才能认定被控侵权产品落入外观设计保护范围。其中，"在被控侵权产品包含了涉案外观设计的创新点"的判断，需要结合设计要点、设计空间等因素综合考虑。

具体到"轻型摩托车"外观设计专利侵权纠纷案而言，判断相同或者相近似的一般消费者应当为摩托车消费者。被控侵权产品"魔战 ZT125T-10C"踏板助力车与涉案外观设计专利摩托车属于相同种类产品。根据整体观察、综合判断，车座后承物架、消声器的护罩

---

① 胡充寒：《外观设计专利侵权判定理论与实务研究》，法律出版社 2010 年版，第 60—61 页。

筒等局部形状设计的差别属于一般消费者施以一般注意力不能察觉到的细部设计差异，不足影响其对整体视觉效果的判断。因此，从一般消费者角度判断，两者在整体视觉效果上并无实质性差异，容易引起一般消费者混淆，二者外观设计相近似。

24. 现有设计抗辩制度及现有技术抗辩制度的法律适用

——三星电子株式会社诉珠海富腾打印耗材有限公司"硒鼓（一）"外观设计专利侵权纠纷案

案件索引：广东省知识产权局粤知执处字［2015］第9号专利纠纷案件处理决定书

基本案情

请求人三星电子株式会社是发明名称为"显影装置"、专利号为ZL201130314195.4的外观设计专利权的专利权人，该外观设计专利于2011年9月8日申请，并于2012年6月27日获得授权，至今仍有效。请求人就其与被请求人珠海富腾打印耗材有限公司的外观设计专利侵权纠纷，向广东省知识产权局请求处理。

请求人主张，近来发现被请求人未经请求人的许可，擅自生产、销售落入本案专利保护范围的产品，给请求人造成了巨大经济损失。请求人请求，对被请求人的生产现场进行调查、勘验，从被涉嫌侵权的产品中抽取一部分作为样品，对侵权产品和生产侵权产品的专用设备进行登记，对与案件有关的合同、出货记录、库存记录、账册进行查阅、拍照、复制。同时，请求人要求，被请求人立即停止专利侵权行为，被请求人作出不再侵犯专利权的书面承诺，销毁生产侵权产品的专用设备、模具，销毁所有库存侵权产品和半成品，由被请求人承担请求人制止侵权行为产生的费用，赔偿请求人被请求人侵权造成的实际损失。

2015年8月21日，被请求人向广东省知识产权局提交书面答辩意见。被请求人认为，被控侵权产品型号"103L"硒鼓与涉案专利有显著区别，涉案专利属于现有设计，不能举证被请求人有销售侵权产品的行为，且未能举证受损失情况。

决定与理由

广东省知识产权局执法人员于2015年8月7日到被请求人珠海富腾打印耗材有限公司进行了现场勘验，发现被控侵权产品硒鼓544支，型号为"103L"，本局执法人员抽样取证了一支。在现场调查时，该公司开发部经理（现场负责人）李冬至称：型号"103L"硒鼓是该公司从2014年7月开始生产的，现库存544支，并在公司官网上有该产品目录。

广东省知识产权局于2015年9月8日进行了口头审理，双方当事人均进行了充分的意见陈述。被请求人当庭辩称，被控侵权产品型号"103L"硒鼓与请求人专利权相比，手柄以下部分纹路有差别，保护套有差别。同时，被请求人当庭提交CN200730289039.0和ZL201030627055.8两篇在先外观设计专利用于现有设计抗辩，并称被控侵权产品型号"103L"硒鼓与这两个在先专利完全相同。

广东省知识产权局认为，将被控侵权产品型号"103L"硒鼓与涉案专利相比较，两者均为硒鼓，属于同类产品。二者不同点仅在于：

一是手柄以下部分纹路不同；二是保护套不同。但是根据整体观察、综合判断的原则，从整体视觉效果看，整体形状是相近似的，这些不同点为局部细微差异，并不构成实质性差异。本局将被控侵权产品型号"103L"硒鼓与CN200730289309.0和ZL201030627055.8两篇在先专利文献分别相比较，均有显著差异，并不属于现有设计。

广东省知识产权局认定，请求人三星电子株式会社拥有的ZL201130314195.4号外观设计专利权真实有效，应当受到法律保护。被请求人制造的被控侵权产品型号"103L"硒鼓与本案专利的外观设计相近似，落入了该外观设计专利的保护范围。被请求人提出的现有设计抗辩不成立。被请求人未经请求人的许可，在ZL201130314195.4号外观设计专利权有效期内，制造与该外观设计专利相近似的产品，构成了侵犯专利权，应当承担相应的法律责任。

据此，广东省知识产权局依据《专利法》第十一条第二款、第五十九条第二款、第六十条、《广东省专利条例》第三十七条和《中华人民共和国行政强制法》第二十七条作出处理决定，要求被请求人立即停止侵权行为，即停止制造与ZL201130314195.4外观设计专利相近似的硒鼓产品。

评 析

中国《专利法》第六十二条规定："在专利侵权纠纷中，被控侵权人有证据证明其实施的技术或者设计属于现有技术或者现有设计的，不构成侵犯专利权。"这一条文是2008年12月27日《专利法》第三次修改时新增加的条文，专利法修正案首次以法律形式引入了现有技术抗辩制度和现有设计抗辩制度，中国理论界和实务界对于该制度的法律适用一直存在较大争议。

（一）现有设计抗辩制度和现有技术抗辩制度的制度背景

现有设计抗辩制度和现有技术抗辩制度的制度背景是专利确权纠纷与专利侵权纠纷之间的关系。目前存在单独设置和并行设置两种模式。①

单独设置模式的特点在于，专利确权纠纷的解决独立于专利侵权纠纷的解决，自一项专利权被授权之日起，任何民事主体认为其不符合法定授权条件的，只能向专门机构提出其主张，由专门机构加以审理，在专利侵权纠纷解决的过程中不应涉及专利权有效性的问题。采用单独设置模式的主要是德国、中国以及韩国、奥地利、瑞典、挪威和中国台湾地区等少数国家和地区。如在德国，专利确权案件由德国联邦专利法院受理，专利侵权案件由州法院受理。

并行设置模式的特点在于，处理专利侵权纠纷的司法机关可以根据侵权纠纷当事人的请求对专利的有效性进行认定，采取并行设置模式的国家主要是美国、英国、法国、瑞士等大多数国家和地区。例如，在美国，联邦法院审理专利侵权纠纷时可以同时审理专利权是否有效，并设立了专门的专利上诉法院；专利权无效抗辩是被控侵权人在侵权诉讼中的一种抗辩方式或者权利。根据美国专利审查和司法实践，由专利局授予的专利权，只是一项假定有效的专利权，任何人包括被控侵权人，都可以向假定有效的专利权提出挑战，然后由法院受理。即专利局只进行申请案的审查和授予假定有效的专利权，这是一项行政权，而专利权是否有效的判断属于司法权。

目前，中国采用单独设置模式。自一项专利权被授权之日起，

---

① 崔国振："从专利确权制度价值的角度谈中国无效宣告制度设置"，载中华全国专利代理人协会：《专利代理行业发展与创新型国家建设：中华全国代理人协会成立20周年》，知识产权出版社2009年版，第68—78页。

任何民事主体认为其不符合法定授权条件的，只能向国家知识产权局专利复审委员会这一专门机构提出其主张，由国家知识产权局专利复审委员会加以审理，在专利侵权纠纷解决的过程中不应涉及专利权有效性的问题。

（二）不同国家和地区现有设计抗辩制度、现有技术抗辩制度的基本思路

正是在不同的制度背景下，世界主要国家现有设计抗辩制度和现有技术抗辩制度存在较大差异。德国是典型的单独设置模式国家，亦即在侵权程序之外单独设立确权程序，侵权审理机关没有权力对于专利权的效力加以评价。现有技术抗辩制度起源自德国，该制度产生的历史背景在于，1891年德国《专利法》对无效宣告请求设定了五年的除斥期间。也就是说，1891年德国《专利法》规定，从专利授权之日起五年后，即使是缺乏新颖性、创造性和实用性的无效专利，社会公众也无权提出无效宣告请求。该规定的立法本意在于，专利权的保护期限较短，如果社会公众可以随时提出无效宣告请求，那么专利权人的权利无法得到保障。但是，该制度显然对于社会公众不公平。1938年，德国最高法院对凯勒窗（Keller Fenster）专利侵权纠纷案作出判决，[①]该判决兼顾专利权的稳定性与公知技术垄断的不合理性，选择将专利权的保护范围加以限制，在专利权的保护范围的解释中将公知技术排除在外。该判决虽然没有直接使用现有技术抗辩，但是已经包含了该原则的基本思想。1986年，德国联邦最高法院在发姆斯坦（Formstein）案中首次明确提出现有技术抗辩。"在依1981年德国《专利法》第十四条确定专利的保护范围时，允

[①] Volker Vossiu："德国专利保护范围的确定"，载《国际专利侵权——专利侵权处理的比较法研究》，东京布井出版社1996年版，第282—283页。

现有设计抗辩制度及现有技术抗辩制度的法律适用

许被告使用被指控为等同利用的侵权客体相对于技术水准并不构成具有专利适格的发明抗辩。即依照1981年德国《专利法》第三条第一款规定所定的技术水准在所述的技术领域中的普通技术人员看开被控侵权客体是显而易见的。"①总体而言,德国将现有技术抗辩作为等同侵权的例外。就对比方式和对比标准而言,德国联邦最高法院判决指出,在根据1981年德国《专利法》的规定确定专利保护范围时,允许提出被控侵权技术与现有技术相比不符合专利的实质要件作为抗辩。在专利侵权诉讼中,被告不但可以提出被控侵权物属于公知技术的主张,也可以提出与现有技术相比不具有专利性的主张,②其中后者的判断与显而易见性的判断相当,需要对创造性加以判断。③可见,在德国的现有技术抗辩中,采用的对比方式是被控侵权技术与现有技术之间的单独对比,采用的对比标准包括新颖性和创造性。

需要指出的是,德国现有技术抗辩制度仅仅适用于发明,并不适用于没有经过实质审查的实用新型或者外观设计,④也就是说只有现有技术抗辩制度,并不存在现有设计抗辩制度,这本身是处于对单独设置模式下专利权效力评价权力的尊重。

---

① 杨志敏:"专利侵权诉讼中'公知技术'适用之探讨——中、德、日三国判例、学说的比较研究",载《专利法研究(2003)》,知识产权出版社2003年版,第76页。

② 闫文军:《专利权的保护范围——权利要求的解释和等同原则的适用》,法律出版社2007年版,第231页。

③ 杨志敏:"专利侵权诉讼中'公知技术'适用之探讨——中、德、日三国判例、学说的比较研究",载《专利法研究(2003)》,知识产权出版社2003年版,第74页。

④ Henning Hartwig:"Prior design defense" under German law,发表于新专利法下中外外观设计制度研讨会,社团法人日本汽车轮胎协会、中华全国代理人协会,2009年3月31日。原文的表述为:"Prior design defense" shall be understood in the sense of the "practicing the prior art defense", i.e. comparing the accused design solely with the prior art. When understood and applied in this sense, neither German nor European design law accept any kind of "practicing the prior art defense".

由于日本《专利法》规定，未作出宣告专利无效的决定，即便专利存在某些瑕疵，法院也必须将该专利视为有效。在该背景之下，日本法院积极探讨现有技术抗辩的法律适用，在专利侵权诉讼中积极参考公知技术，建立了非常完整的判例理论，如公知技术排外论、公共财产论、权利滥用论等，旨在平衡专利权人和社会公众的利益。日本法院在2000年以前在专利侵权诉讼中一概不涉及专利有效性的问题。在这种背景下，日本最高法院在"无限折动用滚珠花键轴承"案中，提出了适用等同原则的五个要件：非本质部分、置换可能性、置换容易性、非公知技术和特别事由（禁止反悔）。[①] 其中，"非公知技术"这一要件就是现有技术抗辩的体现。现有技术抗辩制度和现有设计抗辩制度在日本的演进过程如下。第一阶段：无效程序优先说。1962年12月7日，日本最高法院判决指出，"与专利无效审判不同，确认权利要求范围的审判是以专利权有效为前提的，因此，在这样的诉讼中不能讨论专利的内容是否公知的问题。"[②] 第二阶段：公知技术或者公知设计排除说。1964年8月4日，日本最高法院判决指出，"如果实用新型包含有申请时已经公开的技术，应将上述公知技术排除在具有新颖性的方案之外。"也就是说，将公知技术或者公知设计作为限制权利要求保护范围的方式。[③] 第三阶段：自由技术或自由设计抗辩说。1970年4月17日，东京地方法院判决指出，"申请时公知的技术属于公众共有的财产，根据私权应当服从公共利益的原则，即使对公众共有的财产加上实用新型的名义，也没有禁止他人实施而由特定申请人独占行使的理由。"该学说认为，如果被控

[①] 闫文军：《专利权的保护范围——权利要求的解释和等同原则的适用》，法律出版社2007年版，第275—278页。
[②] 〔日〕松本重敏：《专利发明的保护范围》，有斐阁2000年版，第197页。
[③] 同上。

侵权人实施的技术是公知技术或者公知设计，不管该技术是否属于专利权利要求的保护范围，都不构成侵权。①第四阶段：权利滥用说。2000年4月11日，日本最高法院在基尔比（Kilby）案的判决中指出，即使是在专利的无效审查决定生效之前，审理专利侵权的法院也是可以对是否明显存在专利的无效理由进行判断。如果审理的结果认为存在明显的专利无效理由，那么，只要没有极其特殊的情况，基于该专利权提出的停止侵权、赔偿损失等诉讼请求属于权利的滥用而不能被允许。②日本最高法院通过上述判决，运用"权利滥用"的概念，使受理专利侵权诉讼的法院取得了宣告专利权无效的权利，从而改变了只有特许厅才能宣告专利无效的传统。③

该判决指出，第一，如果专利权存在明显的无效理由，在进行无效审查时，即使通过无效宣告请求审查决定可以预见该专利权会被认定无效，但是基于该专利权的禁令、损害赔偿请求等仍然可以得到许可。从实质上讲，这是为专利权人提供了不正当的利益，给实施该专利的人带来了不正当的损失，有失公平。第二，纠纷应当尽量在短时间内通过一个程序解决，在专利侵权诉讼中，如果必须经过无效宣告程序才能对专利权的效力加以认定，并且不能以该专利存在无效理由对专利权的行使加以抗辩，那么这不仅是强迫不想提出无效宣告请求的民事主体提出无效宣告请求，同时违反了诉讼经济。第三，专利权存在明显的无效理由时，当事人可以预见到该专利权一定被判为无效，不应中止侵权诉讼的审理程序。因此，在

---

① 闫文军：《专利权的保护范围——权利要求的解释和等同原则的适用》，法律出版社2007年版，第268页。

② 梁熙艳："权利之限：侵权审理法院能否直接裁决专利权的有效性"，载《知识产权》2005年第4期。

③ 张伟君、单晓光："滥用专利权与滥用专利制度之辨析——从日本'专利滥用'的理论与实践谈起"，载《知识产权》2005年第6期。

无效宣告请求审查决定作出之前，审理专利侵权诉讼的法院能够对权利是否具有明确的无效理由作出判断。如果该专利权具有明显的无效理由，那么基于该专利权的禁令和损害赔偿请求，只要没有特殊的原因，应当属于滥用权利。并且，上述解释并不违反专利制度的趣旨。但是，虽然《日本民法典》有权利滥用的概念，但是其并不是指行使实质上无效的权利，行使实质上无效的权利应当属于《日本民法典》中的"欺诈"。① 从实质上而言，将公知技术纳入到权利要求保护范围之内应当属于专利制度的滥用，而非专利权的滥用。② 需要指出的是，目前日本还存在专利无效抗辩说。该学说认为，法院在审理专利侵权诉讼中可以直接宣告专利权无效。目前尚未得到立法支持和司法判决的认可。③ 从上述第四阶段开始，日本基本步入专利侵权与专利确权同时审理的模式。

　　日本将非公知技术作为认定等同侵权的消极条件。④ 就对比方式而言，如上所述，日本最高法院在"无限折动用滚珠花键轴承"案中确立了等同侵权的构成要件，其中将非公知技术作为要件之一。也就是说，被控侵权技术与专利申请时的公知技术或者本领域普通技术人员在专利申请日容易从公知技术中推导得出的技术并不相同。可见，在日本的现有技术抗辩中，采用的对比方式是被控侵权技术与现有技术之间的单独对比。

---

　　① Hiroe and Aossciates. A Tornado is Building Up in Japan's IP Litigation, http://www.hiroe.co.jp/en/others/kilby_e，最后访问时间：2016年2月25日。
　　② 张伟君，单晓光："滥用专利权与滥用专利制度之辨析——从日本'专利滥用'的理论与实践谈起"，载《知识产权》2005年第6期。
　　③ 闫文军：《专利权的保护范围——权利要求的解释和等同原则的适用》，法律出版社2007年版，第268页。
　　④ 同上书，第495页。

就对比标准而言，日本法院曾经存在争议。1980年5月9日，东京地方法院在"生检针"案中指出，只有与公知技术或者公知设计完全相同的技术，才能成立现有技术抗辩、现有设计抗辩。1990年大阪地方法院在"模具装卸工具"案中持有相同观点。另外一种观点认为，被控侵权技术与公知技术之间、被控侵权设计与公知设计的对比应当是创造性标准。1981年东京地方法院在"包装容器"案中使用了根据两件从公知技术中容易推知的技术进行判断。日本最高法院在"无限折动用滚珠花键轴承"案中肯定了第二种观点，将其范围扩大到与公知技术相同的技术以及本领域普通技术人员在专利申请日容易从公知技术中推导得出的技术。其中，"从公知技术中容易推导得出"的判断标准，与专利法有关创造性的标准是相当的。① 可见，在日本的现有技术抗辩中，采用的对比标准包括新颖性和创造性。

就日本司法实务的最新进展而言，日本法院对于"明显的无效理由"的解释日益宽泛，非常积极主动地介入到专利权效力的审查中。目前，日本《特许法》第一百零四条之三中的"明显的无效理由"已经涵盖了所有的无效宣告理由。② 多数侵权案件不再等待特许厅审判部的无效决定，而由侵权法院直接认定权利要求是否有效。可以说，目前日本侵权法院正在积极争取在特许厅审判部之前作出判断。由此也导致了日本侵权和确权之间出现了很多冲突。如按摩椅子案中，一审法院认定了对于十多个权利要求构成侵权，赔偿额上亿日元。③

---

① 〔日〕小谷悦司：《等同原则的动向——滚珠花键轴承案最高法院的判断及今后的课题》，日本经济产业调查会2003年版，第599页。

② 参见特许法第一百零四条之三的相关判决，http://homepage2.nifty.com/fujino-po/d_lst/P104_3_decision_list.htm，最后访问时间：2016年2月19日。

③ 参见东京地方裁判所平成十三年第3485号判决。

而这些权利要求中有许多权利要求被日本特许厅裁判部宣告无效。东京高等法院则依据维持有效的权利要求认定几百万的赔偿额。[①]上述赔偿额的巨大差异显示了侵权和确权之间的冲突。其他案件,如大阪地方裁判所平成十七年第2649号判决、东京地方裁判所平成十五年第23079号判决、大阪地方裁判所平成十八年第11880号判决和知识产权高等裁判所平成十八年第10007号判决之间的冲突也体现了上述冲突。可以说,在基尔比案和日本2004年《特许法》修改之后,日本法院越来越积极主动地审查专利权的效力,已经逐步取得了审理无效案件的主动权。

由于美国专利侵权与专利确权纠纷解决机构的职权并不分离,采用并行设置模式,所以尽管美国存在与现有技术抗辩、现有设计抗辩相关的制度——假想权利要求规则,但是其重要程度不及相应理论在德国的地位。[②]假想权利要求规则只是法院使用的将公知技术排除在专利保护范围之外的方法之一。[③]威尔逊体育用品公司诉戴维杰弗里联合公司案提出假想权利要求规则。该规则的基本思路在于,在等同侵权中,首先假想一个足以在字面上包含被控侵权技术的权利要求,然后判断该假想的权利要求相对于现有技术是否具有进步性,并且该进步性足以使得美国专利和商标局批准该假想的权利要求。如果不能被授权,那么使得专利的保护范围通过等同原则将被控侵权技术包含在其中的主张不能得到支持,等同侵权不成立。[④]联邦巡回上诉法院在关键生产集团诉微点公司案[⑤]以及国际视觉公司诉

---

① 参见日本知识产权高等裁判所平成十七年第10047号判决。

② 尹新天:《专利权的保护》,知识产权出版社2005年版,第500页。

③ 闫文军:《专利权的保护范围——权利要求的解释和等同原则的适用》,法律出版社2007年版,第143页。

④ Wilson Sporting Goods Co. v. David Geoffrey &Assocs., 904 F.2d 677,14 USPQ2d 1942.

⑤ Key Manufacturing Group Inc. v. Microdot Inc., 925 F.2d 1444,17 USPQ2d 1806.

王冠金属制造公司案[①]中相继承认和适用了上述规则。美国联邦巡回上诉法院在休斯飞机公司诉美国案[②]中，对于现有技术抗辩的对比方式提出了新的构想。该案件主要涉及通信卫星的方位控制与调整的方法，其权利要求1的内容如下：一种装置，包括：A.绕一轴线旋转的物体；B.与所述物体相关联的流体输送装置；C.一个与所述流体输送装置相连接的阀门；D.安装在所述物体上的流体喷出装置，与所述阀门相连接，其安装方式使之能够以沿着基本上平行于所述轴线并与之相隔一定距离的方向喷出流体；E.安装在所述物体上的发送装置，用于向所述物体之外的另一设施发送指示信号，该指示信号能够指示出所述物体围绕所述轴线的瞬时旋转角度位置以及所述轴线相对于一个固定的外部坐标系统的朝向；F.安装在所述物体上的接受装置，用于接受所述外部设施发出的控制信号，该控制信号与所述指示信号保持同步；G.所述阀门与所述接受装置相连接，根据所述控制信号，将流体送到所述的流体喷出装置。[③]

美国联邦巡回上诉法院认为，被控侵权产品与涉案专利技术存在如下相同之处：a.两者都涉及需要稳定转轴的飞行物；b.两者都在外周设置了喷嘴，并且通过阀门与流体容器连接，用于在基本上平行于其转轴的方向上喷射气流；c.都采用太阳光角度传感器；d.都需要获得卫星箱对于一个外部固定坐标系朝向的信息；e.两者都设置了与地面站联系的通讯装置；f.都需要将卫星转速和太阳光角度的信号发送到地面站；g.两者都依据ISA位置信号控制喷嘴的流体喷射，从而实现对卫星姿态的调整。将涉案专利技术与最接近的现有技术相比，只有上述a、b两点是相同的。美国联邦巡回上诉法院

---

① International Visual Corp. v. Crown Metal Mfg. Co., 991 F.2d 768,26 USPQ2d 1588.
② Hughes Aircraft Company v. United States,219 USPQ 475.
③ 尹新天：《专利权的保护》，知识产权出版社2005年版，第382页。

认为，由此可见被控侵权行为客体与专利技术之间的相似程度比最接近的现有技术之间的相似程度大得多。换句话说，被控侵权行为客体更接近专利技术，而不是更接近现有技术。[1]但是，上述判决系美国联邦巡回上诉法院于20世纪70年代做出的，在此之后，这种"被控侵权行为客体更接近专利技术，还是更接近现有技术"的三者对比方式鲜为采用。

综上所述，作为等同侵权中的一项制度，美国的假想权利要求规则与现有技术抗辩、现有设计抗辩具有相同的法律价值。该规则的对比方式为，将包含被控侵权技术的权利要求与现有技术进行对比。上述对比方式将被控侵权技术的技术特征概括到假想的权利要求中，其实质上是将被控侵权技术与现有技术进行对比，该规则的对比标准包括新颖性和创造性。从现有技术抗辩制度的历史渊源和演进而言，现有技术抗辩制度在专利确权与专利侵权分离的国家（如德国等国家）得到了积极发展。在美国等采用并行设置模式的国家，由于侵权法院直接审理专利权的效力，所以这些国家并没有存在现有技术抗辩制度的必要性。在美国发展起来的假想权利要求规则仅仅具有与现有技术抗辩制度类似的制度功能，但地位远不及现有技术抗辩制度。现有技术抗辩制度与无效制度的关系问题，其实质是专利确权与专利侵权的关系问题。

（三）中国现有设计抗辩制度和现有技术抗辩制度的基本思路

在中国现行专利纠纷解决机制的背景下，中国现有设计抗辩制度和现有技术抗辩制度的理论基础在于，善意第三人可得利益的保护。[2]亦即在被控侵权人为善意的情况下，其具有通过检索等方式，

---

[1] 尹新天：《专利权的保护》，知识产权出版社2005年版，第384页。

[2] 张鹏："现有技术抗辩制度本质论"，载《科技与法律》2010年第1期。

合法获得涉案专利申请日之前公开的自由公知技术、公知自由设计的可得利益；并且具有通过获得涉案专利申请日之前公开的专利的专利权人实施许可等方式，合法使用在先专利的可得利益；现有设计抗辩制度和现有技术抗辩制度的制度价值就在于保障善意第三人的这种可得利益。而无效程序则是典型的行政程序，其制度理论基础在于，对于专利不当授权的纠正。进而言之，现有技术抗辩制度立足于善意第三人可得利益保护，属于私法利益的保护；无效程序则立足于不当授权的纠正，属于公权力的行使。两种制度高效配合，从而起到鼓励发明创造的社会效果。

  在专利侵权纠纷处理中，如果被控侵权人是善意的民事主体，那么其具有合法获得涉案专利申请日之前公开的自由公知技术的可得利益，并且具有通过获得涉案专利申请日之前公开的专利的专利权人实施许可等方式，合法使用在先专利的可得利益。上述可得利益属于基础民法理论中的"善意第三人可得利益"，应当加以保护。可以说，现有技术抗辩制度正是出于这一目的而得以设立，现有技术抗辩制度的制度价值在于保障善意第三人的这种可得利益。下面针对两种主要的情形，探讨现有技术抗辩制度的理论基础，即善意第三人可得利益的保护，从而探讨现有技术抗辩制度的制度外延。

  一是自由公知技术的情形。自由公知技术是已经公知并且没有处于任何人拥有有效专利权或者其他权利控制之下的公知技术。[①]由于自由公知技术属于社会公众的共有财产，任何民事主体均有权自由使用，任何民事主体不得干预他人使用自由公知技术，并且任何民事主体不得将自由公知技术据为己有。因此，对于自由公知技

[①] 田力普："关于专利保护和专利侵权基本问题的研究"，载国家知识产权局条法司：《专利法研究（1995）》，专利文献出版社1995年版，第69—92页。

而言，在被控侵权人为善意的情况下，其具有通过检索等方式，合法获得涉案专利申请日之前公开的自由公知技术的可得利益。这种可得利益理应获得专利法的保护。在被控侵权人实施的技术属于自由公知技术的情况下，被控侵权人的行为系基于上述可得利益，属于合法的民事法律行为。

二是在先公开专利的情形。对于在先公开的专利而言，在被控侵权人为善意的情况下，其具有通过获得涉案专利申请日之前公开的专利的专利权人实施许可等方式，合法使用在先专利的可得利益，现有技术抗辩制度的制度价值就在于保障善意第三人的这种可得利益。对于申请日位于该在先专利的公开日之后的专利权而言，该专利权的行使剥夺了被控侵权人的上述可得利益。也就是说，对于申请日位于该在先专利的公开日之后的专利权而言，专利权人行使专利权的行为，使得被控侵权人可得利益得以丧失，使得被控侵权人无法通过获得在先专利权人实施许可等方式，合法使用在先专利。基于上述原因，现有技术抗辩制度具有适用的法律价值，亦即，被控侵权人可以通过现有技术抗辩制度保障自身享有的上述可得利益。对于在先公开的技术方案承载着其他合法民事权利的情况，与上述在先公开的专利情况相同，在被控侵权人为善意的情况下，被控侵权人同样存在通过适当的方式合法使用在先技术方案的可得利益。

（四）中国现有设计抗辩制度和现有技术抗辩制度的对比方式

就对比方式而言，应当将被控侵权技术与在现有技术抗辩证据中所公开的技术方案或者将被控侵权产品的外观设计与在现有设计抗辩证据中所公开的设计方案进行对比。[1]也就是说，现有技术抗辩

---

[1] 张鹏、崔国振："现有技术抗辩的对比方式和对比标准探析"，载《知识产权》2009年第1期。

仅限于一项技术方案的使用,即单独对比原则。[1]具体理由如下。

从解释论的角度而言,《专利法》第六十二条规定,在专利侵权纠纷中,被控侵权人有证据证明其实施的技术或者设计属于现有技术或者现有设计的,不构成侵犯专利权。根据上述法条的表述,现有技术抗辩制度和现有设计抗辩制度的适用条件是被控侵权技术属于现有技术或者现有设计,因此只需将被控侵权技术与现有技术或者现有设计进行对比,即可判断是否满足《专利法》第六十二条假定部分的界定。从比较法的角度而言,德国、日本、美国的现有技术抗辩以及相关制度,均是将被控侵权技术与现有技术进行对比。

从法理的角度而言,现有设计抗辩、现有技术抗辩是专利侵权纠纷的被控告侵权人有证据证明其实施的技术或者设计属于现有技术或者现有设计的一项制度,由此可见,现有技术抗辩、现有设计抗辩的对比方式应当是被控侵权技术与现有技术的对比。从专利制度本质的角度而言,专利制度的本质在于通过给予发明人在一定期限内排他的专有实施权,激励发明人公开其技术,从而实现专利制度促进科学技术进步和经济社会发展的最终目的。由此可见,专利制度的终极价值在于使得社会公众获得使用更多技术的机会,从而促进社会整体福利的增加,其并没有限制社会公众使用现有技术的权利。因此,只要被控侵权人证明自己使用的技术属于现有技术,被控侵权人就有使用该技术的可得利益,从而应当将被控侵权技术与现有技术进行对比。综上所述,在中国当前国情下,现有技术抗辩制度、现有设计抗辩制度的对比方式应当是被控侵权技术与现有技术或者被控侵权产品外观设计与现有设计进行对比。

---

[1] 罗东川主编:《中国专利案例精读》,商务印书馆2013年版,第232—233页。

（五）中国现有设计抗辩制度和现有技术抗辩制度的对比标准

就对比标准而言，中国的现有技术抗辩制度应当适用新颖性标准。主要理由如下。

从立法论的角度而言，中国现有技术抗辩制度、现有设计抗辩制度适用新颖性标准是制度本质的要求。如上所述，现有技术抗辩制度、现有设计抗辩制度的制度本质在于，善意第三人可得利益的保护。对于对比标准而言，善意第三人对于属于现有技术的技术方案或者设计方案具有明确的可得利益，能够建立明确的使用现有技术的目的意思和效果意思。也就是说，在将现有技术抗辩定位于私法利益保护的前提下，适用新颖性标准能够有效地保障作为善意第三人的社会公众对于其可得利益具有明确的行为预期，民事主体对其权利和利益的行使所具有的行为预期能够有效地保障民事主体从事民事法律行为的意思自治，这对于保障善意第三人可得利益而言是不可缺少的。

从解释论的角度而言，用体系解释方式，第六十二条明确了对比标准是新颖性标准。《专利法》第二十二条中规定"新颖性，是指该发明或者实用新型不属于现有技术"，第二十三条中规定"授予专利权的外观设计，应当不属于现有设计"。

按照体系解释的解释方法，《专利法》第二十二、二十三条中的"属于"应当与第六十二条中的"属于"含义相同。用文义解释方式，在现代汉语中，"属于"一词的含义是，"归某一方面或为某方所有，如中华人民共和国的武装力量属于人民。"[1]《专利法》中"属于现有技术或者现有设计"的规定，是指被控侵权人实施的技术归现有技

---

[1] 中国社会科学院语言研究所词典编辑室：《现代汉语词典（第5版）》，商务印书馆2005年版，第1267页。

术中的某一方面，亦即被控侵权人实施的技术是现有技术中的某一技术方案。结合《专利法》第二十二条第二款、第二十三条的规定进行文义解释，可以得出，《专利法》第二十二条第二款、第二十三条的规定也是同样的含义。即第二十二条第二款中规定的"新颖性，是指该发明或者实用新型不属于现有技术"，是指发明或者实用新型专利申请并非归现有技术中的某一方面，亦即发明或者实用新型专利申请并非现有技术中的某一技术方案；第二十三条中规定"授予专利权的外观设计，应当不属于现有设计"，是指外观设计专利申请并非归现有设计中的某一方面，亦即外观设计专利申请并非现有设计中的某一设计方案。

现有技术的结合或者现有技术与公知常识的结合，不能解释为"属于现有技术"的范畴。如上所述，"属于"是指"归某一方面或为某方所有"，而现有技术结合之后得出的技术方案，或者现有技术与公知常识结合之后得出的技术方案都不是现有技术中客观存在的技术方案，所以无法将现有技术结合之后得出的技术方案或者现有技术与公知常识结合之后得出的技术方案解释为归于现有技术的某个方面。

此外，用逻辑解释的方式，为维护法律用语的统一性，统一的概念用语应作相同的解释。[1]第二十二条中规定"新颖性，是指该发明或者实用新型不属于现有技术"，第二十三条中规定"授予专利权的外观设计，应当不属于现有设计"，而第六十二条中规定"属于现有技术或者现有设计"。从逻辑角度而言，上述表述应当是相同的含义。最后，用目的解释的方式，"被控侵权人只能以其实施的技术或者设计是现有技术或者现有设计为由进行抗辩，不能以其他法定的

---

[1] 王泽鉴：《民法总则》，中国政法大学出版社2001年版，第52页。

能够宣告专利权无效的理由进行抗辩。"[①]上述表述很大程度上体现了现有技术抗辩制度的立法本意。显然，从上述立法本意可以得出，被控侵权技术与现有技术的对比标准应当是新颖性标准。"现有技术结合之后得出的技术方案"，或者"现有技术与公知常识结合之后得出的技术方案"都不属于现有技术抗辩制度适用的情形。

就本案而言，以一般消费者作为判断主体，将被控侵权产品（型号"103L"硒鼓）分别与 CN200730289309.0 和 ZL201030627055.8 两篇在先专利文献进行比较，均不够成相同或者实质相同，因此被控侵权产品并不属于现有设计，现有设计抗辩不成立。

[①] 国家知识产权局条法司：《〈专利法〉第三次修改导读》，知识产权出版社2009年版，第78页。

附录

中华人民共和国专利法

1984年3月12日第六届全国人民代表大会常务委员会第四次会议通过

根据1992年9月4日第七届全国人民代表大会常务委员会第二十七次会议《关于修改〈中华人民共和国专利法〉的决定》第一次修正

根据2000年8月25日第九届全国人民代表大会常务委员会第十七次会议《关于修改〈中华人民共和国专利法〉的决定》第二次修正

第一章 总则

第一条 为了保护发明创造专利权，鼓励发明创造，有利于发明创造的推广应用，促进科学技术进步和创新，适应社会主义现代化建设的需要，特制定本法。

第二条 本法所称的发明创造是指发明、实用新型和外观设计。

第三条 国务院专利行政部门负责管理全国的专利工作；统一受理和审查专利申请，依法授予专利权。

省、自治区、直辖市人民政府管理专利工作的部门负责本行政区域内的专利管理工作。

第四条 申请专利的发明创造涉及国家安全或者重大利益需要保密的，按照国家有关规定办理。

第五条 对违反国家法律、社会公德或者妨害公共利益的发明创造，不授予专利权。

第六条　执行本单位的任务或者主要是利用本单位的物质技术条件所完成的发明创造为职务发明创造。职务发明创造申请专利的权利属于该单位；申请被批准后，该单位为专利权人。

非职务发明创造，申请专利的权利属于发明人或者设计人；申请被批准后，该发明人或者设计人为专利权人。

利用本单位的物质技术条件所完成的发明创造，单位与发明人或者设计人订有合同，对申请专利的权利和专利权的归属作出约定的，从其约定。

第七条　对发明人或者设计人的非职务发明创造专利申请，任何单位或者个人不得压制。

第八条　两个以上单位或者个人合作完成的发明创造、一个单位或者个人接受其他单位或者个人委托所完成的发明创造，除另有协议的以外，申请专利的权利属于完成或者共同完成的单位或者个人；申请被批准后，申请的单位或者个人为专利权人。

第九条　两个以上的申请人分别就同样的发明创造申请专利的，专利权授予最先申请的人。

第十条　专利申请权和专利权可以转让。

中国单位或者个人向外国人转让专利申请权或者专利权的，必须经国务院有关主管部门批准。

转让专利申请权或者专利权的，当事人应当订立书面合同，并向国务院专利行政部门登记，由国务院专利行政部门予以公告。专利申请权或者专利权的转让自登记之日起生效。

第十一条　发明和实用新型专利权被授予后，除本法另有规定的以外，任何单位或者个人未经专利权人许可，都不得实施其专利，即不得为生产经营目的制造、使用、许诺销售、销售、进口其专利产品，或者使用其专利方法以及使用、许诺销售、销售、进口依照该专利方法直接获得的产品。

外观设计专利权被授予后,任何单位或者个人未经专利权人许可,都不得实施其专利,即不得为生产经营目的制造、销售、进口其外观设计专利产品。

第十二条 任何单位或者个人实施他人专利的,应当与专利权人订立书面实施许可合同,向专利权人支付专利使用费。被许可人无权允许合同规定以外的任何单位或者个人实施该专利。

第十三条 发明专利申请公布后,申请人可以要求实施其发明的单位或者个人支付适当的费用。

第十四条 国有企业事业单位的发明专利,对国家利益或者公共利益具有重大意义的,国务院有关主管部门和省、自治区、直辖市人民政府报经国务院批准,可以决定在批准的范围内推广应用,允许指定的单位实施,由实施单位按照国家规定向专利权人支付使用费。

中国集体所有制单位和个人的发明专利,对国家利益或者公共利益具有重大意义,需要推广应用的,参照前款规定办理。

第十五条 专利权人有权在其专利产品或者该产品的包装上标明专利标记和专利号。

第十六条 被授予专利权的单位应当对职务发明创造的发明人或者设计人给予奖励;发明创造专利实施后,根据其推广应用的范围和取得的经济效益,对发明人或者设计人给予合理的报酬。

第十七条 发明人或者设计人有在专利文件中写明自己是发明人或者设计人的权利。

第十八条 在中国没有经常居所或者营业所的外国人、外国企业或者外国其他组织在中国申请专利的,依照其所属国同中国签订的协议或者共同参加的国际条约,或者依照互惠原则,根据本法办理。

第十九条 在中国没有经常居所或者营业所的外国人、外国企业或者外国其他组织在中国申请专利和办理其他专利事务的，应当委托国务院专利行政部门指定的专利代理机构办理。

中国单位或者个人在国内申请专利和办理其他专利事务的，可以委托专利代理机构办理。

专利代理机构应当遵守法律、行政法规，按照被代理人的委托办理专利申请或者其他专利事务；对被代理人发明创造的内容，除专利申请已经公布或者公告的以外，负有保密责任。专利代理机构的具体管理办法由国务院规定。

第二十条 中国单位或者个人将其在国内完成的发明创造向外国申请专利的，应当先向国务院专利行政部门申请专利，委托其指定的专利代理机构办理，并遵守本法第四条的规定。

中国单位或者个人可以根据中华人民共和国参加的有关国际条约提出专利国际申请。申请人提出专利国际申请的，应当遵守前款规定。

国务院专利行政部门依照中华人民共和国参加的有关国际条约、本法和国务院有关规定处理专利国际申请。

第二十一条 国务院专利行政部门及其专利复审委员会应当按照客观、公正、准确、及时的要求，依法处理有关专利的申请和请求。

在专利申请公布或者公告前，国务院专利行政部门的工作人员及有关人员对其内容负有保密责任。

第二章 授予专利权的条件

第二十二条 授予专利权的发明和实用新型，应当具备新颖性、创造性和实用性。

新颖性，是指在申请日以前没有同样的发明或者实用新型在国内外出版物上公开发表过、在国内公开使用过或者以其他方式为公众所知，也没有同样的发明或者实用新型由他人向国务院专利行政部门提出过申请并且记载在申请日以后公布的专利申请文件中。

创造性，是指同申请日以前已有的技术相比，该发明有突出的实质性特点和显著的进步，该实用新型有实质性特点和进步。

实用性，是指该发明或者实用新型能够制造或者使用，并且能够产生积极效果。

第二十三条　授予专利权的外观设计，应当同申请日以前在国内外出版物上公开发表过或者国内公开使用过的外观设计不相同和不相近似，并不得与他人在先取得的合法权利相冲突。

第二十四条　申请专利的发明创造在申请日以前六个月内，有下列情形之一的，不丧失新颖性：

（一）在中国政府主办或者承认的国际展览会上首次展出的；

（二）在规定的学术会议或者技术会议上首次发表的；

（三）他人未经申请人同意而泄露其内容的。

第二十五条　对下列各项，不授予专利权：

（一）科学发现；

（二）智力活动的规则和方法；

（三）疾病的诊断和治疗方法；

（四）动物和植物品种；

（五）用原子核变换方法获得的物质。

对前款第（四）项所列产品的生产方法，可以依照本法规定授予专利权。

第三章　专利的申请

第二十六条　申请发明或者实用新型专利的，应当提交请求书、说明书及其摘要和权利要求书等文件。

请求书应当写明发明或者实用新型的名称，发明人或者设计人的姓名，申请人姓名或者名称、地址，以及其他事项。

说明书应当对发明或者实用新型作出清楚、完整的说明，以所属技术领域的技术人员能够实现为准；必要的时候，应当有附图。摘要应当简要说明发明或者实用新型的技术要点。

权利要求书应当以说明书为依据，说明要求专利保护的范围。

第二十七条　申请外观设计专利的，应当提交请求书以及该外观设计的图片或者照片等文件，并且应当写明使用该外观设计的产品及其所属的类别。

第二十八条　国务院专利行政部门收到专利申请文件之日为申请日。如果申请文件是邮寄的，以寄出的邮戳日为申请日。

第二十九条　申请人自发明或者实用新型在外国第一次提出专利申请之日起十二个月内，或者自外观设计在外国第一次提出专利申请之日起六个月内，又在中国就相同主题提出专利申请的，依照该外国同中国签订的协议或者共同参加的国际条约，或者依照相互承认优先权的原则，可以享有优先权。

申请人自发明或者实用新型在中国第一次提出专利申请之日起十二个月内，又向国务院专利行政部门就相同主题提出专利申请的，可以享有优先权。

第三十条　申请人要求优先权的，应当在申请的时候提出书面声明，并且在三个月内提交第一次提出的专利申请文件的副本；未提出书面声明或者逾期未提交专利申请文件副本的，视为未要求优先权。

第三十一条　一件发明或者实用新型专利申请应当限于一项发明或者实用新型。属于一个总的发明构思的两项以上的发明或者实用新型，可以作为一件申请提出。

一件外观设计专利申请应当限于一种产品所使用的一项外观设计。用于同一类别并且成套出售或者使用的产品的两项以上的外观设计，可以作为一件申请提出。

第三十二条　申请人可以在被授予专利权之前随时撤回其专利申请。

第三十三条　申请人可以对其专利申请文件进行修改，但是，对发明和实用新型专利申请文件的修改不得超出原说明书和权利要求书记载的范围，对外观设计专利申请文件的修改不得超出原图片或者照片表示的范围。

第四章　专利申请的审查和批准

第三十四条　国务院专利行政部门收到发明专利申请后，经初步审查认为符合本法要求的，自申请日起满十八个月，即行公布。国务院专利行政部门可以根据申请人的请求早日公布其申请。

第三十五条　发明专利申请自申请日起三年内，国务院专利行政部门可以根据申请人随时提出的请求，对其申请进行实质审查；申请人无正当理由逾期不请求实质审查的，该申请即被视为撤回。

国务院专利行政部门认为必要的时候，可以自行对发明专利申请进行实质审查。

第三十六条　发明专利的申请人请求实质审查的时候，应当提交在申请日前与其发明有关的参考资料。

发明专利已经在外国提出过申请的，国务院专利行政部门可以要求申请人在指定期限内提交该国为审查其申请进行检索的资料或者审查结果的资料；无正当理由逾期不提交的，该申请即被视为撤回。

第三十七条　国务院专利行政部门对发明专利申请进行实质审

查后，认为不符合本法规定的，应当通知申请人，要求其在指定的期限内陈述意见，或者对其申请进行修改；无正当理由逾期不答复的，该申请即被视为撤回。

第三十八条　发明专利申请经申请人陈述意见或者进行修改后，国务院专利行政部门仍然认为不符合本法规定的，应当予以驳回。

第三十九条　发明专利申请经实质审查没有发现驳回理由的，由国务院专利行政部门作出授予发明专利权的决定，发给发明专利证书，同时予以登记和公告。发明专利权自公告之日起生效。

第四十条　实用新型和外观设计专利申请经初步审查没有发现驳回理由的，由国务院专利行政部门作出授予实用新型专利权或者外观设计专利权的决定，发给相应的专利证书，同时予以登记和公告。实用新型专利权和外观设计专利权自公告之日起生效。

第四十一条　国务院专利行政部门设立专利复审委员会。专利申请人对国务院专利行政部门驳回申请的决定不服的，可以自收到通知之日起三个月内，向专利复审委员会请求复审。专利复审委员会复审后，作出决定，并通知专利申请人。

专利申请人对专利复审委员会的复审决定不服的，可以自收到通知之日起三个月内向人民法院起诉。

第五章　专利权的期限、终止和无效

第四十二条　发明专利权的期限为二十年，实用新型专利权和外观设计专利权的期限为十年，均自申请日起计算。

第四十三条　专利权人应当自被授予专利权的当年开始缴纳年费。

第四十四条　有下列情形之一的，专利权在期限届满前终止：

（一）没有按照规定缴纳年费的；

（二）专利权人以书面声明放弃其专利权的。

专利权在期限届满前终止的,由国务院专利行政部门登记和公告。

第四十五条 自国务院专利行政部门公告授予专利权之日起,任何单位或者个人认为该专利权的授予不符合本法有关规定的,可以请求专利复审委员会宣告该专利权无效。

第四十六条 专利复审委员会对宣告专利权无效的请求应当及时审查和作出决定,并通知请求人和专利权人。宣告专利权无效的决定,由国务院专利行政部门登记和公告。

对专利复审委员会宣告专利权无效或者维持专利权的决定不服的,可以自收到通知之日起三个月内向人民法院起诉。人民法院应当通知无效宣告请求程序的对方当事人作为第三人参加诉讼。

第四十七条 宣告无效的专利权视为自始即不存在。

宣告专利权无效的决定,对在宣告专利权无效前人民法院作出并已执行的专利侵权的判决、裁定,已经履行或者强制执行的专利侵权纠纷处理决定,以及已经履行的专利实施许可合同和专利权转让合同,不具有追溯力。但是因专利权人的恶意给他人造成的损失,应当给予赔偿。

如果依照前款规定,专利权人或者专利权转让人不向被许可实施专利人或者专利权受让人返还专利使用费或者专利权转让费,明显违反公平原则,专利权人或者专利权转让人应当向被许可实施专利人或者专利权受让人返还全部或者部分专利使用费或者专利权转让费。

第六章 专利实施的强制许可

第四十八条 具备实施条件的单位以合理的条件请求发明或者实用新型专利权人许可实施其专利,而未能在合理长的时间内获得这种许可时,国务院专利行政部门根据该单位的申请,可以给予实施该发明专利或者实用新型专利的强制许可。

第四十九条 在国家出现紧急状态或者非常情况时，或者为了公共利益的目的，国务院专利行政部门可以给予实施发明专利或者实用新型专利的强制许可。

第五十条 一项取得专利权的发明或者实用新型比前已经取得专利权的发明或者实用新型具有显著经济意义的重大技术进步，其实施又有赖于前一发明或者实用新型的实施的，国务院专利行政部门根据后一专利权人的申请，可以给予实施前一发明或者实用新型的强制许可。

在依照前款规定给予实施强制许可的情形下，国务院专利行政部门根据前一专利权人的申请，也可以给予实施后一发明或者实用新型的强制许可。

第五十一条 依照本法规定申请实施强制许可的单位或者个人，应当提出未能以合理条件与专利权人签订实施许可合同的证明。

第五十二条 国务院专利行政部门作出的给予实施强制许可的决定，应当及时通知专利权人，并予以登记和公告。

给予实施强制许可的决定，应当根据强制许可的理由规定实施的范围和时间。强制许可的理由消除并不再发生时，国务院专利行政部门应当根据专利权人的请求，经审查后作出终止实施强制许可的决定。

第五十三条 取得实施强制许可的单位或者个人不享有独占的实施权，并且无权允许他人实施。

第五十四条 取得实施强制许可的单位或者个人应当付给专利权人合理的使用费，其数额由双方协商；双方不能达成协议的，由国务院专利行政部门裁决。

第五十五条 专利权人对国务院专利行政部门关于实施强制许可的决定不服的，专利权人和取得实施强制许可的单位或者个人对国务院专利行政部门关于实施强制许可的使用费的裁决不服的，可以自收到通知之日起三个月内向人民法院起诉。

第七章　专利权的保护

第五十六条　发明或者实用新型专利权的保护范围以其权利要求的内容为准，说明书及附图可以用于解释权利要求。

外观设计专利权的保护范围以表示在图片或者照片中的该外观设计专利产品为准。

第五十七条　未经专利权人许可，实施其专利，即侵犯其专利权，引起纠纷的，由当事人协商解决；不愿协商或者协商不成的，专利权人或者利害关系人可以向人民法院起诉，也可以请求管理专利工作的部门处理。管理专利工作的部门处理时，认定侵权行为成立的，可以责令侵权人立即停止侵权行为，当事人不服的，可以自收到处理通知之日起十五日内依照《中华人民共和国行政诉讼法》向人民法院起诉；侵权人期满不起诉又不停止侵权行为的，管理专利工作的部门可以申请人民法院强制执行。进行处理的管理专利工作的部门应当事人的请求，可以就侵犯专利权的赔偿数额进行调解；调解不成的，当事人可以依照《中华人民共和国民事诉讼法》向人民法院起诉。

专利侵权纠纷涉及新产品制造方法的发明专利的，制造同样产品的单位或者个人应当提供其产品制造方法不同于专利方法的证明；涉及实用新型专利的，人民法院或者管理专利工作的部门可以要求专利权人出具由国务院专利行政部门作出的检索报告。

第五十八条　假冒他人专利的，除依法承担民事责任外，由管理专利工作的部门责令改正并予公告，没收违法所得，可以并处违法所得三倍以下的罚款，没有违法所得的，可以处五万元以下的罚款；构成犯罪的，依法追究刑事责任。

第五十九条　以非专利产品冒充专利产品、以非专利方法冒充专利方法的,由管理专利工作的部门责令改正并予公告,可以处五万元以下的罚款。

第六十条 侵犯专利权的赔偿数额,按照权利人因被侵权所受到的损失或者侵权人因侵权所获得的利益确定;被侵权人的损失或者侵权人获得的利益难以确定的,参照该专利许可使用费的倍数合理确定。

第六十一条 专利权人或者利害关系人有证据证明他人正在实施或者即将实施侵犯其专利权的行为,如不及时制止将会使其合法权益受到难以弥补的损害的,可以在起诉前向人民法院申请采取责令停止有关行为和财产保全的措施。

人民法院处理前款申请,适用《中华人民共和国民事诉讼法》第九十三条至第九十六条和第九十九条的规定。

第六十二条 侵犯专利权的诉讼时效为二年,自专利权人或者利害关系人得知或者应当得知侵权行为之日起计算。

发明专利申请公布后至专利权授予前使用该发明未支付适当使用费的,专利权人要求支付使用费的诉讼时效为二年,自专利权人得知或者应当得知他人使用其发明之日起计算,但是,专利权人于专利权授予之日前即已得知或者应当得知的,自专利权授予之日起计算。

第六十三条 有下列情形之一的,不视为侵犯专利权:

(一)专利权人制造、进口或者经专利权人许可而制造、进口的专利产品或者依照专利方法直接获得的产品售出后,使用、许诺销售或者销售该产品的;

(二)在专利申请日前已经制造相同产品、使用相同方法或者已经作好制造、使用的必要准备,并且仅在原有范围内继续制造、使用的;

(三)临时通过中国领陆、领水、领空的外国运输工具,依照其所属国同中国签订的协议或者共同参加的国际条约,或者依照互惠原则，为运输工具自身需要而在其装置和设备中使用有关专利的；

（四）专为科学研究和实验而使用有关专利的。

为生产经营目的使用或者销售不知道是未经专利权人许可而制造并售出的专利产品或者依照专利方法直接获得的产品，能证明其产品合法来源的，不承担赔偿责任。

第六十四条　违反本法第二十条规定向外国申请专利，泄露国家秘密的，由所在单位或者上级主管机关给予行政处分；构成犯罪的，依法追究刑事责任。

第六十五条　侵夺发明人或者设计人的非职务发明创造专利申请权和本法规定的其他权益的，由所在单位或者上级主管机关给予行政处分。

第六十六条　管理专利工作的部门不得参与向社会推荐专利产品等经营活动。

管理专利工作的部门违反前款规定的，由其上级机关或者监察机关责令改正，消除影响，有违法收入的予以没收；情节严重的，对直接负责的主管人员和其他直接责任人员依法给予行政处分。

第六十七条　从事专利管理工作的国家机关工作人员以及其他有关国家机关工作人员玩忽职守、滥用职权、徇私舞弊，构成犯罪的，依法追究刑事责任；尚不构成犯罪的，依法给予行政处分。

第八章　附则

第六十八条　向国务院专利行政部门申请专利和办理其他手续，应当按照规定缴纳费用。

第六十九条　本法自1985年4月1日起施行。